核心素养实践丛书

U0836954

英语学科育人视域下的单元整体教学：理论与实践

国红延　李宝荣　等◎著

YINGYU XUEKE YUREN SHIYU XIA DE
DANYUAN ZHENGTI JIAOXUE LILUN YU SHIJIAN

北京师范大学出版集团
BEIJING NORMAL UNIVERSITY PUBLISHING GROUP
北京师范大学出版社

图书在版编目(CIP)数据

英语学科育人视域下的单元整体教学 ：理论与实践 / 国红延，李宝荣等著. -- 北京 ：北京师范大学出版社，2024. 11. -- ISBN 978-7-303-30306-9

Ⅰ. G633. 412

中国国家版本馆 CIP 数据核字第 2024Y3V178 号

出版发行：北京师范大学出版社 www. bnupg. com
北京市西城区新街口外大街 12-3 号
邮政编码：100088

印　　刷：北京同文印刷有限责任公司
经　　销：全国新华书店
开　　本：730 mm×980 mm　1/16
印　　张：15. 5
字　　数：397 千字
版　　次：2024 年 11 月第 1 版
印　　次：2024 年 11 月第 1 次印刷
定　　价：50. 00 元

策划编辑：李珍珠　　责任编辑：李珍珠
美术编辑：王　蕊　胡美慧　　装帧设计：胡美慧
责任校对：包冀萌　　责任印制：孙文凯

版权所有　侵权必究

反盗版、侵权举报电话：010-58800697
北京读者服务部电话：010-58808104
外埠邮购电话：010-58808083
本书如有印装质量问题，请与印制管理部联系调换。
印制管理部电话：010-58800825　010-58808061

序

当今世界，随着经济全球化的加速和信息技术的飞速发展，教育正经历着前所未有的变革，教育改革要求我们重新审视教育的本质、目标、内容和方法。我国基础教育课程改革近年来不断深化，立德树人成为教育的根本任务，核心素养的落地成为教育改革的核心目标。立德树人不仅是对学生知识技能的培养，更是对其品格、情感、价值观的塑造。核心素养的落地要求我们关注学生的全面发展，帮助他们为适应未来社会发展关键能力和必备品格。在这样的背景下，变革育人方式已成为教育界的共识。

英语教育作为学校教育的重要组成部分，承载着培养学生跨文化交际能力、国际视野和全球竞争力的重要使命。然而，面对学科育人的目标，许多英语教师都面临着共同的困惑和挑战：如何在教学中有效地实现立德树人的目标？如何在英语教学中落实核心素养的培养？英语学科育人是否等同于在教学中实现德育或落实课程思政的目标？如何将学科育人目标融入语言知识和语言技能的培养过程中？如何检测学科育人目标是否达成？这些问题的提出，在一定程度上说明教师对于英语学科育人的内涵理解不够深入、全面，不知如何着手教学改进。而这些问题的解答，需要教育工作者对英语教学进行深入的思考和创新的实践。

北京教育学院人文与外语教育学院“英语学科育人研究”团队的阶段成果《英语学科育人视域下的单元整体教学：理论与实践》一书，正是立足于当前英语课程改革提出的立德树人根本任务和学科育人目标要求，围绕《义务教育英语课程标准(2022年版)》中提出的“加强单元教学的整体性”这一实施建议，围绕英语学科育人“为什么育”“育什么”“如何育”“学生育得怎么样”，以及“教师的学科育人能力如何提升”等关键问题，对英语学科育人的理论内涵与实践路径切实进行探索，本书结合教学实践提炼的单元教学设计与实施关键策略，为推进英语教师落实新课程理念提供了方向和案例参考。

英语学科育人的核心在于将教育的本质回归到人的全面发展，新课改要求学生不仅具备扎实的语言知识和技能，更要具备适应社会发展和个人成长的核心素养，这些素养是学生在未来社会中立足的根本。书稿精准地抓住学科育人问题的关键，对英语学科育人的内涵进行了深入探讨，通过构建单元整体教学的实施框架及核心要素，结合丰富的案例阐述了单元整体教学作为实现英语学科育人重要途径的价值及可行性。本书的一大特色是理论与实践的融合，书中的案例经过具体教学实践的检验，丰富的学生作品及学习表现充分说明了英语学科育人的效果，为教师提供了可供参考的路径。

通过阅读书稿，我感受到作者团队对基础教育的用心投入与真心付出。他们对英语学科育人的深入理解，以及对单元整体教学的实践探索，对提升基础教育英语教学质量和促进教师专业发展具有参考价值。同时，我希望各位读者在阅读本书的过程中能够获得启发和指导。我也鼓励读者们将书中的理念和方法应用到教学实践中，与作者团队共同在教育改革的道路上不断创新，丰富和完善单元整体教学的理论和方法，让英语学科育人的研究走向深入，收获成功。

王蔷

2024 年 11 月于北京

前 言

本书是北京教育学院人文与外语教育学院"英语学科育人研究"项目组研究成果。项目组对英语学科育人的背景要求及核心要素进行了梳理、提炼，基于多年实践研究构建了英语学科育人视域下单元整体教学的理论框架及实践路径，在此基础上与项目基地校深度合作开展课例研究，提炼实现学科育人的单元整体教学关键要素，提出有效策略。

全书共包括两部分。第一部分为英语学科育人视域下单元整体教学的理论探究，分为五个章节。第一章，英语学科育人的背景要求及概念内涵，围绕英语学科育人"为什么育"和"育什么"两个问题，论述学科育人提出的背景要求、概念基础及理论内涵。第二章，基于单元整体教学实现英语学科育人的实践路径，总体建构学科育人的实践路径、框架及核心要素。第三章，基于单元整体教学实现英语学科育人的关键策略，结合实践案例深入解析落实学科育人的单元整体教学设计与实施的关键策略，即指向素养发展的多维目标确定、基于问题解决的整合性输出活动、促进主题意义探究的学习活动设计和体现教、学、评一体化的持续性评价设计。第二章和第三章共同回应"如何育"的问题。第四章，保障单元整体教学育人效果的多样化评价，深入实施过程回应单元教学中"学生育得怎么样"的问题，通过多样化评价方式的设计与实施，收集学习是否发生的证据，论证学生核心素养的融合发展和综合表现。第五章，基于单元整体教学促进英语教师提升育人能力，基于"教师育人能力如何提升"的问题，关注教师在课程改革中加强合作探究，在多种形式的课例研究和跨界研修中实现育人理念转变和育人能力提升，探索促进自身专业发展的路径。第二部分则围绕第一部分涉及的主要案例，呈现落实学科育人目标的五个高中英语单元教学精品案例，为教师开展单元整体教学实践提供具体、可供参考的范例。

本书各章节层层递进，将学科育人的理论研究与单元整体教学的实践路径有机整合在一起，旨在为高中英语教师深入理解新课程理念，有效利用新教材优化教学实践，切实实现立德树人、学科育人要求提供系统的指导和案例参考，促进教师育人方式变革，从而提升课堂教与学质量，促进学生核心素养融合发展。

本书在选题确定和撰写的过程中得到各级领导、同人的关怀和支持。书稿主要由北京教育学院研究团队及基地校教师合作撰写，包括：北京教育学院人文与外语教育学院国红延副教授、李宝荣教授、李慧芳副教授、徐国辉副教授、邸磊副教授；北京汇文中学高中英语教研组组长，正高级、特级教师梁亚平及其团队；北京35中集团志成小学校长，正高级教师吴昊及其团队；首都师范大学附属回龙观育新学校教导主任，正高级教师丁雪莹；北京学校副校长，人大附中通州校区副校长，正高级、特级教师程岚及其团队。

其中，第一部分第一章由国红延撰写。第二章由国红延、李宝荣撰写。第三章第一节由李宝荣、国红延、邸磊撰写；第二节由徐国辉、杨茜(首都师范大学附属苹果园中学)、张建元(北京学校)撰写；第三节由吴昊、国红延、杨阳(北京市第三十五中学)撰写；第四节由丁雪莹、国红延撰写。第四章第一节由程岚、杨阳(北京学校)撰写；第二节由李慧芳、历文静(北京市大峪中学)撰写；第三节由梁亚平及团队撰写。第五章由国红延、孟彦(北京教育学院)、李宝荣撰写。第二部分案例分别由首都师范大学附属回龙观育新学校丁雪莹及和平街一中甘露(Celebrations单元)、北京市第三十五中学杨阳及桑宝国(Green Living单元)、首都师范大学附属苹果园中学杨茜(Education单元)、北京市大峪中学历文静(Careers单元)、首都师范大学附属回龙观育新学校丁雪莹(Literature单元)提供。还要感谢本书的编辑李珍珠老师为书稿编校付出的辛勤劳动。

为展现真实的教学过程，方便读者了解学生作品原貌，书稿中的学生口头表达及书面作品虽存在部分语言错误，但均未作改动。

英语学科育人的研究和实践还在不断改进和完善，故书中难免有不足和不当之处，恳请读者批评指正。

目　录

第一部分 英语学科育人视域下单元整体教学的理论探究

第一章　英语学科育人的背景要求及概念内涵

【导读问题】学科育人提出的现实背景及具体要求是什么？

英语学科育人的主要理论基础和概念内涵是什么？

第一节　背景与要求

2001年，我国正式开启新中国成立以来影响最为深远、变革最为深刻的课程改革。中小学课程从“教学大纲”时代迈入“课程标准”时代，并以课程标准的迭代发展为理论基础和实践纲领，在两个十年中不断深化改革，不断加深对教育教学的本质、目标和方式的理解。英语课程以“习近平新时代中国特色社会主义思想为指导，全面贯彻党的教育方针，落实立德树人根本任务，以培养有理想、有本领、有担当的时代新人为出发点和落脚点”(教育部，2022：2)。

第一个十年间(2001—2011年)，课程教学目标从以基础知识和基本技能为本的“双基”目标走向知识与技能、过程与方法以及情感态度价值观三位一体的“三维”目标。第二个十年间(2012—2022年)，依据《国家中长期教育改革和发展规划纲要(2010—2020年)》“把育人为本作为教育工作的根本要求”的指导意见，课程教学坚持“德育为先、素养为纲、因材施教、全面发展的基本理念和新时代培根铸魂的育人要求”(梅德明、王蔷，2022：1)，将核心素养确定为学科育人价值的集中体现。

一、学科育人的目标要求

2014 年 3 月 30 日，教育部颁布《教育部关于全面深化课程改革 落实立德树人根本任务的意见》，要求"改进学科教学的育人功能。全面落实以学生为本的教育理念。各地要组织开展育人思想和方法研讨活动，将教育教学的行为统一到育人目标上来。要在发挥各学科独特育人功能的基础上，充分发挥学科间综合育人功能，开展跨学科主题教育教学活动，将相关学科的教育内容有机整合，提高学生综合分析问题、解决问题的能力。充分利用现代信息技术手段，改进教学方式，适应学生个性化学习需求"。

为了实现学科育人要求，教育部组织研究提出各学段学生发展核心素养体系，明确学生应具备的适应终身发展和社会发展需要的必备品格和关键能力。2016 年 9 月 13 日，《中国学生发展核心素养》发布，提出基础教育阶段要以培养"全面发展的人"为核心，从文化基础、自主发展、社会参与三个方面，综合发展人文底蕴、科学精神、学会学习、健康生活、责任担当、实践创新六大素养。各素养之间互相补充、相互促进，在不同情境中整体发挥作用。核心素养是党的教育方针的具体化，是连接宏观教育理念、长远的人才培养目标和具体的教育教学实践的中间环节。核心素养将党的教育方针转化为教育教学实践可用的、教育工作者易于理解的具体要求，明确了学生应具备的必备品格和关键能力，从中观层面深入回答"立什么德、树什么人"的根本问题，从而有效引领课程改革和育人模式变革。

2020 年，《普通高中课程方案(2017 年版 2020 年修订)》(以下简称《高中课程方案》)进一步落实学科育人要求。"为建立核心素养与课程教学的内在联系，充分挖掘各学科课程教学对全面贯彻党的教育方针、落实立德树人根本任务、发展素质教育的独特育人价值，各学科基于学科本质凝练了本学科的核心素养，明确了学生学习该学科课程后应达成的正确价值观、必备品格和关键能力，对知识与技能、过程与方法、情感态度价值观三维目标进行了整合。课程标准还围绕核心素养的落实，精选、重组课程内容，明确内容要求，指导教学设计，提出考试评价和教材编写建议"(教育部，2020：4)。

2022 年，《义务教育课程方案(2022 年版)》进一步"强化了课程育人导向。各课程标准基于义务教育培养目标，将党的教育方针具体化细化为本课程应着力培养的核心素养，体现正确价值观、必备品格和关键能力的培养要求”。各学科课程标准“优化了课程内容结构。以习近平新时代中国特色社会主义思想为统领，基于核心素养发展要求，遴选重要观念、主题内容和基础知识，设计课程内容，增强内容与育人目标的联系，优化内容组织形式。设立跨学科主题学习活动，加强学科间相互关联，带动课程综合化实施，强化实践性要求”（教育部，2022：3—4）。

综上可见，学科育人要求的提出凸显了我国基础教育课程以学生发展为本的根本理念和价值导向，明确了基础教育课程的育人目标。以此为基础改进教育教学行为，既要关注各学科独特的育人功能、内容基础与实现方式，又要从不同学段课程整体发展的视域探索学科之间综合的育人方式，通过跨学科综合性实践活动整合各学科相互交叉、相互补充的知识内容，与真实的社会生活实践相结合，培养学生综合分析和解决实际问题的能力，融合发展核心素养。由此，基础教育课程必须从知识本位走向素养本位，从以教为主转向以学为主，从“坐而论道”转向“学科实践”，变革育人方式，这也逐渐成为基础教育改革与实践研究的一个焦点和重点问题（余文森，2021）。

二、学科育人提出的现实需求

自古以来，教书、育人实际上是不可分割的，二者的内在融合体现了教育的本质特征和根本使命。然而，在过去相当长的一段时期内，部分学科教学受到成绩、升学等现实问题的束缚，越来越关注基础知识和基本技能的“双基”目标，脱离了最初的育人本质，逐渐衰变为“只教书不育人”的知识授受的过程。为解决教育发展功利化的现实问题，国家再次提出学科育人的要求，提示教育工作者深入反思教育的本质属性，旨在实现以下三个方面的目标。

首先，学科育人旨在对教育发展现状中呈现的部分问题趋势进行纠偏。近年来，部分地区基础教育领域“唯分数”“唯升学”的现象日趋严重，考试成绩几乎成为评价学生的唯一标准，一些学校以学生的考分排名作为评价教师的标准，盲目追求升学率。部分地区的基础教育在一定程度上陷入了应试教育的怪圈，部分学校和教师注重知识传授和应试操练，忽视培养学生的理想信念、品德修养、劳动审美、健康体魄。教育功利化的发展趋势与教育的本质不符。为了纠正这一现象，必须重新树立学科育人的教育教学立场，使学校教育从育分转回到育人的本质功能上，回归到课程教学以学生全面发展为本的根本任务上。

> “素质教育提出 20 多年了，取得了一定进展，但总的看各地区成效不够平衡。说到底，是立德树人的要求没有完全落实到体制机制上，教育的指挥棒在中小学实际上是考试分数和升学率，……这是一个必须解决的老大难问题。要坚决克服唯分数、唯升学、唯文凭、唯论文、唯帽子的顽瘴痼疾，从根本上解决教育评价指挥棒问题，扭转教育功利化倾向。要全面落实立德树人根本任务，推进育人方式、办学模式、管理体制、保障机制改革，建立促进学生身心健康、全面发展的长效机制。”
>
> 《习近平谈治国理政》第三卷，外文出版社 2020 年版，第 348—349 页

其次，学科育人旨在对教学实践层面存在的问题进行改革。由于部分教师育人观念窄化和育人能力不足，育人价值空泛化、内容碎片化、活动表层化和评价短期化等教学实践现象依然存在，呈现出“单”(单独培育)、“散”(割裂推进)、“浅”(表层推进)、“累”(疲劳推进)等关键问题(褚宏启，2021)。在英语学科的教学实践中，部分教师长期以来形成的将学科教学等同于智育或知识传授的片面和窄化的教育理念，以及围绕词汇、语法等知识点的碎片化教学方式，与学科育人的目标偏离。

具体来看，一方面，英语教师虽基本达成对学科育人理念的共识，但部分教师的育人观念还相对窄化。调研发现，大多数教师认同英语课程人文性与工具性融合的性质，认为英语学习不仅有利于学生通过交际体验不同文化，生成看待世界和解决问题的不同视角，还有利于学生锻炼意志品质，形成终身学习的习惯和能力。然而，教师对学科育人的内涵，尤其是对英语学科知识本质及其育人价值还缺乏整合性、深层次、全方位的理解和认识(孟庆涛，2019)。一些教师在教学设计中脱离具体的语篇内容和学生语言能力的实际情况，片面强调主题的德育作用和高阶思维的发展目标，并未将育人目标与学科教学自然、深度融合；在教学结束时利用名言警句为主题育人价值贴标签的现象还很普遍，导致语言能力、文化意识、思维品质和学习能力四个关键要素割裂开来，无法融合发展学生的核心素养。

另一方面，部分英语教师的育人能力尚待提高，教学中设计的学习活动缺乏与学生真实生活的关联性和认知挑战性，难以激发学生的学习兴趣和动机，学生的主体参与性不足；教学评价方式较为单一，依然以成绩为学习效果的主要考量标准，欠缺素养发展综合表现的评价指标和有效工具的研发，导致教与学的成就感不足，不利于学生的持续性发展。通过相关的调查研究和课例观摩发现，教师在活动实施过程中往往受教学进度的制约，给学生自主体验、实践和探究的时间不够充分，课堂生成的师生对话缺乏互动性、真实性和深刻性，教师的课堂反馈不够灵活，对学习效果的评价维度不够具体，缺乏依托科学评价指标的持续性评价，自评和互评的形式化和机械化问题较为突出。

最后，学科育人是对未来社会人才发展需求的回应。基于全球化和信息化等趋势，教育要更加关注培养能够应对未来社会复杂、多变的任务的创新型人才。世界范围内的教育改革都提出要以核心素养作为人才培养的目标，突出了各学科课程对发展沟通(Communication)、合作(Collaboration)、审辨(Critical Thinking)、创新(Creativity)、文化理解与传承(Cultural Competence)等重要素养的核心功能定位。基于信息社会、知识经济和人工智能时代对劳动者生产能力的需要，未来社会要求人们在复杂情境中综合运用多种能力发现问题、分析问题，并在与他人的合作中探究解决问题的方法。因此，各学科课程都要在引导学生坚定正确的价值观、发展必备品格的基础上，突出培养学生的问题解决能力、自主学习能力、批判思维、合作探究能力及创新能力。

三、学科育人研究的发展趋势

随着学科育人政策要求的提出，相关研究的数量于 2010 年开始稳步上升。2016 年以后，随着核心素养研究的深入和育人导向课程方案及各学科课程标准的颁布，相关研究快速增多(见图 1-1)。

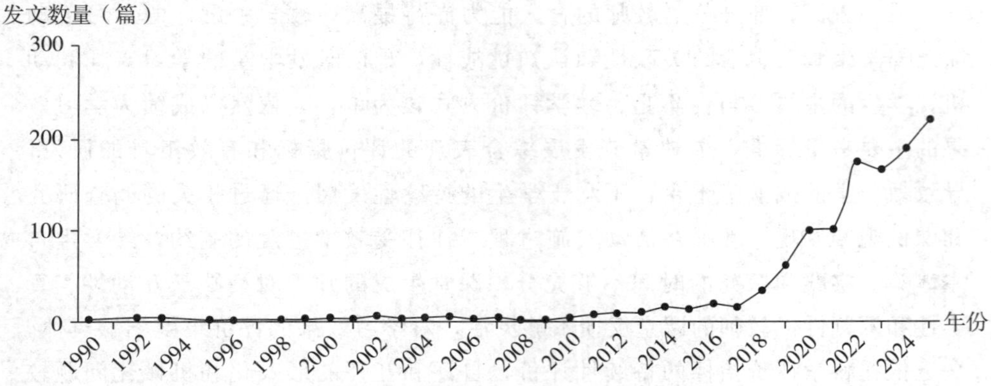

图 1-1　中国知网以“学科育人”为主题的中文文献发文量总体趋势

2024 年 5 月，以“学科育人”作为主题词在中国知网数据库共检索到 988 篇中文文献，研究主要围绕“学科育人”“育人价值”“核心素养”“课程思政”“育人功能”等主题开展(见图 1-2)。

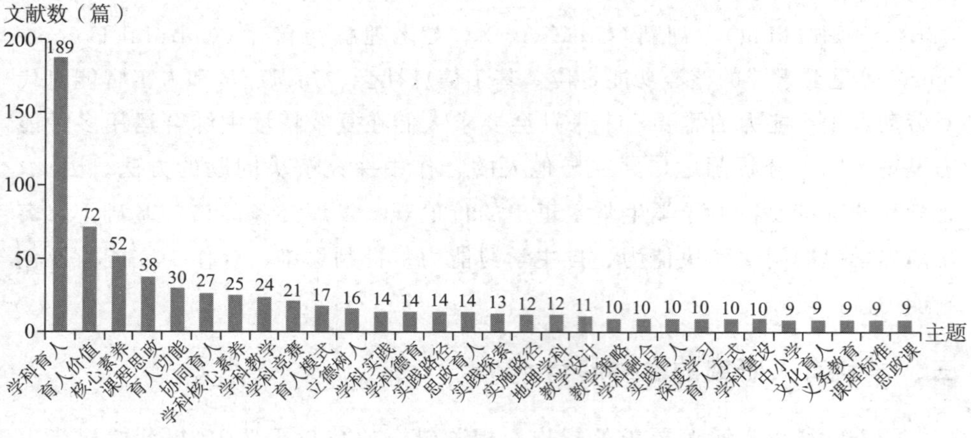

图 1-2　2024 年 5 月中国知网以“学科育人”为主题的中文文献主题分布

其中，55.76％的研究分布在基础教育领域，其中中等教育领域占 44.50％，初等教育占 11.26％；18.29％的研究分布在高等教育领域；7.39％的研究来自教育理论与教育管理领域(见图 1-3)。虽然外语学科相关研究近两年获得较大发展，但是以“英语学科育人”作为主题词仅检索到 39 篇文献，相关的理论及实证研究都还不够丰富，需要进一步完善和细化。

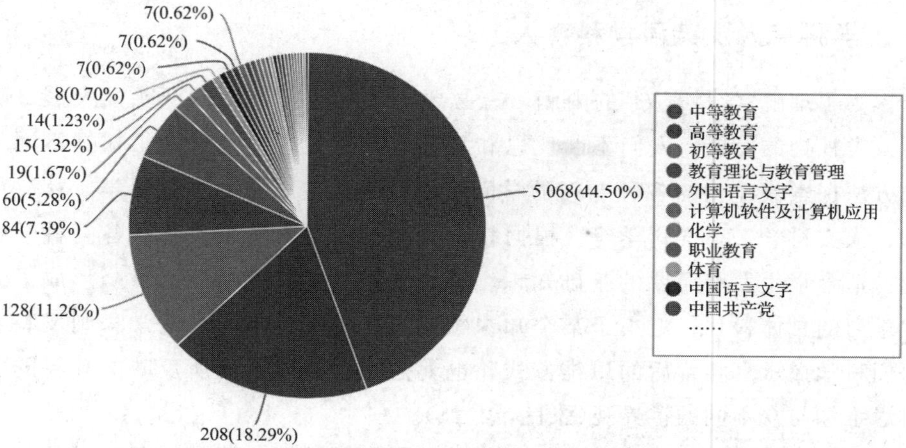

图 1-3　2024 年 5 月中国知网以“学科育人”为主题的中文文献学科分布

综上，基于学科育人的政策要求、解决教学实践问题的现实需求以及教育研究的多重需求，有必要借鉴教育学研究的前沿观点，从知识内容、素养目标和任务过程等方面整合英语学科的育人价值内核，提炼英语学科的深层知识结构，构建有效的学科育人实施框架，解析关键要素，为英语教师明确学科育人的内涵范畴及育人机制提供启发，促进教师以科学的学科育人观为基础探索有效育人路径及策略方法，从而深化立德树人根本任务在课堂教学场域的落实。

第二节　理论基础与概念内涵

每个学科都是基础教育课程的必要组成部分，对于学生发展核心素养，形成正确的价值观、必备品格和关键能力具有重要的意义。为了从“学科育人价值的全方位开发”及“学科育人价值开发的难点”等方面深化学科育人研究（李政涛，2019），基础教育英语课程必须重构多维属性的知识观和人的全面发展观，系统厘清英语学科育人的价值内核，整合提炼英语学科的本质属性、独特的育人价值及有效的实践方式，切实促进英语教学向英语教育的转型（王蔷、孙万磊、李雪如，2022）。

一、学科育人及英语学科育人

为了理解“学科育人”的内涵，有必要梳理“学科”产生的源头及发展。随着人类社会的发展，人们不断反思和总结实践经验，逐渐生成了根据不同求知方法探索或建构的各种专门的学问，即科学，主要分为自然科学、社会科学、人文科学、思维科学等。根据教育目的的需要，学校教育从各门科学中选择适合学生发展需要的基础知识、思想方法与能力和情感态度，形成了学生学习的具体科目，汇集了某个知识领域的各种实施信息。而学科则反映着每门科学揭示真相背后的思维方式，也就是知识技能背后所反映的独特的学科思维和与众不同的世界观(张良，2018)。

可见，“学科”是人类文明发展过程中围绕不同现象逐渐抽象而成的文化符号，不仅体现着现代文明的专业化水平，更凝结着真实生活的体验和经验，反映出文化的不同阶段或不同侧面。符号背后是该学科思想观念的精髓，展示着本学科特有的价值(王磊、张景斌，2019)。学科教学长期以来都是基础教育阶段学校教育的主渠道，不仅是学生在校期间最主要的学习经历，也是学生德行成长的重要途径，具有无可替代的“育人”作用。因此，以学科知识系统为表征的中小学课程具有全面而有侧重的育人潜力(崔宝玉，2018)，教师应在教学中深入挖掘各学科独特的育人价值，发挥其独特的育人功能。

综合“学科”内涵与外延的多维发展，“学科育人”应该以学科知识为载体，挖掘学科的德育内涵和人格养成价值，构建完整的课程育人体系，培养学生的学科核心素养(冯建军，2019)，从而使学科教学回归教育的本质特征，融合教育学、心理学和相关理论，着重解决如何把知、情、意、行统一起来，全方位地塑造人、培养人这一关键问题(王春易，2012)。为了实现育人目标，教师要努力转变学科教学中唯知识观和唯考试论等功利化的认识误区，探索弥合教学与教育间隙的实践路径，真正从学科教学走向学科教育，以学科育人作为落实立德树人根本任务的学科切入口和实现方式(成尚荣，2019)，努力实现“培养德智体美劳全面发展的社会主义建设者和接班人”的育人目标。

依据“学科育人”的理念，“英语学科育人”应该以英语语言知识和中外优秀传统文化知识为主要知识载体，建构与实施完整的英语课程育人体系并与其他学科课程有机融合，通过多种形式的学科实践和综合实践活动，在发展学生语言能力的同时，促进学生在理想信念、社会责任、心智能力、思维品质、文化意识、学习能力等方面素养的全方位发展。

二、英语学科育人的教育学理论基础

发展论、知识论和学习论是教育学中三个重要的理论。发展论关注教育的发展和趋势，知识论关注知识的本质和性质，学习论则关注学习的过程和方法。这三个领域相互补充、相互促进，共同构成了教育学发展的重要理论基础(皮连生，2004)。

发展论即教育发展理论，是教育学研究的核心内容之一，主要探讨教育发展的规律和趋势，为教育实践提供科学依据。发展论不仅关注教育的历史演变和现状，还预测教育未来的发展方向，为教育改革和发展提供理论支持。发展论的历史发展过程可以追溯到古代哲学家对于宇宙、生物和人类社会的思考和探索。近代时期，随着科学革命的兴起，发展论逐渐摆脱宗教和神学的束缚，真正成为一门独立的学科。20 世纪以来，发展论的研究领域逐渐跨越单一学科，不仅关注生物和社会的发展，还注重探索发展的动因、机制、模式和可持续性等内容。从古典时期的哲学思考到现代跨学科的研究领域，发展论不断吸收新的知识和方法，为人类认识和理解发展问题提供了更加深入和全面的视角，向着更全面、更深入、更公平、更可持续的方向发展。这些趋势反映了人们对发展问题的新认识和新理解，也提供了解决发展问题的新思路和新方法。

知识论主要探讨知识的本质、知识的标准、知识与其所指向的对象的关系等问题，主要涉及人们的知识观和科学观。它试图对教育史中逐渐形成的知识观念或知识主张进行持续的反思，并结合教育研究的发展对知识形态进行解释。知识论的发展过程可以分为四个阶段。第一个阶段是古希腊时期的神话知识阶段，这一阶段主要以神话和仪式作为知识的陈述方式。第二个阶段是从古希腊到德国古典哲学时期的古典知识论阶段，知识研究逐渐从神话转向对知识内部逻辑结构的探讨。第三个阶段是实证主义思潮下的现代科学主义知识论阶段，开始关注知识的科学性和实证性。第四个阶段是 20 世纪中叶以来的后现代知识论阶段，知识论出现了反本质主义、反科学主义等思潮，强调知识的异质性、不确定性、多元性。传统的知识论主要关注知识的本质和性质，而近年来，为了适应现代社会对知识的需求和挑战，知识论的研究正在不断发展和完善，开始更多地转向知识的实践和应用、跨学科融合和知识的社会维度等，研究者更加关注知识的动态性、情境性和建构性。

学习论是心理学的一个分支，主要研究学习的本质、过程和影响因素，以及如何通过教育手段促进学习。学习论的历史发展过程可以追溯到古代哲学家和教育家的思考，但它真正成为独立研究领域的标志是20世纪初行为主义心理学的兴起。行为主义学习理论认为学习是刺激与反应之间的联结，主张通过外部刺激和奖励来塑造行为。20世纪50年代后期，认知主义学习理论开始兴起，代表人物皮亚杰、布鲁纳等认为，学习在于内部认知结构的变化，他们强调学生的主动性、选择性和建构性，注重解释学习行为的中间过程，即目的、意义等。

20世纪60年代，人本主义学习理论兴起，认为学习是个体自我实现和潜能发挥的过程，强调学生的情感、态度和价值观对学习的影响，提倡以学生为中心的教学方法，注重培养学生的自主性和创造性。20世纪90年代，建构主义学习理论受到广泛关注，代表人物皮亚杰、维果茨基等认为，学习是学生自己建构知识的过程，强调学生的主动性、合作性和情境性，提倡情境式、合作式和探究式教学。随着学习理论的不断发展，人们逐渐认识到学习是一个复杂的过程，涉及多个因素和层次。因此，现代学习理论开始强调多元性、整合性和情境性，以更全面地解释学习的本质和过程。

三、英语学科育人的概念内涵

基于文献梳理不难发现，英语学科育人与教育学的发展息息相关，知识论、发展论和学习论的发展能够为综合分析英语学科育人的概念内涵提供理论基础及新的视角。本书将英语学科教学的本质特征与教育学研究发展前沿理论有机结合起来，构建了英语学科育人的概念内涵(见图1-4)，以便更好地指导教学实践中育人目标的落地及育人方式的变革。

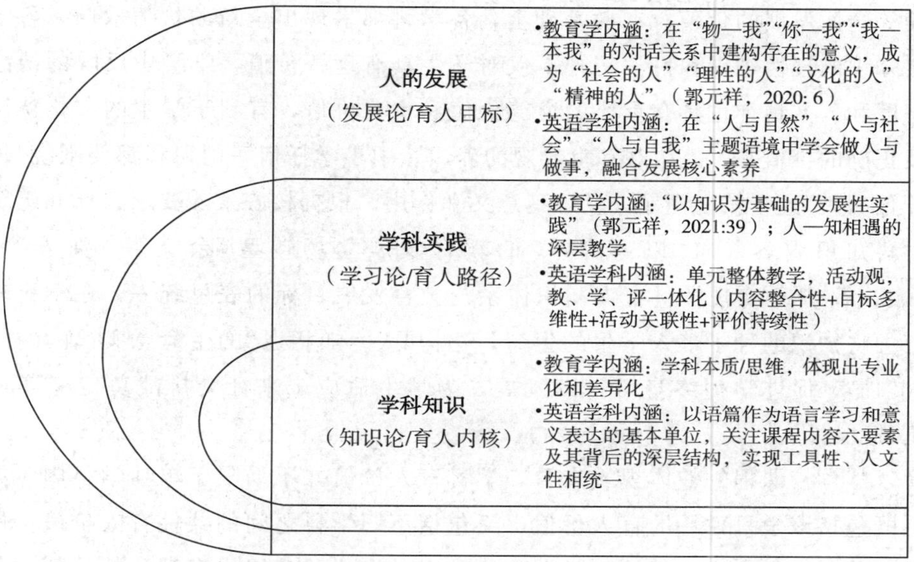

图 1-4　英语学科育人的概念内涵

(一)基于发展论明确英语学科独特的育人价值

发展论为学科育人奠定了素养发展的多维目标基础，即完整而深层的主题认知、具有体系的学科思想观念(郭元祥，2021a)、核心能力结构(季苹、顿继安，2022)及正确的态度和价值观等，体现出促进学生作为社会的人、理性的人、文化的人及精神的人的全面发展的育人旨归(郭元祥，2021b)。

叶澜教授早在 2002 年就呼吁“重建学科教学价值观”，主张教育研究者及教师要认真分析并不断拓展本学科对于学生发展所具有的独特而丰富的育人价值(叶澜，2002)。进入 21 世纪以来，以核心素养为导向的新一轮基础教育课程改革融合社会发展的趋势和要求，更加强调人的全面发展，明确提出了“学科教学”转向“学科育人”的要求。这一要求标志着基础教育课程由学科立场转向教育立场的根本变革，各学科课程应深度挖掘其独特的育人价值，在此基础上思考跨学科共享的教育价值，并最终形成合力，指向学生核心素养的发展和人的全面发展(余文森、龙安邦，2022a)。

近年来，课程研究发展的一个明显趋势是课程知识观由本体论向主体论转变，尤其强调基于核心素养视域，凝练学科教学对于学生智力、道德、审美等全面发展的价值。在此基础上，各学科都呈现出全新的价值取向，各学科知识的理性逻辑和科学精神不仅对学生具有理智价值，学科中反映的情感态度和人文精神也具有重要的道德价值和审美价值，有利于学生的文化认同及正确的价值观、人生观和世界观的养成。中小学任何一门课程都要围绕“培养什么人”这个核心问题，反思其意义和作用，根据核心素养要求选择和组织学科知识内容，向“以人为本”的教育发展立场转型（余文森、龙安邦，2022a），从而实现学科育人知识体系与教育发展目标的表里统一，在学科教育中将知识的种子带入学生的生命，建构“人—知相遇”的生命意义（郭元祥，2021a），促进学生终身可持续发展，为学生适应未来社会挑战奠定坚实的基础。

从学校课程的整体视域来看，学科育人价值并不局限于单独学科内，而是既包括该学科独特的育人价值，又包括不同学科之间的共性育人价值。例如，英语学科既有一般语言类课程所共有的育人价值，也有其独特价值。英语学科多元的话题中蕴藏着对学生进行爱国主义教育、文化和价值观教育、意志品格教育、情感教育的德育价值。语言与思维的紧密关系使得英语学习具有发展学生观察、比较、分析、批判等思维能力的智育价值（程晓堂，2015）。语言节奏韵律感和意蕴之美则具有美育价值（赵连杰，2017）。

综上，教师要深刻地认识到，学生学习英语不仅仅是为了掌握一种跨文化交流工具，更有利于提高学生自身的人文素养（程晓堂，2022），促进德、智、体、美、劳的综合发展。具体来说，学生在英语课程中能够培养“爱国情怀，国际视野，全球意识，跨文化比较意识与文明互鉴意识，多元思维认知与审辨能力，中外人文交流、对话与合作的能力，直接学习并汲取世界文化精华与文明进步成果的能力”，为“未来参与国际事务、传播中华文化、讲好中国故事、阐释中国特色、参与构建人类命运共同体奠定必要的胜任力基础”（梅德明，2018）。

（二）基于知识论明确英语学科育人的价值内核

知识论的发展为学科育人明确了价值内核和内容基础，课程内容要从碎片化的浅层知识转向整合的深层知识结构，明确表层的符号系统及其背后的学科方法、学科思想、学科观念、学科价值等深层结构。英语学科要通过其中承载的中外优秀人文和科学知识及其隐含的态度与价值观(王蔷、葛晓培，2022)，挖掘学科蕴含的丰富而独特的育人价值。

学科育人的主要载体是学科知识，对学科知识本质的理解既是课程与教学论不可回避的根本问题，也是我国基础教育课程改革中不断反思的重要问题，是核心素养的出发点，为学科育人提供了价值内核。近年来，研究界重新审视了传统知识论将知识简单等同于符号系统的浅显认知，认识到学科知识除了事实信息和符号等陈述性知识，还蕴含着学科方法、学科思想、学科观念等策略性、程序性及概念性知识。为了更好地挖掘学科的育人价值，教师不仅要关注可视的表层结构，还要提炼其背后的隐性的深层知识结构(余文森，2018)。

换言之，学科知识并非只有那些碎片化的内容，它不仅是抽象的"符号世界"，更是兼具客观性和社会性等多重属性的"意义世界"，代表着一种与众不同的世界观。学科知识本质上涉及三个层次：一是对该学科具体知识和技能的整合，二是该学科的认知方式与表征方式等，三是该学科思考方式与行为方式背后的情感、态度、价值观。每个学科包含的多重知识本质对于发展核心素养至关重要。其中，整合性知识与思维方式为解决学科问题和培育学科关键能力提供了知识基础，而学科背后的情意层面则为培育学生的必备品格和正确的价值观念提供了知识基础(张良，2018)。

在英语学科教学领域，比起"教什么"的问题，研究者长期以来更加关注"怎么教"的问题(Prensky，2016)，缺乏对课程内容的内涵要素及其深层结构的系统研究。因此，为了推动学科育人，英语学科首先要突破将知识等同于语音、词汇、语法等语言符号的内容观，树立整合的、结构化的课程内容观，教师要剖析由主题、语篇、语言知识、文化知识、语言技能和学习策略六要素整合的英语课程内容及其背后的深层知识结构，提炼语言类、文化类、方法类和价值类知识类型，在课程内容与素养目标之间建立起有机的底层关联，把握英语学科育人内核(王蔷、周密、孙万磊，2022)。

在课程改革深化的过程中，英语教师必须突破传统的知识观，重塑课程知识观，全面理解英语课程知识的不同类型。在这一过程中，教师既要树立全新的价值取向和整合的课程内容观，又要警惕脱离英语学科语言知识基础、泛泛讨论课程思政或学科德育的现象。为此，英语教师要深入理解课程标准的具体要求，结合素养目标和实践需求，不断反思英语课程的独特性质与功能，充分研读新教材语篇内容，整合并提炼其中蕴含的育人价值。

(三)基于学习论明确英语学科有效的育人方式

学习论的发展为学科育人方式的转型明晰了方向，教师仅靠机械地讲授中介符号难以实现育人，是要从关注知识转向关注活动(柳夕浪，2019)，通过学习理解、应用实践和迁移创新等由浅入深、关联递进、形式多样的学习活动，以具有反思性、对话式、阶梯式和实践性的活动体验促成意义的建构理解和深度学习(李松林，2017)。

学科育人的目标要求号召教师育人方式和学生学习方式的变革。教师要转变以教师讲授、学生机械记忆为主的传统的教学方式，通过"以知识为基础的发展性实践"促进"人—知相遇"(郭元祥，2021b：39)，通过教师的深层教学实现学生的深度学习，触动学生情感的体验。在人文科学领域，学科教学应该通过实践活动，促进学生在意义建构的过程中实现对文本的深度理解(唐明、李松林，2020)，逐渐实现"解释""释义""应用""洞察""移情""自知"等不同层次的理解目标(威金斯、麦克泰格，2017)。

在学科间的教学实践中，教师则要认识到，核心素养是个体在与各种复杂情境持续互动、不断运用知识解决问题、满足需求的过程中得以生成与发展的(张良、靳玉乐，2019)。在具有复杂性和真实性的情境中解决问题能够反映出学生核心素养的综合表现。因此，教师要引导学生以问题解决整合各种认知能力，在运用学科知识解决问题的整合性教学过程中提升学科能力，发挥自我发展能力的心理推动与组织作用，从而推动学生的人格发展，并在这一过程中帮助他们逐渐形成正确的价值观(季苹、顿继安，2022)。

为了实现核心素养发展的课程目标，英语教学实践应突破以单课时为单位的教学组织方式，逐渐实现以单元为基本的课程单位，开展单元整体教学。单元整体教学是实现英语学科育人价值、发展核心素养、落实立德树人根本任务的有效路径。教师要强化素养立意，围绕单元主题充分挖掘育人价值，确立单元育人目标和教学主线，并形成具有整合性、关联性、发展性的单元育人蓝图(教育部，2022)。在开展单元整体教学的实践中，教师要对教材单元多模态语篇内容及其主题意义进行整体分析，以主题为引领建立语篇之间内在的关联，结合具体、精准的学情分析，从主题意义、语言能力、思维品质等角度整合利用多个语篇，确定具有内在关联的学习小单元及其教学实施逻辑，并在此基础上明确具有整体性、递进性和迁移性的单元教学目标，设计具有整合性、关联性和实践性的单元学习活动，践行英语学习活动观，以整合性输出活动作为评价学生单元学习效果的有效方式(李宝荣，2020)。

第二章 基于单元整体教学实现英语学科育人的实践路径

【导读问题】实现英语学科育人的实践路径是什么？
英语学科育人实践的核心要素有哪些？

第一节 理论框架建构

本轮课程改革综合了教育学有关发展论、知识论和学习论研究的前沿成果，以核心素养发展为目标导向，深刻反思学科知识本质，凝练学科育人价值，提出体验式育人方式。为了更好地落实学科育人，有必要梳理课程发展的内在逻辑，建构整合的育人路径框架，为促进教师深刻理解课程改革意义提供指导建议，为探索解决实践中诸多挑战的有效路径提供必要的理论基础。

一、英语学科育人概念内涵的发展逻辑

新一轮课程改革中提出的学科育人要求要以“素养”为纲，以学习为中心重建育人概念基础，通过更具操作性、具身性和体验性的建构型教学，将学科知识、学习过程和学习结果融为一体(吴刚平，2022)。以下综合社会发展、人才培养目标需求及学科教学理念的历史发展与多重变化，借助象限图(见图2-1)，全面呈现“英语学科育人”概念内涵的发展逻辑。

课堂作为学校教育的中心场域，是立德树人根本任务落地、学生得到全面、个性化发展的主阵地，教师要以学科核心内容为载体，精心设计学科实践

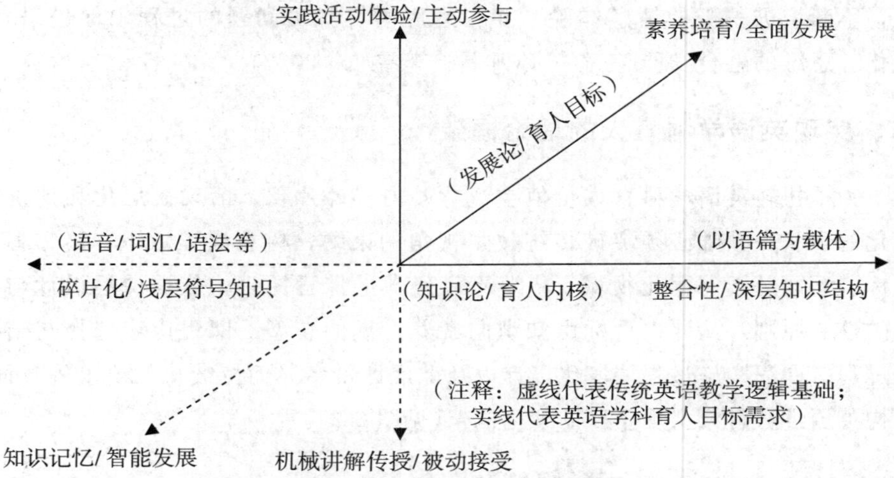

图 2-1　“英语学科育人”概念内涵发展逻辑

活动，抓住课堂教学各个环节，要把握以单元为单位整体确定素养发展的多维目标、以意义的深度理解为基础保障学习活动体验、以问题解决能力提升为核心实施持续性评价等关键要素，依托有意义、有价值、有温度、有深度的教育落实学科育人。然而，在传统教学情境中(左下第三象限)，课程目标局限于基本知识和基本技能的掌握以及智能的单维发展，课堂教学围绕词汇、语法等抽象的符号知识和碎片化内容开展，教师以去情境化的讲授为主要方式，学生仅需被动接受和记忆知识。

21 世纪以来社会经济迅速发展，人才培养的需求发生新变化，对各学科教学也提出新要求。英语学科在发展语言能力的同时，还应促进学生在心智能力、情感态度、思想品德、社会责任等方面的全方位发展(程晓堂、赵思奇，2016)。英语课程因此凝练出发展学生语言能力、文化意识、思维品质、学习能力等方面核心素养的育人目标及学科价值，并以此为引力将英语教育教学整体推向英语学科育人的新的场域(右上第一象限)。

“英语学科育人”以学生的全面发展为旨归，以核心素养作为课程育人价值的集中体现，充分挖掘英语学科在德育、智育、美育等方面的特有价值及跨学科融合的共享价值，以整合性内容和实践性活动为抓手，整体推动英语学科育人方式的变革。具体来说，教师要依托语篇重新审视具有整合性的英语学科知识结构，引导学生在主题意义探究的学科实践中主动参与，加强合作，不断增进积极的情感体验，并在运用语言解决问题的过程中促进语言、文化、思维的融合发展(王蔷、孙万磊、李雪如，2022)。

二、实现英语学科育人的理论框架

为了扭转英语学科育人价值空泛化、内容碎片化、活动表层化和评价形式化的现状，教师必须突破传统教学视角的束缚，树立课程意识，落实育人目标。下面基于课程化视域，借鉴泰勒经典的课程原理，依据课程设计与实施的核心原则，从课程目标由知识向素养发展的转型、课程内容选择与结构化过程、课程实施过程情境化设计以及课程评价多元而持续化的要求等方面，建构英语学科育人实现路径的理论框架(见图 2-2)。

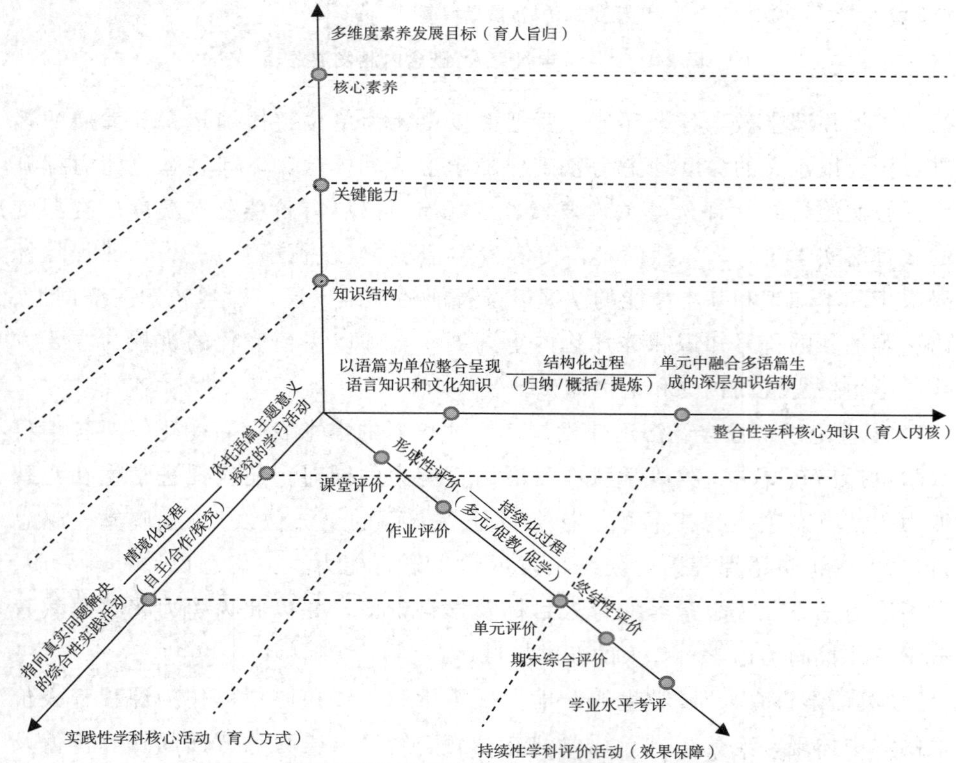

图 2-2　课程视域下英语学科育人实现路径的理论框架

一方面，教师要明晰语篇、单元、跨单元作为课程单位之间既相互独立又相互依存的关系，在单语篇课时教学、多语篇单元教学和跨单元学段教学逐级拓展且往复循环的长周期课程实施范畴中，促进知识建构向能力提升再向素养养成的渐进转化与发展。其中，语篇是英语学科整合语言知识和文化知识的内容载体，是学生探究主题意义、建构新的知识结构、表达情感和态度的基本教学单位(教育部，2020)。单元则是由围绕同一主题的多个语篇构成，是学生从多元视角深化主题认知，依托听、说、读、看、写多种语言实践活动培养问题解决和批判创新能力的基本课程单位。学生经过多个单元的连续性学习，实现学科关键能力的螺旋上升及必备品格和正确价值观的逐渐养成。

另一方面，教师要系统、立体地理解育人目标、育人内容、育人方式及育人效果评价作为课程要素之间的关系。首先，教师要深刻理解学生全面发展的育人旨归，以多维素养目标为根本导向开展课程设计，通过知识结构化建构的过程，将碎片化内容和表层知识结构转化为具有整合性的学科知识，引导学生建构深层的知识结构，为实现育人构建内核基础，发挥学科知识促进学生发展正确价值观和必备品格等方面的隐性育人价值。

其次，教师要以具有整合性的学科核心知识和具有实践性的学科核心活动为基本向度，明晰知识内容结构化和任务过程情境化之间有机融合、不可分离的关系，将教师的教和学生的学在课堂情境中统一起来。教师既要深入研读语篇字里行间表达的意义，整合理解英语学科知识及其育人价值，又要熟悉了解学生的生活经验、认知基础、学习规律和发展需求，避免聚焦一系列主题和关键事实、技能的灌输式教学误区和聚焦形式创新而忽略学科规律的活动式教学误区，在多重实践活动中关注知识结构化和语言内化过程，引导学生积极与文本对话、与他人对话、与自己对话，切实推动“输入”向“输出”的转化。

此外，教师还要高度重视评价促学、促教的作用，以评价实施持续化为保障条件，围绕预期结果对教、学、评进行整体、系统、科学、合理的规划，保证教学内容、学习过程、评价体系与素养目标的一致性(郭华、徐广华，2023)，进而推动教、学、评三者协同育人(教育部，2022)。

(一)以单元为单位整体确定素养发展的多维目标

知识的整合性及人的发展的全面性要求进行整体育人，单元作为承载学科价值内核的内容单位、推动核心素养发展的目标单位及实施教、学、评一体化的课程单位，受到越来越多的关注，成为实现学科育人的基本课程单位。“单元”源于教材编写中将涉及多个知识点的内容组合在一起而形成的知识单元，但是早期的教材单元只是一种组织单位，教师依次讲解单元各部分内容，很少思考单元主要话题及知识之间的关联性。随着改革的发展，出现了强调知识综合性的“主题单元”，教材单元内容往往围绕某个主题或话题这条明线进行组织，教学内容之间关联更加紧密，但单元承载的知识、学科方法和情感态度都是暗线，教师为了落实三维课程目标，需要进行深入的挖掘。

素养立意的时代，教师必须突破知识内容的整合方式，将单元视为实现“三维”目标的相对完整的过程，使之成为承载课程目标、具有过程意义、保障教学质量的基本单位(季苹，2005)。教师要逐渐认识到，单元是素养多维目标达成的单位，是围绕学科概念组织的学习内容、学习材料和学习资源的集合，可以分为围绕主题内容的知识单元和围绕方法类概念的过程单元(刘徽，2022)。基于核心素养所具有的整体性、情境性和具身性特征，课程整合是必然选择，课堂层面的整合要求以主题/单元作为课程的基本单位，展开学习情境、协同、支架、任务、展示和反思等要件的设计，从而改变课时主义和以知识点为中心的割裂式教学(安桂清，2018)，推动课堂转型和教学变革。

结合英语学科以主题为引领、以语篇为依托组织教学内容、编排教材单元的特点，以及学生在探究主题意义的过程中获取语言知识和文化知识，运用各种学习策略，提高理解性和表达性技能的学习规律，基础教育英语课程提出实施单元整体教学的建议。《普通高中英语课程标准(2017 年版 2020 年修订)》(以下简称《高中课标》)提出，“单元是承载主题意义的基本单位”，教师要充分了解单元主题和教学内容，制定指向核心素养发展的单元目标(教育部，2020：56)。《义务教育英语课程标准(2022 年版)》(以下简称《义教课标》)则更加明确地界定了单元与育人之间的内在关系，建议加强单元教学整体性。《义教课标》指出，“教师要强化素养立意，围绕单元主题，充分挖掘育人价值，确定单元育人目标和教学主线；深入解读和分析单元内各语篇及相关教学资源，并结合学生的认知逻辑和生活经验，对单元内容进行必要的整合或重组，建立单元内各语篇内容之间及语篇育人功能之间的联系，形成具有整合性、关联性、发展性的单元育人蓝图；引导学生基于对各语篇内容的学习和主题意义的探究，逐步建构和生成围绕单元主题的深层认知、态度和价值判断，促进其核心素养综合表现的达成”(教育部，2022：47—48)。

(二)以问题解决情境的创设统领素养的融合发展

核心素养是个体在与各种复杂情境持续互动、不断运用知识解决问题、创生意义满足需求的过程中得以生成与发展的(张良、靳玉乐，2019)。为了整体把握学科育人目标，教师要厘清正确价值观、必备品格与关键能力之间的结构关系与深层机制，在以概念整合课程内容的基础上，尝试以问题解决整合各种认知能力，在运用学科知识解决问题的整合性教学过程中提升学科能力，发挥自我发展能力的心理推动与组织作用，推动人格发展，形成正确的价值观(赵连杰，2021)，融合发展核心素养。因此，教师要重视单元整体教学中问题解决情境的创设，以此为基础引导学生在分析和解决问题的过程中整合主题知识，培养自主、合作、探究等学科能力，生成正确的价值观。

随着核心素养导向的课程改革不断向纵深发展，培养学生在问题情境中运用知识、分析和解决问题的能力成为英语教育中发展核心素养的关键点，为破解英语学用分离现象提供了有效抓手(陈建华，2011)。从课程设计的教育学理论视角看，不同类型的英语学科知识有利于解决不同的目标任务问题：事实性知识主要用来解决语言学习和文化认知等“语文”学习问题；有关英语听、说、读、看、写等具体学科活动过程中“如何做”的程序性知识是解决综合语言运用问题的知识形态；在此基础上抽象提炼的概念性知识，主要包括主题大观念和语言大观念，是解决学科育人问题的重要知识载体；学生在主动参与一系列基于语篇探究主题意义的学习活动中，通过对说话人或作者言语意图、情感态度和价值取向的深度理解与合理评判，逐步构建关于英语及其背后文化价值取向和意义的价值性知识，培育正确的价值观念，推动立德树人(赵连杰，2021)。

从课程实施的实践转化视角看，教师首先要认识到教学中“问题”的本质属性，认识到它实际上是一种情境，当个体想做事而又不能马上知道需要采取的一系列活动时便构成了问题。问题解决则是在特定的情境中按照一定的目标，应用各种认知、技能等，经过一系列思维操作，使问题得以解决的过程。英语教学中，教师既可以结合语言运用活动创生学科问题情境，也可以结合学生生活实际创生真实的问题情境，提出具有研究价值、思维挑战、贯穿于教学始终的“核心问题”(essential questions)，或者是环环相扣的问题链。无论问题以何种形式出现，其作用机制都应是促使学生在原有的知识与必须掌握的新知识之间发生认知冲突，从而产生强烈的问题意识和探究愿望(陈建华，2011)。学生学会使用英语发现、表达、分析和解决复杂问题，评价问题解决效果，不仅能够促进语言知识的学习、语言技能的发展，还可以学会基于事实进行分析、概括和推理，提高鉴别和评判能力，逐步提升逻辑性和批判性思维(孙玲、徐文彬，2020)。

(三)以意义的深度理解为基础促进学习活动体验

学科育人视角下的课堂教学应通过多维协同互动、多元评价交融促进学生的全面发展，人文类学科要以意义建构为核心组织教学活动，引导学生在学科实践中实现深度学习。教师要以深度教学为抓手，坚持开展综合的学习活动，促进学生学科经验的整合化(叶立军、王思凯，2021)。为了实现语言深度学习，课堂上设计的学习活动要聚焦意义建构的学科本质特征，关注主题与学生已有经验的关联，关注学生围绕主题与文本、与他人、与自己的互动与多重对话，关注学生基于主题的创意表达(唐明、李松林，2020)。

主题意义是对单元主题内涵和外延及整体知识结构的抽象概括，体现了特定主题所传递的思想和文化内涵、情感、态度和价值观(张琳琳，2019)。教师要以主题意义探究作为单元教学的导引和主要目标，设计具有综合性、关联性、实践性的学习活动，引导学生在意义建构与深度理解的过程中学习语言知识和文化知识(张金秀，2019)，把语言学习与意义探究融为一体，整合课程内容六要素，实施深度教学，落实课程总目标。

《高中课标》指出，“学生对主题语境和语篇理解的深度，直接影响学生的思维发展水平和语言学习成效。英语课程应该把对主题意义的探究视为教与学的核心任务”(教育部，2020：16)。对主题意义的探究离不开具体的语篇语境，在具体的语篇中，语音、词汇、语法、语篇和语用知识总是交织在一起，相互联系，为语篇意义的建构提供重要的基础。因此，教师要突破脱离语境而割裂地讲解语言点的传统教学理念，提升语用意识，要在具体的语境中呈现新的语言知识和文化知识，指导学生观察所学语言的使用场合、表达形式、基本意义和语用功能，使学生基于口头和书面语篇以及不同形式的文体素材开展学习活动，调动已有经验，理解语篇中的语言意义和文化内涵，完善知识结构，深化对主题的认识，对不同的观点进行探讨，作出合理的回应，生成新的概念，丰富人生阅历和思维方式。

英语学习活动观为主题意义探究提供了设计依据。在英语课程实施过程中，教师要根据学生的年龄、认知和语言发展水平，结合实际生活情境设计学习理解、实践应用、迁移创新等一系列由浅入深、关联递进、形式多样的学习活动，帮助学生在层层递进的学习活动中提高英语语言综合运用能力，并在这一过程中学习、理解和鉴赏中外优秀文化，培育中国情怀，坚定文化自信，拓展国际视野，增进国际理解，逐步提升跨文化沟通能力、思辨能力、学习能力和创新能力，树立正确的世界观、人生观和价值观(教育部，2022)。

(四)以持续性多元评价保障学科育人效果

为了保障问题解决过程中知识向能力再向素养的转化，教师要树立教、学、评一体化的整体育人观念，在单元教学中持续实施多元评价，保障学科育人效果。教师在设计单元整体教学目标时，要注意涵盖表现、条件和标准三个要素，以课程标准为基准、以主题意义为引领、以核心问题为驱动确定单元目标体系，关注学生的认知变化和能力发展(魏惠、程晓堂，2022)。在学生主动参与单元系列语言实践活动的过程中，教师要注意实施持续性评价，收集学习真正发生的证据，包括学生理解了什么和能表达什么(语言知识与技能的发展和文化知识建构)、会做什么(核心策略与方法掌握和运用以及思维能力提升的表现)，以及是否形成了正确的价值观等。核心素养视域下的教学评价更加关注多元主体的参与、多种形式的合力以及多重目的的指引，教师要探索单元评价连续体的设计与实施，通过诊断性评价、过程性评价、终结性评价任务的设计，动态、持续地开展教学评价，实现以评促学，以评促教(徐玲玲、刘徽、曹琦，2022)。

在当前社会发展日趋多变、人才培养需求日趋复杂的背景下，学校教育必须深刻反思崇尚升学本位和分数主导的现实挑战(赵冬冬、朱益明，2021)，必须以立德树人为根本任务，重塑学科育人的教育立场，推动学生作为“人”的全面发展。教育愿景的变化要求教师要从知识分类学及学科本质研究的视角出发，审视核心素养在知识属性、生成路径、发展样态和表现方式等方面体现出的整合取向(李松林、贺慧，2020)，变革纸笔测试等单一的教育评价方式，探索关注学生学习过程的形成性评价、课堂评价、促学评价等新型评价方式。

学科育人视域下，教师在课程实践中要以蕴含学科深层知识结构及独特思维特征的学科大概念或大观念为依托，设计和实施单元整体教学，使学生在教师的引导下通过意义建构与问题解决的深度学习体验，融合发展核心素养，实现学科育人(邵朝友、崔允漷，2017)。教师要以主题意义为立足点引领单元整合性设计，以主题意义深度理解为基础设计多元评价活动，一方面以复杂问题解决能力为轴心创设综合性评价的情境任务，促进学生的全面发展；另一方面要关注学生在学习过程中的增值发展，观察学生的学习表现和问题困惑，通过反馈为学生提供及时的帮助和具体的改进建议。

第二节　实践路径解析

为了保障单元整体教学过程中有效实现学科育人，教师首先要基于英语课程的本质特征及语言学习规律，以主题意义探究为主线，依据英语课程中单元主题下语言知识和文化知识的学习范围，深入研读多个语篇，整合语篇语境中有机渗透的情感态度和价值观，分析单元语篇内容的育人价值，以问题解决能力发展为落脚点，开展学情分析，合理确定核心素养综合发展的育人目标和单元整体教学的实施逻辑。在此基础上，教师要以主题意义探究为教与学的核心任务，设计由浅入深、关联递进、形式多样的单元学习活动，并以方式丰富、内容均衡的评价系统优化课程设计与实施(程晓堂、谢诗语，2023)，从而引导学生逐步建构和生成深层认知，在语言能力、文化意识、思维品质和学习能力融合发展的过程中培育正确的价值观和必备品格。

下面以北京师范大学出版社出版的《普通高中教科书 英语 必修 第三册》第8单元 Green Living 的整体教学设计与实施过程为例(于元、国红延，2023)，具体探讨单元整体教学中实现英语学科育人的实践路径及有效策略。

一、基于多维度分析确定单元育人价值及逻辑主线

英语学科育人价值的实现必须依托有意义、有价值、有温度、有深度的教育，仅靠讲授语言中介符号是难以实现的，教师要充分挖掘符号系统背后所承载的中外优秀人文和科学知识及其隐含的态度与价值观(王蔷、葛晓培，

2022)。学科育人视角下的单元整体教学要指向特定语境中主题意义的探究。教师要对单元主题内涵和外延及整体知识结构进行抽象概括，提炼其中传递的思想和文化内涵、情感、态度和价值观，以此为依托确定单元内各语篇之间的关联逻辑，明确单元育人目标体系及教学活动实施的主线。

在具体的教学设计中，教师可以从课程内容六要素整合的角度分析单元语篇，通过对各语篇主题、内容、文体结构、语言特点、作者观点等的分析，比较语篇之间的异同，明确特定主题所承载的文化信息和学生思维品质发展的关键点，挖掘其中的文化内涵和育人价值，明确要解决的问题，从而把握教学逻辑主线，帮助学生建构和拓展主题认知，在运用语言知识解决问题的学习实践中发展思维品质，树立国际视野，坚定文化自信，培养自主及合作学习能力，形成积极的情感态度和正确的价值观(梅德明，2018)。

Green Living 单元的主题属于“人与自然”主题语境下“环境保护”主题群。该单元共包括 8 个主要语篇，从不同视角探讨了与绿色生活相关的主题内容，教师首先对单元各语篇内容进行了分析(见表 2-1)。

表 2-1　Green Living 单元主要语篇及内容分析

语篇及主题	语篇类型/语言技能	主要内容分析
Topic Talk(污染种类及其对环境和人类的影响)	独白与对话(听说)	独白围绕“绿色生活”主题展览的内容，介绍了不同种类的污染及其对环境和人类健康的影响，以及人们应该如何认识并践行“绿色生活”。对话讲述了因地制宜种植绿植、为地球增添一抹绿色的经验。
Lesson 1 Roots & Shoots(摒弃利己主义，坚定自我力量，影响世界)	说明文(阅读)	介绍了由著名黑猩猩研究专家 Jane Goodal 教授倡导建立的 Roots & Shoots 环保组织，引导人们摒弃 Just-me-ism 的错误观念，唤醒自我，认识到每个人的点滴努力能够汇聚成改变世界的巨大力量。
Lesson 2 Greening the Desert(从“小我”到“大我”的转变)	演讲与问答(听说)	讲述了易解放为完成儿子遗愿而投身沙漠植树造林和她创立的“绿色生命”环保组织的故事，凸显她从“小我”到“大我”的转变过程、坚定的品质以及投身环保的忘我精神。

续表

语篇及主题	语篇类型/语言技能	主要内容分析
Lesson 3 “White Bikes” on the Road(环保实践在问题与挑战中不断深化)	说明文(阅读)	讲述了“自行车之城”阿姆斯特丹共享单车的起源及发展过程、遇到的问题及解决措施，以及共享单车理念在中国及世界其他地区的广泛影响。
Writing Workshop A Survey Report (依据数据调查了解环保现状与未来)	说明文(阅读与写作)	呈现了一份关于市民环保意识和行动的调查报告。结合柱状图、饼状图，详细说明调查样本对环保的态度、采取的行动及存在的问题，提出相应建议。
Viewing Workshop Solar Energy(环保能源太阳能)	说明文(听看)	介绍了太阳能的意义、用途和价值。
Reading Club 1 Recycling (他国环保实践)	说明文(阅读)	不同国家的垃圾处理方式。
Reading Club 2 The Environment: A Local and Global Issue (环境问题是人类面临的共同挑战，保护环境，人人有责)	说明文(阅读)	讲述了空气污染、全球变暖、垃圾填埋场饱和三种目前最为严重的环境污染问题、形成原因、危害及应对策略，强调4R(Reducing, Reusing, Recycling and Responsibility)的重要性。

通过研读单元语篇内容并分析其与主题Green Living的关系，教师可以发现，本单元不仅能够帮助学生了解和拓展中外多个环保人物/组织及其环境保护举措的文化知识，以及描述环保行动及绿色生活的语言知识，还能够帮助学生围绕“绿色生活理念与实践”的主题提高重视环境污染问题及加强环境保护的意识，从而形成反思自身生活是否环保、开展绿色生活的行动意识，进而形成保护地球家园的国际视野，提升人类命运共同体意识。

二、围绕用英语解决问题的能力总体刻画单元育人目标

问题解决导向是学生英语学科核心素养的客观要求，不仅为破解“学用分离”现象开拓了思路，也为释放英语学科价值提供了可行的策略(赵连杰，2021)。问题解决能力与思维发展密切相关，二者相互促进，发现、描述、解决问题的过程有利于提高学生归纳、推理、总结与评价等思维能力(方涵、何

敏，2021)，思维品质的发展又能够帮助学生提升分析和解决问题的能力，使他们学会从跨文化视角观察和认识世界，对事物作出正确的价值判断(教育部，2020)。可见，要实现英语学科育人，教师要围绕用英语发现、分析和解决问题能力的发展，确定思维培养的切入点，同时带动语言能力、文化意识、学习能力的综合发展。单元设计中，教师在单元语篇主题内容及其育人价值关联分析的基础上，可以围绕用英语解决问题的能力，总体刻画单元的育人目标，并据此确定学习活动及评价方式，构建单元育人蓝图。

Green Living 单元围绕地球面临的环境污染问题及通过践行绿色生活方式缓解该问题的主题展开，教师可以从帮助学生了解绿色生活概念内涵的起点出发，围绕用英语理解主题、完成共享单车使用情况调查报告的问题情境，逐步建构“生活中面临的环保问题/危害及倡导绿色生活的重要意义”“多主体、多组织、多形式参与环境保护的举措及效果”“主动参与践行绿色生活与环境保护”的结构化知识脉络(见图 2-3)，引导学生反思生活中环境污染的问题及危害，加深环保理念，学习榜样事迹，积极倡议和加入环保行动，践行绿色生活方式。

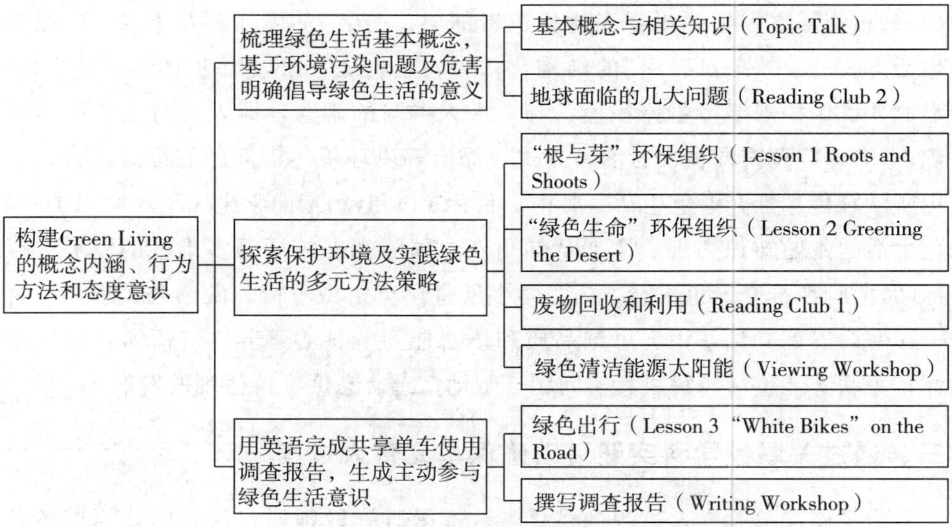

图 2-3　Green Living 单元语篇关联及问题解决逻辑

《高中课标》指出，学生是学习的主体，教师在单元教学中要注意把握好课程的基本要求，有意识地了解学生在不同学段中接触过的相关话题，在主题语境、语篇与学生现有的生活经验、学习兴趣和语言水平之间建立关联，引导他们积极、主动地参与到对主题意义的探究活动中来(教育部，2020)。本单元中，教师基于学前调研发现，学生初中学习过环保相关主题单元，对噪声污染、空气污染、水污染以及关水关电、垃圾分类等环保举措有所了解，这为学生深度理解该单元主题内容以及身体力行为环保做贡献奠定了主题认知和语言学习基础。

鉴于此，教师围绕“什么是绿色生活，为何要倡导绿色生活”“有哪些践行绿色生活的有效方式”“如何用英语完成共享单车使用情况调查报告，更好地推介绿色生活”的问题解决逻辑，确定了本单元结构化知识建构的逻辑：学生基于已有的“问题—原因—解决策略”文本结构基础，梳理、整合单元语篇中个人、社会、国家、世界的环保措施；描述、阐释环境保护的发展历程及现状问题；进而分析、评价环保举措及其对未来的影响，树立“人人有责、人人尽责”的环保理念，通过调查报告开启环保行动。

具体来说，本单元的育人目标可以细化为三个目标：(1)获取、梳理单元语篇中绿色生活的方式及意义，概括环境污染的危害及绿色生活的概念内涵；(2)分析语篇之间主题内容表达的逻辑框架，归纳“环境问题及挑战——绿色生活方式——效果及启示”的结构化知识，建构关于环境保护的4R新概念，形成环境保护需要多主体积极参与、人人参与的观念，即人类命运共同体意识；(3)追踪调查绿色出行的新方式，提出解决环境污染问题的智慧策略，运用所学宣传、推介绿色生活。其中，目标(1)和(2)指向学生关于环境保护/绿色生活的主题知识拓展、主题认知更新、国际视野拓展等多维度的发展；目标(3)落脚在推介绿色出行方式，学生通过用英语做事情、做调查实现知行合一，融合发展文化意识、思维品质和语言能力等核心素养，进而增强家国情怀，关联实际生活，解决真实问题，带动情感、态度、价值观的发展。

三、通过关联性学科实践活动确保单元育人过程

为了确保单元育人过程的整体性和有效性，教师要在深入研读语篇核心内容的基础上，践行英语学习活动观，精心设计关联性、连续性和多样化的英语学科实践活动，引导学生以自主、合作的方式探究主题意义。《高中课标》指出，教师“要注意激发学生参与活动的兴趣，调动学生已有的基于该主

题的经验，帮助学生建构和完善新的知识结构，深化对该主题的理解和认识。通过一系列具有综合性、关联性特点的语言学习和思维活动，培养学生语言理解和表达的能力，推动学生对主题的深度学习”(教育部，2020：16)。结合英语学科学习特点，教师可以运用具有结构性的问题链、单元主题可视化语言积累表、整合性输出活动及具有选择性的作业任务等多种方式，帮助学生建构新的概念，体验不同的生活，丰富人生阅历，拓展思维方式，树立正确的世界观、人生观和价值观，实现语言能力、文化意识、思维品质和学习能力的综合发展。

(一)利用单元问题链建构主题结构化认知

课堂提问是教学过程中不可或缺的部分，往往是教学的逻辑起点(王陆、张敏霞、冯涛，2022)。教师在开展单元整体教学时，要注重分析语篇内以及语篇之间具体主题信息及表达逻辑的整合与关联，从提取主要信息和观点类的问题到抓取核心概念和关键细节的问题，再到依据具体内容提炼主题意义、合理评价观点或阐明立场，由浅入深设计具有关联性的单元问题链，引导学生以问题为引领逐渐建构主题新概念，形成新观点，提升问题分析与解决能力，实现多维发展。在教学实施过程中，教师还要认真倾听学生对问题的回答，及时反馈，适时追问，基于课堂问答生成真实的课堂互动。

本单元中，教师从育人目标及主线出发，基于“探究绿色生活的概念内涵——反思绿色生活的意义(环境污染问题及危害——环保的迫切性)——评价绿色生活先进人物及其事迹——关联真实生活、践行环保行动”的主题认知逻辑，设计了贯穿单元教学的问题链：“(1) What is green living? (2) Why should we practise green living? (追问：What environmental problems do we face? What are the impacts? What's the value of green living? Who began to call on green living and who are joining in? How do they promote green living? What other ways can you think of?) (3) What do you learn from the problem-solving process of environmental protection? (4) What can we do to help promote green living via white-bike program in China?”，引导学生由远及近学习优秀经验，提升环保意识，从身边事做起参与环保行动。

(二)以单元可视化活动积累语言与文化知识

通过单元教学助力教师转变传统的机械讲授词汇、语法的教学方式，并不意味着脱离英语学科本体知识的学习。在主题意义探究的过程中，教师必须注重语言基础知识的内化与积累，要将问题解决所需要的知识和技能有效地镶嵌在学习情境之中，通过提供适宜的认知工具来推动学生在意义建构过程中使用学习策略(范蔚、刘建军，2022)，更加科学、有效地学习语言知识。从主题意义的建构方式来说，英语结构化知识是对主题信息的梳理和整合，能够帮助学生建立知识之间的逻辑，以及知识与语言之间的有机关联。

在单元教学中，教师可通过思维导图或信息结构图等不同类型的可视化工具，引导学生在零散的信息和新旧知识之间建立关联，归纳和提炼基于主题的新知识结构(教育部，2020)。可视化工具可以贯穿在2～3周的单元学习周期中，不仅为学生课堂上梳理不同语篇主题信息及逻辑关联提供有效途径，也为学生课下根据个人需求固化语言知识和文化知识提供依据，是课堂内外的连接纽带。结构化知识的建构是学生了解英语语言结构特点与语篇特点，培养语言习惯的过程，也是学生学会选择适合自己的学习方法和策略并养成自我反思习惯的过程，能够帮助学生在自主学习和合作交流的体验中学会学习。

当然，结构化知识的建构不是在表格等固定模板中填充词汇，而是利用体现学习共性和个性的动态结构，帮助学生将整合、分析、内化知识的思维过程显现出来，不断总结和改进学习中的问题。教师要聚焦主题意义探究的逻辑主线，引导学生借助表格等可视化工具，获取梳理文本主题内容的关键语言知识，避免脱离文本内容空洞地挖掘、提炼、谈论主题意义而造成的“贴标签”等教学现象。学生要立足于主题内容及其涉及的语言知识和文化知识，不断积累表达主题的词汇、语句、连接词等核心语言，通过自主整合，合理应用复现，逐渐内化语言知识和文化知识，不仅为完成单元整合性输出任务的有效迁移做好铺垫，还通过结构化地记笔记，提升学习能力。

在本单元教学中，教师引导学生基于语篇围绕同一主题运用相似表达方式和语篇特征的互文性特点，通过积累主题词块的方式整合单元主题下的核心语言知识和文化知识(见图2-4)，提炼出相似或不同的语法特点及语篇结构，以便为主题表达构建必备的知识基础。随着单元学习的深入，学生借助可视化结构图表汇总词汇、语法、语篇等方面的语言知识，把单元多个语篇有逻辑地联系起来，实现了意义建构与语言学习的有机融合。

图2-4 Green Living单元结构化知识建构的可视化工具示例

从示例图中可以看出，学生依托“问题(Problems)——解决措施(Solutions)——体现的品质(Qualities)——新词、难词(New Difficult Words)——学习收获(Understanding)”的单元主题逻辑，积累了空气、水和土壤等主要污染问题的危害，不仅有全球变暖(global warming)的循环复现，也归纳了waste、landfill等新的词汇知识。此外，学生结合每一个语篇的学习都以文段写作的形式反思该语篇主题意义与现实生活或自身生活的关联，环保意识逐渐增强，坚定了人人践行绿色生活理念、参与环保行动的信心。

(三)创设整合性输出活动促进迁移创新

单元教学中育人的落脚点是学生将主题内容学习与自我发展之间建立起意义关联，从而增强参与社会实践及国际交往的意愿，深度思考自己可以贡献力量的方式，通过共情实现知行合一的深度学习。考虑到高中生社会生活经验还不够丰富的实际情况，教师要围绕单元主题及学情分析，遵循“关联我的生活圈(我与身边的人和事)——关注社会大的生活圈(具有代表性的人物和事件)——反思我的发展(拓展主题知识与视野、发展语言知识与技能等)——参与社会实践(提升问题解决能力、责任担当等)——参与国际交往(提高跨文化交际能力、树立文化自信等)”往复循环的认知逻辑，合理创设真实的问题情境，设计单元整合性输出活动，引导学生基于教材文本内容的学习，关注与主题相关的真人实事、时事新闻，拓展主题视野，在交际实践中实现全面发展。

在本单元教学中，教师将Writing Workshop的读写输出任务设置为有关共享单车的调查报告，除了写作板块“Actions Taken by City Residents to Help Protect the Environment”文本外，Lesson 3“White bikes” on the Road与写作任务的主题直接关联。教师通过对写作任务的解构和单元学习内容的整合分析，设计了“介绍共享单车发展史，联系生活实际展望绿色出行未来”的整合性输出活动，将Lesson 3与Writing Workshop的教学有机关联起来，以输出活动反向促进学生更好地参与阅读理解学习过程。

为了帮助学生顺利过渡到整合性输出活动的主题情境中，教师给学生提供更加充分的文化背景知识。教师首先补充了三篇互文阅读语篇，分别是“Traditional transport rides back into style”“Biking boom leads to call for better bike lanes and sidewalks”和“Shared bikes: reduce, reuse or recycle?”。这

三个语篇分别介绍了共享单车在中国的兴起、发展过程中面临的新问题以及可行的解决方案，语篇结构与教材按照时间顺序谈论“事件发展”的特征一致，不仅有助于学生在语言复现的学习实践中完善结构化知识，为后续写作中知识的迁移做好主题、语言、结构方面的铺垫，还有助于他们深入体会问题往往是新生事物发展中面临的常态，人们不应惧怕新出现的挑战，关键是应形成勇敢解决问题的态度、创新解决问题的能力以及投入行动的决心。这样一来，学生树立了更加全面、客观的“发展”理念，为写作中围绕共享单车面临的新挑战提出可行的解决方案奠定了观念上的基础。

在实际教学中，不少教师先集中讲授单元各部分内容，然后在单元学习之后将整合性任务布置给学生独立完成，这样往往造成任务难度太大学生无法完成的问题。为了解决这个问题，教师应在单元设计中将整合性任务进一步细化为具体的子任务，并将其有机融入各个课时的学习过程中，引导学生在单元学习中通过自主、合作等方式逐步完成，从而增强单元教学的内在衔接性。

本单元中，教师将整合性写作任务细化为三个基于真实情境的子任务(见图 2-5)，帮助学生在自主或小组合作学习中渐进完成。第一个写作任务是阅读第三课及其他互文语篇后，学生书面介绍北京共享单车的发展历程，通过观察、认识、分析、判断等活动，实现语言知识和文化知识的内化，培养分析与比较的思维品质。第二个写作任务是合作设计共享单车使用现状的调查问卷，小组成员分享并了解北京共享单车的使用情况及感兴趣的角度，通过回读文本、观看教师提供的问卷设计短视频，小组讨论并设计调查问卷，收集真实数据。第三个写作任务是完成北京共享单车使用现状的调查报告，学生仿拟教材范文中调查报告的内容要素、组织结构、语言特点等，结合小组前期收集的问卷调研数据完成调查报告的撰写。这样一来，学生在单元学习过程中，结合真实的生活情境和问题调研，在“做”中“学”，在“学”中“做”，能够有意识地将主题阅读中发展的语言能力和思维能力逐渐迁移到相似的主题语境中，从而提升主题语境中的英语语言驾驭能力和问题解决能力(李宝荣，2018)。

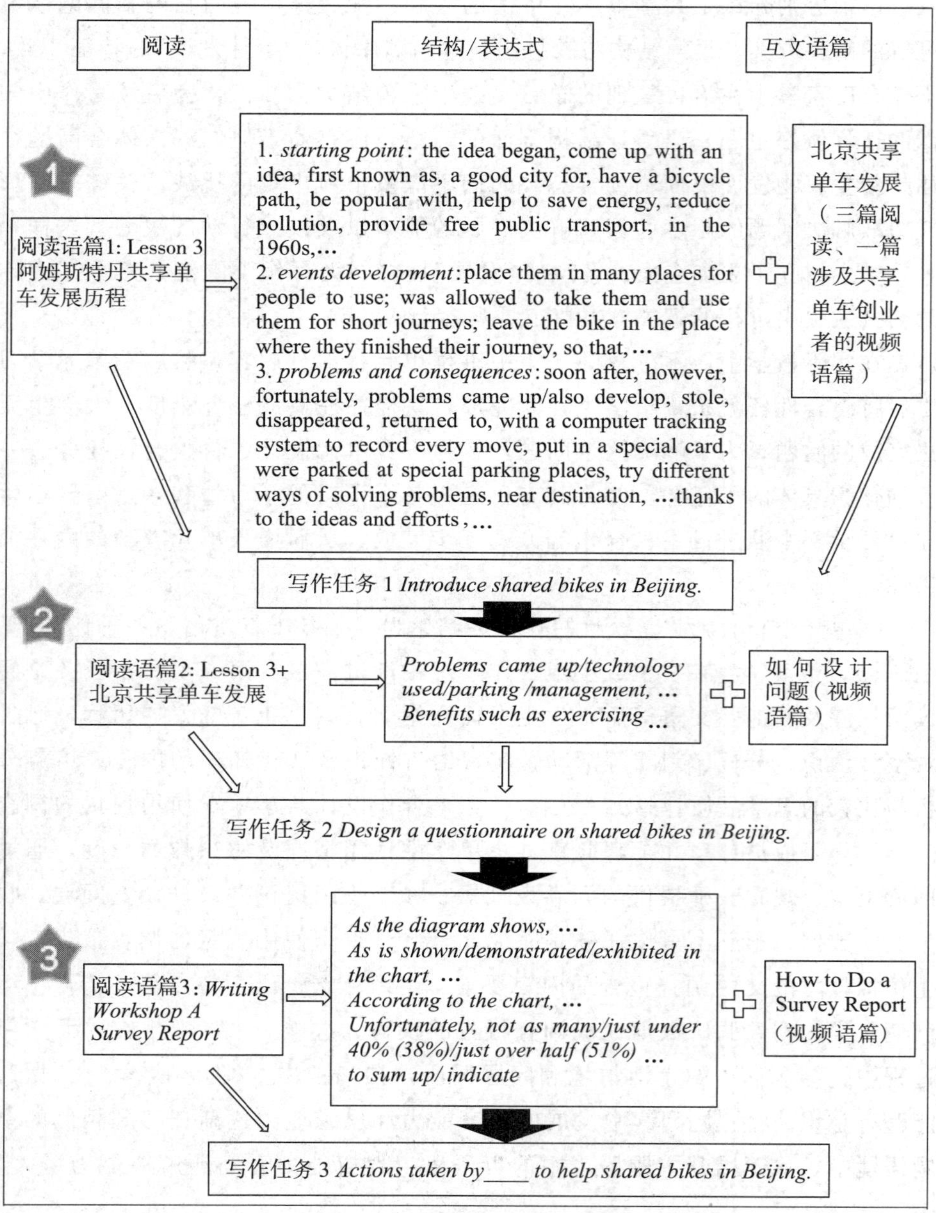

图 2-5　Green Living 单元整合性输出活动的分解

四、基于学生核心素养综合表现评价单元育人效果

课程视域下以学科育人为导向的英语教育教学倡导教师更新评价观念，基于学生核心素养的综合表现确定育人目标，在教学中注重教、学、评一体化的设计与实施（王蔷、李亮，2019）。一方面，教师可以借鉴“逆向设计”的原则，分别从迁移、理解、知识技能三个目标层次确定预期结果（赵钰莲，2019），设计有情境、有层次、有实效的学习活动，确保教学目标、评价标准与学习活动的一致性。另一方面，教师要综合运用学习性评价（assessment for learning）、学习的评价（assessment of learning）和学习化评价（assessment as learning），设计评价连续体，调动教师、学生等多个课堂教学主体协同参与评价，针对单元教学过程和学习结果实施多层次的评价，确保单元育人效果。

《义教课标》指出，“单元学习过程评价可重点关注学生完成作业的情况、语言表达的准确性和流畅性、对问题思考的深度和广度、围绕单元内各语篇子主题所形成的知识结构和价值判断”（教育部，2022：58）。教师在单元教学过程中要注意收集学生学习真正发生的证据，运用问卷调查、互动问答、课堂观察、作品分析等方式，收集学生完成活动过程中体现主题认知和语言发展等方面的数据信息，对比学生在单元学习前或者学习之初的诊断性评价情况，反思学生理解了什么、能表达什么、会做什么、是否形成了正确的价值观等，根据学生发展的实际需求及时、动态地调整教学目标与活动设计。

在单元学习后，教师要观察学生的学习表现与预期目标之间的匹配度（徐玲玲、刘徽、曹琦，2022）。“单元学习结果评价可重点关注学生项目学习的成果、口语和书面产出任务的整体水平、单元学习的总结归纳和反思、单元纸笔测试表现等”（教育部，2022），基于证据考查学生完成单元学习后所达到的核心素养水平，从而检测单元育人目标的达成度。

此外，教师要注重引导学生学会评价，在单元学习过程中持续进行自评、互评，从主题语言知识、文化知识、对主题概念的新认知、学习策略、交际能力、自我发展、社会参与、问题解决能力等多个方面，反思自己的收获与发展，发现不足与问题，提升自我规划、自我反思、自我调整的元认知意识，培养学生自主学习及终身学习的能力与素养。

Green Living 的单元教学中，教师在单元学习过程中对学生可视化主题

积累表现进行持续评价，鼓励学生小组内部分享交流，并在班级内展示学生的作业，引导学生关注“问题—解决—新问题—创新思路”的思维结构，为学生完成共享单车调查报告搭建结构支架。完成调查报告的过程中，教师借鉴项目式学习的理念，与学生探讨评价调查报告的关键要素，转化为评价表（见表 2-2），为学生提供了可参考的标准，并借助自评和互评的方式引导学生对单元学习过程和结果进行总结和反思。

表 2-2　调查问卷及报告评价表

要点	具体标准	3	2	1
内容	调查报告介绍了共享单车发展情况、调研目的、主要发现和建议			
语言	调查报告表达丰富，使用了本单元学习中积累的重点词块和“问题—解决”的语篇结构			
	调查报告语言表述准确			
表达	调查报告基于真实的问卷调研结果，使用图表等形式呈现调研数据			
	调查报告围绕问题与挑战提出的建议具有可行性			
反思	我在本次小组任务中最大的 2～3 个收获			
	我们在小组合作中还需改进的方面			

五、小结

为了落实学科育人的课程目标，教师要转变碎片化、表层化、形式化的教学方式，实施具有整合性、关联性、实践性的单元整体教学。首先，教师要依据课程标准中主题语境的内容要求分析单元主题及文本内容的育人价值，基于主题意义探究确定单元教学的逻辑主线，明确学生发展的落脚点，并围绕用英语解决问题的能力总体刻画单元育人目标。

其次，教师要设计层次清晰、关联递进的单元问题链，结构化语言积累表，综合性输出等多种形式的学习活动，引导学生概括、梳理文本内及文本之间的关键信息和主题信息的发展脉络，从自我、社会、人类命运共同体等多角度、多视角探究主题意义。

此外，教师在单元育人过程中，要观察学生在真实情境中解决问题、用英语完成跨文化交际任务中核心素养的表现，在课堂活动及课后作业中开展连续性、多样化的评价，促进学生关键能力的发展、社会责任感的提升及正确的人生观和价值观的养成，确保单元育人效果。

第三章　基于单元整体教学实现英语学科育人的关键策略

【导读问题】英语学科育人导向下的单元教学设计要体现哪些原则？
实现英语学科育人的单元整体教学关键策略有哪些？

第一节　指向素养发展的单元多维目标体系构建

英语课程蕴含着培养学生人文素养并丰富其精神世界的价值，具有重要的育人功能。每一门学科的育人价值是指学科课程内容除了使学生学习某些学科知识和发展学科技能之外，还要促进学生在心智能力、情感态度、思想品德、社会责任等方面的发展(程晓堂、赵思奇，2016)。核心素养是课程育人价值的集中体现，是学生通过课程学习逐步形成的适应个人终身发展和社会发展需要的正确价值观、必备品格和关键能力。

高中英语课程应帮助学生进一步学习和运用英语基础知识和基本技能，发展跨文化交流能力，为他们学习其他学科知识、汲取世界文化精华、传播中华文化创造良好的条件，还应帮助学生树立人类命运共同体意识和多元文化意识，形成开放包容的态度，加深对祖国文化的理解，增强爱国情怀，坚定文化自信，树立正确的世界观、人生观和价值观(教育部，2020)。

一、设计单元教学目标体系的实践问题

素养本位的单元整体教学设计是撬动课堂转型的一个支点(钟启泉，2016)，近年来逐渐成为落实立德树人、发展学生核心素养的重要育人方式。

单元是承载主题意义的基本单位，教师首先要“强化素养立意，围绕单元主题，充分挖掘育人价值，确立单元育人目标和教学主线”，进而“构建由单元教学目标、语篇教学目标和课时教学目标组成的目标体系，使学生逐步建构起对单元主题的完整认知，促进正确态度和价值观的形成”（教育部，2022：47—48）。可见，单元教学目标是统领，而语篇和课时教学目标的实现是达成单元教学目标的前提，它们之间相辅相成，共同构成一个有机的整体。

然而，对高中英语教学设计进行分析可以发现，教师在设计单元教学目标体系时还存在以下三个主要问题。首先，单元教学目标的设计缺乏综合性。具体表现为：(1)目标确定的依据缺乏综合性，教师往往侧重对教材语篇的分析，却缺乏对课程标准要求及学情具有针对性的分析，无法综合运用课程标准要求、单元语篇内容以及学情分析确定单元教学目标；(2)目标的表述缺乏综合性，部分教师在单元教学目标中平行地罗列语言能力、文化意识、思维品质以及学习能力四个方面的素养目标，部分教师把主题认知及情感态度价值观目标与语言知识、文化知识的学习及语言能力的发展目标割裂开来，片面注重单元主题的育人价值，或者片面强调语言知识、语言技能的发展，无法融合语言、文化、思维综合描述素养发展的特征与表现。

其次，单元教学目标与课时目标缺乏系统性与关联性。教师仍然存在以课时为单位进行教学设计的思维习惯，各课时教学目标之间难以建立紧密的关联和进阶，简单地将课时目标累加起来拼凑成单元教学目标，难以为整体性教学活动的实施提供支撑，无法促成学生在单元学习中连贯、持续的发展。

最后，缺乏对单元教学目标达成度的评价及相应的标准，无法为判断学生单元学习中核心素养发展的效果指明方向，使得教与学的收获感较低，单元整体教学育人效果难以落实。

二、构建单元育人目标体系的基本原则

要解决以上问题，教师要依据课程标准中的相应要求，深入研读教材中围绕单元主题组织的多模态语篇，整合语境中有机渗透的情感、态度、价值观，分析单元语篇内容和多维知识的育人价值，开展具有针对性的学情分析，并据此合理构建指向核心素养综合发展的单元育人目标体系，突出体现单元教学目标的综合性、递进性及各层级教学目标的系统性、关联性等“四性”特

征，从而引领单元整体教学的实施逻辑(李宝荣、国红延，2023)。

(一)单元教学目标注重综合性和递进性

在单元育人目标体系中，单元教学目标是英语课程总体目标的有机组成部分，“要以发展英语学科核心素养为宗旨”(教育部，2020：57)。单元教学目标要以主题意义探究为主线，在核心素养目标与单元核心内容之间建立关联，体现核心素养四个要素在融合互动基础上的综合发展，为设计贯穿于单元、体现六要素整合的学习活动及评价活动提供方向。单元教学目标是有效开展单元整体教学设计的关键要素，发挥着统整各课时教学目标的基本作用，有导向、调控、评价、激励等诸多功能，是组织、设计、实施和评价教学的基本出发点和落脚点。可见，单元教学目标要有综合性，是教师期望学生在完成单元学习后，能灵活应用所获得的主题知识、语言知识、文化知识、语言技能及学习策略等在情境中解决问题的综合能力、表现出的主题认知和价值判断，是学生在学习与主题相关的单元核心内容并体验自主、合作、探究的学科实践之后形成的核心素养，也是评价单元育人效果的依据。

对课程标准、教学内容及学情的分析是制订单元教学目标的重要依据，教师要注重综合分析利用这些因素，合理确定单元教学目标。同时，单元目标的表述要指向核心素养四大要素的互动融合与综合发展，既不应把语言能力、文化意识、思维品质、学习能力逐条分开表述，也不宜将思维、情感、态度、价值观及主题认知等方面的发展变化割裂开来独立表述。在英语教学中，学生情感、态度、价值观的发展往往是内隐的，教师要将其外显为学生用英语表达主题内容所需的具体交际能力，从而体现英语课程“工具性和人文性融合统一的特点”(教育部，2020：1)。因此，每个单元教学目标的表述都应指向学生的语言行为，同时指向两个甚至多个素养要素的综合发展，将其附着在交际情景中，以及学生运用语言和文化等多维度知识、多元思维视角表达主题内容、解决真实问题的语言实践过程中，从而使行为目标外显为可操作的学习活动，为评价教学目标的达成提供具体依据，保障目标的可观测性与可检测性。

此外，单元整体教学目标的内容要在关联的基础上体现出递进性。同一单元的每个目标侧重点不尽相同，但其所指向的是同一主题下的内容学习和核心素养的提升，目标内容应互相关联、协调共存(魏惠，2021)。目标的表述要体现递进性，指向学生单元持续学习过程中在主题认知方面的优化，以及围绕主题意义表达的内容、视角和语言的不断丰富。要体现出对思维逻辑性、连贯性、整体性和辩证性的要求逐渐增强，问题解决情境的复杂程度不断加深，从而促进学生语言表达能力及思维品质、文化意识不断提升。

(二)各层级教学目标体现关联性和系统性

在单元教学目标的统领下，各层级目标应紧密关联，要把预期的核心素养综合表现融入其中，体现层级间的逻辑关联以及单元育人目标体系的系统性。高中学段英语教材每个单元的语篇比较多，教师要注重分析语篇之间的关联，可以围绕主题把2～3个有内在逻辑关联的语篇整合为学习小单元，建构起由单元教学目标、小单元教学目标、语篇/课时教学目标组成的单元育人目标体系。其中，单元教学目标及小单元教学目标具有双重功能，既是对课程目标的具体指向或体现，又是对课时目标的统领(魏惠、程晓堂，2022)。具体语篇或课时目标是对单元整体目标中核心素养综合表现的细化，教师可以依据英语学习活动观表述具体语篇或课时目标，设计有层次的语言实践活动，以语言能力带动其他素养的融合发展，使得单元核心语言知识、文化知识、学习策略的学习运用与听、说、读、看、写等技能的提升融为一体。

在单元整体教学设计中，单元目标、语篇目标及课时目标的确定是一个系统规划、关联互动的过程。在确定单元目标时，教师要分析哪些目标可以在哪几个语篇教学或哪几个课时中循环复现。同时，在具体表述单元各课时教学目标过程中，教师要有意识地反思单元目标是否全面，反思其可操作性和可检测性，并在此基础上进一步调整和完善单元教学目标。

三、单元育人目标体系设计的实践策略

下面结合北京师范大学出版社出版的《普通高中教科书 英语 必修 第一册》第3单元 Celebrations 的整体教学设计案例，具体探讨教师设计单元育人目标体系的实践策略。

(一)以多维度分析为依据，确定单元育人逻辑主线

在单元整体教学设计中，教师要认真研读课程标准要求，强化素养立意，围绕单元主题，深入解读和分析单元内各语篇及相关教学资源，并结合学生

的认知逻辑和生活经验，对单元内容进行必要的整合或重组，建立单元内各语篇内容之间及语篇育人功能之间的联系，充分挖掘育人价值，确定单元育人目标和教学主线(教育部，2022)。实践中，教师要以课程标准、教材、学生现状和需求等多维度分析为依据，思考并确定单元教学要帮助学生实现的变化和发展，以及实现这种变化所需要的保障条件和措施，进而确定明确、具体的行为性目标(教育部，2020)，形成单元育人逻辑主线。

当然，课程标准分析、单元语篇关联分析、学情分析并没有严格的先后顺序，而是在互动融合中通过多轮循环完成(见图 3-1)。教师在研读单元语篇时要适时地对接课程标准中课程内容六要素的要求，结合对学情的了解合理预设学生对单元主题的已有认知及发展需求，从而确定单元教学目标。依据单元教学目标及育人价值重点，教师要确定重点教学的小单元内容，并在深入分析小单元语篇内容及学情的过程中，回看课程标准中的学业质量标准等要求，为确定小单元教学目标及语篇/课时教学目标提供合理的依据。

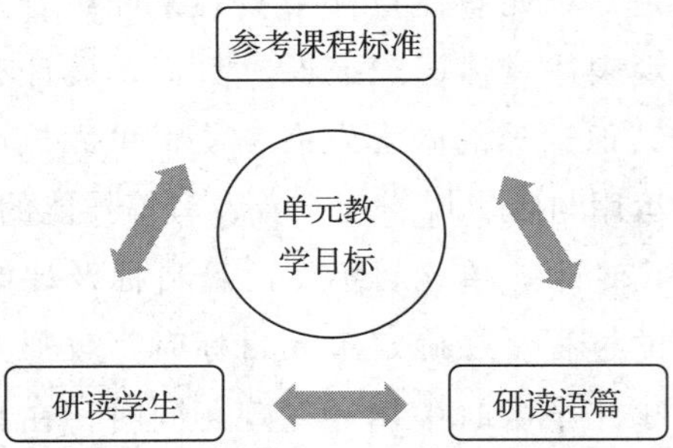

图 3-1　基于多维依据设计单元教学目标

1. 分析课程标准要求，确定单元主题的育人价值

“人与自我、人与社会和人与自然是高中英语课程内容的三大主题语境，是培育和发展英语学科核心素养的主要依托，是引领教学目标制订与学习活动开展的关键”(教育部，2020：56)。围绕单元主题梳理单元内各语篇的核心育人价值，建立单元内各语篇内容间的有机关联，是设计和组织单元内容的重要环节(王蔷、李亮，2019)。教师首先要对照课程标准中主题语境的内容要求，分析确定本单元主题的育人价值指向及主题意义的聚焦点。在此基础上，教师可以结合课程标准中关于英语课程语篇类型、语言知识、文化知识、语言技能和学习策略的内容要求，明确具体语篇主题意义的落脚点，并参考

学业质量水平的相应描述，确定单元教学中核心素养综合发展的目标及表现。

Celebrations 单元的主题属于“人与社会”主题语境中“历史社会与文化”主题群下“不同民族文化习俗与传统节日”主题。教师在整体分析单元语篇内容的基础上，依据《高中课标》必修课程文化知识内容要求中“1. 了解英美等国家的主要传统节日及其历史与现实意义；比较中外传统节日的异同，探讨中外传统节日对文化认同、文化传承的价值和意义。2. 了解英美等国家的主要习俗；对比中国的主要习俗，尊重和包容文化的多样性。……9. 学习并初步运用英语介绍中国传统节日和中华优秀传统文化（如京剧、文学、绘画、园林、武术、饮食文化等），具有传播中华优秀传统文化的意识”（教育部，2020：32），并参考学业质量水平一“1-5 能口头介绍中外主要节日等中外文化传统和文化背景”“1-13 能介绍中外主要节日和中华优秀传统文化”（教育部，2020：47—48），将本单元的重点育人价值确定为：“学习并初步用英语介绍中国传统节日中蕴含的中华优秀传统文化（庆祝方式、活动及饮食文化），提高传播中华优秀传统文化的意识”，从而为单元育人目标体系明确了方向。

2. 初步分析语篇及学情，确定单元教学目标

在明确单元主题育人价值的基础上，教师要进一步深入研读单元多模态语篇，把握主题意义，挖掘文化价值，分析文体特征和语言特点及其与主题意义的关联，为确定单元核心素养目标、创设合理学习活动做好前提保障（教育部，2020）。本单元围绕 Celebrations 主题，通过八个语篇，从“传统节日”和“特殊场合”两个方面介绍不同庆祝活动的形式、意义及经历、感受，在不同的语境中呈现了本单元的语法项目——被动语态的意义与用法。

Topic Talk 听力语篇介绍了各种庆祝的场合以及中国传统节日的时间和庆祝活动；Lesson 1 Spring Festival 阅读语篇是一篇杂志专栏报道，通过三个人不同的视角谈论春节的经历、感受和对春节文化意涵的理解；Lesson 2 Special Occasions 听力语篇涉及正式与非正式的聚会，讨论了毕业聚会等场合的庆祝活动；Lesson 3 Memories of Christmas 阅读语篇是一篇记叙文，介绍了作者与祖母共同度过祖母生前最后一个圣诞节的情景活动及感受；Writing Workshop An Event Description 读写结合课包括一篇记叙文范文，讲述全家为爷爷庆祝 70 岁生日的经历与感受；Viewing Workshop Paper-Cutting 通过视频介绍了中国剪纸的历史、意义、用途和发展等内容；Reading Club 1 Festival Menu 借助阅读语篇介绍中国四种传统美食及其文化含义；Reading Club 2 The Un-birthday Gift 是经典文学作品 Alice's Adventures in Wonderland 的节选，描述了两个主人公关于生日礼物的讨论。

教师围绕单元主题和语篇内容进行了学情分析，发现学生对 Celebrations 主题及国内外节日有一定的认识，但关于庆祝活动的体验相对较少，结合自己经历介绍节日背后传统文化的能力不足。教师在多维分析的基础上，确定了单元教学目标：(1)学生能够获取、梳理不同国家及民族的传统节日及活动庆祝的文化习俗，概括、整合单元语篇中介绍不同国家及民族传统节日及庆祝活动的词块、被动语态的用法等语言表达方式，从多角度建构并表达对单元主题 Celebrations 内涵的认识；(2)学生能够基于节日名称、庆祝方式和活动、庆祝的文化意义等方面建构结构化知识，描述不同国家的庆祝活动，阐释文化意涵，对比文化异同，尊重和包容文化的多样性；(3)学生能够结合自己的经历介绍中国传统节日、庆祝活动及其中蕴含的中华优秀传统文化，提升跨文化交际能力，增强文化自信。

本单元教学目标体现了“丰富文化知识—拓展文化视野—讲好中国故事—增强文化自信”的育人主线，以语言知识、文化知识及语言技能的发展为载体，促进语言能力、思维品质、学习能力、文化意识融合发展，具有综合性和递进性，符合学科育人视域下知识向能力转化、能力再向素养转化的教学逻辑。目标(1)旨在拓展学生的文化知识和语言知识，围绕“庆祝”主题形成结构化知识，聚焦学习理解和应用实践层面的学习活动；目标(2)和(3)旨在拓展学生的文化知识与国际视野，发展逻辑思维、批判思维和创新思维，提升学生的交际表达能力，聚集应用实践类及迁移创新类活动。单元目标既有助于学生逐步理解并加深对“庆祝”主题的认知，形成“庆祝的主题—庆祝的经历(活动及方式)—庆祝的意义”的知识结构，又能帮助他们在跨文化交际活动中综合运用单元所学，有逻辑地表达新的认知、正确的态度、价值判断和行为选择，从而实现英语课程育人目标。

(二)建构指向核心素养融合发展的单元育人目标体系

在依据课程标准充分挖掘教材单元语篇的育人价值、明确单元教学目标后，教师要以此为统领，分解、细化小单元教学目标及语篇/课时教学目标，从而整体构建单元育人目标体系，引导学生在单元学习过程中学习多维度的知识、技能和策略，逐步加深对单元主题的认知，提升结构化的表达和交际能力，实现核心素养的融合发展。

1. 整体研读语篇，确定小单元素养发展的落脚点

单元教学视域下，教师要注重对各个语篇的内容及其主题意义进行整体解读，分析教材围绕单元主题组织的内容逻辑，并在此基础上结合主题语境、语篇类型、语言知识、文化知识、语言技能、学习策略课程内容六要素，多角度分析语篇之间的关联，合理调整及整合利用各个语篇，确定学习小单元的思路。

本单元课例中，教师依据单元重点育人价值及单元教学目标，综合考量课程标准中对语言知识、语言技能及文化知识的要求，把体现中国传统节日——春节文化的庆祝活动、体现中国文化特色的剪纸及具有文化寓意的中国饮食三个语篇，即 Lesson 1 Spring Festival，Viewing Workshop Paper-Cutting，Reading Club 1 Festival Menu，整合为需要 4 个课时实施的“庆祝春节”学习小单元，体现意义和语言表达的逻辑关联，为实现单元重点育人价值提供落脚点。

教师以 Lesson 1 Spring Festival 语篇作为实现育人价值的主要教学内容，透过南京交换生 Tom Jenkins、“沪漂”计算机程序员 Xu Gang 以及 70 岁退休老人 Li Yan 这三个不同年龄段、不同身份背景的人的不同视角，谈论庆祝春节的经历、感受和对春节文化意义的理解。本语篇介绍庆祝春节时具有代表性的中国传统活动，同时呈现了本单元重点语法项目被动语态的运用，有机整合了文化知识和语言知识的学习。随后，教师以其他两个语篇作为强化、拓展庆祝春节相关的文化知识和语言知识的载体，使学生在口头及书面介绍春节时有意识地凸显具有中国特色的传统美食、剪纸等活动形式及其背后的文化意涵，提升对春节意义的深度理解，进而增强传播中国传统节日文化的意识和能力。

2. 精准分析学情，预设变化，确定认知发展重点

教师在设置单元教学目标时不仅要对单元多模态语篇进行关联分析，还要围绕主题精准分析学情，对接学生在主题认知、语言能力及文化意识等方面的已有基础和发展需求，在此基础上对学生通过单元学习发生的“变化”作出合理的预测。英语语言能力的提高也蕴含着文化意识、思维品质和学习能

力的提升。因此，教师要将单元主题认知及语言表达能力作为重点，对学生口、笔头表达的主题内容及其中蕴含的思维方式、文化知识、交际能力等现状进行综合分析，进而明确其已有的基础和发展需求。

为了精准进行学情分析并确定小单元教学目标，教师让学生书面介绍春节，随后反思自己在写作中的不足和需要的支持。基于写作作品，教师从春节相关的文化知识、语言知识及表达能力等角度分析学情，发现：(1)学生有一定的主题背景知识，知道春节的时间，春节前人们要做准备，除夕庆祝活动包括家人团聚晚餐、联欢会等，但缺乏对中国传统文化知识的了解，所写的庆祝活动主要是令自己感到开心的事情，对传统的庆祝春节活动及其文化意义写得很少，对春节文化意涵的理解不够深入。(2)学生的表达能力不足，多用简单句介绍春节吃饺子、看春晚等活动。例如，一个学生的作品片段为："Spring Festival is on January first in the lunar calendar. Before that day, people always prepare for it. People clean the room and buy something to celebrate. On that day, people and their family get together and have a big dinner."。由此可见，学生用英语进行表达的逻辑性及准确性有待提升。不少学生在自我反思中也提出，自己在介绍春节时词汇量不够，如不能用英语准确表达对联、窗花等物品，希望能够更有逻辑地描述春节相关的庆祝活动。

教师在学情分析的基础上，基于学习小单元中三个语篇的主题内容以及单元重点语法项目，确定了语言能力发展的重点，即学生能够恰当地运用被动语态，内化语篇中生动描写庆祝春节活动及其文化意义的语句，如"… The Chinese character *Fu* was attached upside down to our front door… When *Fu* is put upside down, happiness arrives. Fireworks were being let off across the city… it was to scare away the monster… coming home and being with my entire family is the most important part of it."等，并从节日前的准备和节日中的庆祝活动等方面，结构化地描述庆祝春节的活动及其蕴含的文化意义。

3. 创设学习情境，确定小单元及语篇/课时目标

教师在制订具体语篇/课时目标时，需要考虑如何设计具体的学习活动，说明通过单元学习学生的发展变化，并提供学习行为产生的必要的情境条件、可检测的语言行为表现和结果要求，即学习者表现出什么样的语言行为说明其已经把所学的知识转化为语言能力以及问题解决能力。每个课时目标都要

为达成单元或小单元目标服务，帮助学生在连贯的学习过程中，围绕主题逐渐拓展交际表达中所需的内容、语言及结构，深化认知。

以“庆祝春节”学习小单元为例(见表3-1)，小单元目标具有概括性和整合性，与单元教学目标的育人逻辑具有一致性。小单元目标(1)旨在引导学生通过三个语篇的学习，对庆祝春节相关的主题信息、语言知识、文化知识进行持续地梳理归纳，实现素养的融合发展。目标(2)引导学生综合运用所学，提升主题表达内容的丰富性及逻辑性，提升表达能力及跨文化交际能力。

表3-1　“庆祝春节”学习小单元教学目标及语篇教学目标

小单元目标	语篇/课时目标
学生能够： (1)从庆祝方式、庆祝活动及意义等方面归纳、梳理庆祝春节的主题信息及语言表达方式； (2)运用所学的语言知识及文化知识，书面描述自己庆祝春节的经历，表达对春节文化意义的理解，提升跨文化交际能力，认同中国文化魅力。	Lesson 1 Spring Festival (2课时)教学目标： ①获取不同文化背景、身份、年龄的人对于春节的经历与感受，并从庆祝方式、庆祝活动及文化意义等角度归纳、梳理相关的语言和文化知识； ②正确运用所学被动语态，从准备活动、庆祝活动以及文化意涵三个方面介绍春节； ③正确运用本课所学，写出自己的春节经历、心情及对春节意义的理解。
	Viewing Workshop Paper-Cutting (1课时)教学目标： ①通过视听活动，获取、梳理剪纸的历史、功能及发展等信息，归纳、总结视频中不同剪纸图片背后的寓意； ②正确运用所学结构、内容及被动语态，从剪纸作为庆祝形式及其文化含义等角度完善自己介绍春节的作品。
	Reading Club 1 Festival Menu (1课时)教学目标： ①获取、梳理春节的四种传统美食名称及其文化含义； ②正确运用所学结构、内容及被动语态，从传统美食及其文化含义等角度进一步完善自己介绍春节的作品。

语篇目标是对小单元目标的分解细化，Lesson 1的目标①及Viewing Workshop和Reading Club 1的目标①为小单元目标(1)服务，指向学生有结构地积累知识的学习策略及逻辑性和批判性思维；Lesson 1的目标②和③及Viewing Workshop和Reading Club 1的目标②具有关联性和系统性，指向学生从多元视角介绍春节的交际表达能力。可以看出，小单元教学目标不是各个课时教学目标的总和，各课时目标交叉融合、关联递进，从而保障学生在

单元学习过程中持续学习并综合运用所学词汇、语法、语篇、语用知识等，在此基础上实现多种能力的发展和素养的培育。

(三)设计整合性输出活动，评价单元育人目标达成度

为了保证单元育人目标的达成，教师要注重单元教学目标对学习理解、应用实践、迁移创新等具有关联性和递进性的学习活动及学习效果评价活动的指导性，合理设计紧密关联、交叉循环且形式和内容上具有连续性的单元整合性输出活动(李宝荣等，2023)，基于这些活动持续评价单元教学目标的达成度，保障学生在语言能力上持续、深度的发展(李宝荣、国红延，2022)，发挥教、学、评三者的协同育人功能。

Celebrations 单元中，教师设计了贯穿于三个语篇教学的整合性输出活动："你的笔友 Jim 热爱中国文化，想了解中国的春节，请综合运用本单元所学，给他写一封信介绍春节前和春节具有代表性的中国传统庆祝活动、庆祝方式及其文化含义，说明你对春节意义的理解。"教师以小单元教学目标为基础，设计了具体的评价标准：(1)内容要聚焦中国传统文化庆祝活动及其意义；(2)语言要综合运用三个语篇连贯学习过程中积累的语言知识和文化知识；(3)结构要遵循"庆祝活动—庆祝方式—文化含义"的语篇表达逻辑。此外，教师引导学生在每个语篇学习后，不断完善整合性输出任务，丰富剪纸等庆祝方式及饮食文化的相关内容，逐渐形成对庆祝春节活动及文化意涵理解的多元视角和跨文化交际能力，有效解决学生介绍春节时语句简单、逻辑薄弱、中国传统文化意识和表达能力欠缺等问题，增强文化自信，达成单元育人目标。

四、教学建议

要实现英语课程育人目标，教师必须注重单元教学目标体系的设计，规划育人蓝图。首先，教师要在综合解读课程标准要求、初步分析单元多模态语篇内容以及学情的基础上，确定具有综合性和递进性的单元育人目标。其次，教师要以单元目标为统领，依据特定单元体现的重点育人价值，合理关联和整合单元中的多个语篇，形成学习小单元，开展精准的学情分析，确定具有关联性和系统性的小单元目标及语篇/课时目标，为达成学生核心素养综合发展的育人目标提供落脚点。最后，教师要以整合性输出活动为载体，引导学生运用单元中持续学习积累的语言知识、文化知识，通过有效迁移提升问题解决能力，借助具体的评价标准评价学生单元学习后的发展变化，保障培育素养的育人效果。

第二节　基于问题解决的单元整合性输出活动设计

课程改革背景下，国内外学者对“单元”赋予了新的内涵，将“内容单元”转变为“素养”单元，即围绕学生素养发展目标开展单元教学(刘徽，2022)，其具象的目标是发展学生解决问题的能力。一个完整的学习单元往往需要一个具有整合性的学习出口，才能被称为一个完整的学习事件。也就是说，学生学完一个单元之后，需要在一个接近现实世界的情境中运用单元所学的知识技能，分析和解决问题，以此表现出单元学习效果。

这个学习出口便是“单元整合性输出活动”，也就是“学生基于单元主题语境，在多种技能的实践过程中，整合多个语篇所获得的主题词汇、语法、语篇知识、文化知识和主题表达视角，通过具有交际性的对比分析或问题解决等活动表达自己对主题意义的理解与评价的学习活动”(李宝荣等，2023：175)。单元整合性输出任务也可称为单元“大任务”(崔允漷，2019)，二者本质上都强调了培养学生的专家型思维和在真实情境中迁移、运用知识的能力，凸显了问题解决导向、情境导向以及产品导向等关键特征，强调学生在真实的语用情境中，整合运用单元所学核心知识解决问题的学科综合实践特征。

基于大量的课堂观察可以发现，不少一线教师在单元整合性输出活动的设计中存在着一些关键问题，具体表现在以下几个方面：(1)没有创设真实的活动情境，学生缺乏目的性，不知道为何要完成这个任务；(2)整合性活动缺乏与单语篇具体学习活动之间的关联，造成学习目标的偏离，学生缺乏整合并应用所学核心知识的意识，无法实现学以致用；(3)缺乏有针对性的评价标准，学生没有参考依据，不能确保该任务与核心素养发展效果之间有效关联。

为了解决并回应以上问题，下面以北京师范大学出版社出版的《普通高中教科书 英语 选择性必修 第二册》第5单元 Education 整体设计与实施为例，具体解析单元整合性输出活动设计的三大原则。

一、明确单元主题，提取可迁移的核心知识

核心素养导向的单元整体教学要突破传统教学中认为所有碎片化知识并重的误区，这就需要回应哪些知识最值得学习的问题。随着教育研究的不断深化，研究者不断拓展知识的类型，将知识分为事实性知识、概念性知识、方法性知识、价值性知识四个层面(季苹，2009)。其中事实性知识往往指向表层的内容知识，而概念性知识、方法性知识与价值性知识都被认为是可迁移的知识。

英语学科是过程驱动的学科(刘徽，2022)，方法性知识显得尤为重要。学生除了掌握语言概念性知识本身，更需要掌握有效学习语言的方法性知识。同时，《高中课标》强调基于主题意义探究的教学，这意味着体现主题意义的价值性知识也是至关重要的。王蔷等(2022)提出，教师需要关注单元教学内容所蕴含的主题意义与价值观念(主题大观念)，关注理解与表达主题意义所需的语言知识结构、方法策略与学习观(语言大观念)。可见，英语学科单元整体教学中可迁移的知识可以聚焦在与价值观有关的价值类知识和与语言学习有关的语言学习类知识这两类核心知识上。实际上，这两类核心知识与英语学科核心素养紧密关联，价值类知识主要指向文化意识的培育，语言学习类知识则涵盖语言能力与学习能力提高的知识基础，而学生思维品质的发展则附着在主题意义探究与语言学习的全过程中。

在明确了英语单元教学中最值得教与学的知识后，教师要从推断教材编写意图、对教材单元各语篇进行合理整合以及开展对应的学情分析三个维度，提取这些核心知识。《高中课标》实施以来，多数一线教师能够基于语篇内容分析确定单元主题及其主题意义，但对于语言学习类核心知识的教学则主要聚焦在语篇结构和结构化词块两个维度，在一定程度上忽略了语用、语法、语音等维度语言知识的梳理与整合。为了更有逻辑和更有体系地提取语言学习类知识，教师可参考核心知识提取框架(见表 3-2)。其中，结构化主题词汇知识所占空间比较多，教师可以单独利用一张表格梳理和呈现主题词块。

表 3-2　单元整体教学的核心知识提取框架

价值类知识				语言学习类知识				
单元主题	子主题		对应语篇	语用	语篇	语法	词汇	语音
				交际目的、场合、身份等	类型、结构、衔接、连贯等	词法(形/数、格/时/态)与句法(结构)	结构化主题词块	元/辅音、重音、意群、语调、节奏等

值得注意的是，价值类与语言学习类核心知识之间并不是并列的逻辑关系，教师们需要在单元主题语境下确定单元主题及子主题承载的育人价值，并以此为基础梳理各语篇蕴含的语言学习类知识。在梳理各语篇的语言学习类知识时，教师可以围绕语篇所承载的关键语用功能这一主线，整合提炼为语用目标服务的语篇知识、语法知识、词汇知识和语音知识等具体的语言知识。

具体而言，Education 单元属于“人与社会”和“人与自我”的主题范畴，分别涉及“乐于学习、善于学习”“社会责任”“对社会有突出贡献的人物”“社会进步”等子主题内容。该单元通过多模态语篇及听、说、读、看、写等多技能活动，从“教育的内涵与目的”和“教育的方式”两大维度引导学生探究单元主题承载的文化意义与育人价值：教育不仅能够推动个人在身体、心理、学术及道德方面的发展，也在推动社会进步中起着重要作用。

教师在分析单元各语篇的主题意义后，围绕两个子主题对教材单元中的语篇顺序进行了调整和重组，通过关于教育价值与目标的听力语篇 Topic Talk 及 Lesson 2 The Objectives of Education 引导学生探索单元子主题—“教育的内涵与目的”，丰富对教育意义的理解，反思接受教育的主要目的。随后，教师引导学生阅读 Lesson 1 Enlightening a Mind 中海伦·凯勒学习的故事及 Lesson 3 Understanding 中有关伽利略、培根等科学家求知的故事，探索单元子主题二“教育的方式”，深入思考在实现教育目标中学生及教师应承担的责任，归纳人物优秀的品质，认识批判性思维的重要性，关联并反思自己的学习方式。

在提炼出本单元价值类知识的基础上，教师进一步解读和提取本单元各语篇服务于主题意义的语言类核心知识，包含语用、语篇、语法、词汇及语音五个方面(见表 3-3)。本单元在语用知识部分强调利用描述、分析、例证等手段阐释教育的内涵、目的及方式；在语篇方面，涉及访谈、讲演、记叙文、议论文等语篇类型，通过多元的文体特征和表达方式叙述或论说教育的不同维度，不断拓展和加深学生对主题意义的理解，而立论句、话语标识语等语篇知识有助于学生有逻辑、有条理地表达主题意义；在语法方面，记叙文语篇注重运用过去时描述事件发展过程，并在人物动作描写时凸显了使役动词如 get/have sth done 的用法，讲演及议论文语篇则关注在一般时态下，利用“It’s important/brilliant to ... ”“That’s why ... ”等句型达成说服的语用目的。

表 3-3 Education 单元可迁移的核心知识结构提取

价值类知识				语言学习类知识				
单元主题	子主题		对应语篇	**语用**	**语篇**	**语法**	**词汇**	**语音**
				交际目的、场合、身份等	类型、结构、衔接、连贯等	词法与句法	结构化主题词块	元/辅音、重音、意群、语调、节奏等
教育促进个人与社会发展(Education)	1. 教育的内涵与目的	对教育的整体理解	Topic Talk	专家访谈(观点与举例)	教育的意义、内容、目的(for example, I think... but...)	第一人称现在时	教育的意义、内容、目的	主题词汇(如 facilitate)发音、意群等
		教育的主要目标	Lesson 2 The Objectives of Education	专家讲演+访谈(列举)	教育目标(for me; firstly, secondly, thirdly; in conclusion)	第一人称现在时说服的句式	教育的目标	主题词汇(如 acquire)发音；说服的重音、意群、语气……

续表

<table>
<tr><th colspan="3">价值类知识</th><th colspan="6">语言学习类知识</th></tr>
<tr><td rowspan="3">教育促进个人与社会发展(Education)</td><td rowspan="3">2.教育的方式</td><td>达到启智目的的教学方式</td><td>Lesson 1 Enlightening a Mind</td><td>过去的教育故事(事件线+情感线)</td><td>人物品质
教育方式
(when... when...)</td><td>第三人称+过去时；have/get sth done</td><td>人物品质、教育方式</td><td>主题词汇(如 perseverant)发音；影片中耐心、激动等语气</td></tr>
<tr><td rowspan="2">力求理解的求知方式</td><td>Lesson 3 Understanding</td><td>论说结构</td><td>求知思维方式(知识、事实、观点、问题相关词块)
求知的态度(衔接连贯词，如 to start with，however；although；it is not surprising；therefore...)</td><td>第三人称现在时+过去时</td><td>求知思维方式(知识、事实、观点、问题相关词块)
求知的态度(衔接连贯词)</td><td>略</td></tr>
<tr><td>Writing Workshop A Picture Description</td><td>论说结构</td><td>表达推理的连接词(it seems to be... however...)</td><td>现在时</td><td>表达推理的连接词</td><td>略</td></tr>
</table>

在结构化主题词汇方面(见表3-4)，本单元在“教育促进个人与社会发展”主题观念的引领下，子主题一包含描述教育意义(personal significance and social significance)和教育目的(aims and targets)的主题词块，如 have great influence on people，promote social development，to prepare individuals for a well-rounded life in society 等。子主题二包含描述启智方式，如教学方式(teaching methods)、学习方式(learning methods)、优秀品质(qualities)的主题词块，以及描述求知方式，如错误的认知方式(wrong ways to understand the world)和正确的求知方式(scientific ways to understand the world)的主题词块，为学生提供了描述教学方式的词汇语义网。在语音方面，教师要注重学生对核心主题词汇语音的掌握，纠正不够准确的发音，并引导学生感知语音的表意功能，学会恰当地运用语音知识实现有效交际。

表 3-4　Education 单元核心词汇知识提取

<table>
<tr><th colspan="4">价值观类知识</th><th rowspan="2">结构化主题词块</th></tr>
<tr><th>单元主题</th><th colspan="2">子主题</th><th>对应语篇</th></tr>
<tr><td rowspan="5">教育促进个人与社会发展</td><td rowspan="2">1. 教育的内涵与目的</td><td>对教育的整体理解</td><td>Topic Talk Education</td><td>Personal significance：have great influence on people，facilitate individual development，promote independent thinking，provide a rich experience of living
Social significance：promote social development
Aims：to enable learners to develop the skills，knowledge and attitudes；to cultivate creative minds；to explore the truth；to develop sympathy for and understanding of our fellow men</td></tr>
<tr><td>教育的主要目标</td><td>Lesson 2 The Objectives of Education</td><td>Aims and targets：to gain knowledge (provide necessary knowledge，let sb understand how the world works，give sb insight into how people think)；to prepare individuals for a well-rounded life in society (tools to develop skills and critical thinking)；to establish core values and prepare oneself for social life</td></tr>
<tr><td rowspan="3">2. 教育的方式</td><td>启迪智慧的教学方式</td><td>Lesson 1 Enlightening a Mind</td><td>Teaching methods：facilitate students' learning，pass on knowledge and skills，stimulate students' interest in learning，teach students to think critically and creatively，provide rich resources and learn to use right strategies to make learning effective
Learning methods：become autonomous learners；have goals；learn how to analyze，compare and evaluate；make proper judgement，demonstrate what they have learned
Qualities：determined，perseverant，kind，patient，diligent，willing，creative</td></tr>
<tr><td rowspan="2">探寻真理的求知方式</td><td>Lesson 3 Understanding</td><td>Wrong ways to understand the world：believe in churches，ignore the facts，don't want to challenge what people have comfortably believed，believe primitive ideas，don't want to abandon what people have always thought as true
Scientific ways to understand the world：step out from the shadows of conventional thoughts，find the kingdom of knowledge，fight for knowledge and understanding</td></tr>
<tr><td>Writing Workshop A Picture Description</td><td>When I first look at this picture… However，when looking at it more closely…
In the picture…
This implies that…
The overall message we can take from this picture is that…</td></tr>
</table>

教师确定本单元教学核心知识框架后，根据本单元价值类知识和语言学习类知识开展学情分析。调研发现，在价值类知识方面，学生能够说出教育的维度，如教育的意义、目的及方法，但是对教育内涵及目的的认知较为浅

显，局限于受教育是为了上大学、有好工作、挣钱多等浅层的理解，对于教育对个人的全面发展以及社会的推动作用等深层的认识不足；在教育方法上，学生能够基于经验说出学生及教师应承担的责任，但对于如何理解世界则局限于学习课本、网络搜索等方式，缺乏批判性思维。在语言学习类知识方面，教师通过让学生发表对教育的理解，发现学生缺乏描述教育意义、目的及方法的主题词汇，局限于 to get into a good university、work hard、learn for a better future 等浅显而较为单一的表达方式；同时，学生欠缺用例证、描述、分析等手段有逻辑地表达观点的能力。充分了解学生的学情后，教师根据单元核心知识框架设计问题情境，制定单元整体教学步骤，规划相应的评价方式。

二、借鉴 GRASPS 框架，创设问题解决的真实语境

教师依据主题育人价值的分析提取可迁移的核心知识后，接下来要回答如何将知识转化为能力、能力转化为素养的问题，这就需要了解素养的内涵。实际上，素养的本质就是解决问题的能力，素养形成是问题解决的自然结果。问题解决是指在一定情境中引起，按照一定的目标，应用各种认知活动、技能等，经过一系列思维操作，使问题得以解决的过程(余文森、龙安邦，2022b)。素养形成过程的精髓在于真实性，而真实性的根本属性是情境性，也就是说，越真实的任务，学生的兴趣越大(刘徽，2022)。需要说明的是，教育情境的真实性并非意味着完全运用在现实生活中发生的事件，也可以是模拟真实的情境，只要这种情境可以培养学生解决真实问题的思维方式，就可以将其称为真实的情境(夏雪梅，2018)。

外语教学中，教师在创设真实语用情境时，可以参考以下六个步骤：(1)在明确单元核心知识的前提下，确定问题情境的目标；(2)在现实世界中寻找问题情境的原型；(3)明确问题情境的类型，如设计类、探究类、决策类、鉴赏类等；(4)借助 GRASPS 框架设计问题情境；(5)从是否符合学习目标、是否符合学情、是否可以实现等维度精修问题情境的呈现方式；(6)可以根据情境的复杂度，引导学生在多个问题情境中迁移应用所学的核心知识(刘徽，2022)。当然，教师可以根据教学实际情况，灵活选用其中的某些步骤。

教师在创设问题情境的过程中面临的最大挑战往往在于对具体问题情境

及其要素的设计，因此以上六个步骤中最具启发及应用价值的当属 GRASPS 框架(McTighe 等，2020)。GRASPS 是六个英文单词的首字母缩写，它们分别是 Goal(目标)、Role(角色)、Audience(受众对象)、Situation(情境)、Product(产品或表现)和 Standards(检验产品是否达标的标准)。问题情境类型除了设计类、探究类常用的学科实践形式以外，还包含现实世界问题解决类(如环保问题)、开展调查类以及立场观点类情境。产品样态则可以通过宣传册、迷你书、戏剧展示(手偶剧、读者剧场等)、调查报告、辩论、指南手册(如旅游指南)、图书推介、演讲、海报等丰富的形式进行展示(Alan & Stoller，2015；McTighe 等，2020)。实际上，对于创设什么样的问题情境和产品样态，没有统一答案或标准，教师需要根据单元教学目标、学生已有的生活经验和语言学习基础等具体情况来确定。

以 Education 单元为例，由于教育话题与学生实际经验息息相关，教师结合高中生的认知特点和本单元用描述、分析、例证等阐释对教育的理解这种方式，最终选择了“参加高中教育论坛”作为单元整合性输出活动的情境，并设计了真实的、具有驱动性的问题链：“你觉得教育的意义是什么？你接受教育的目的是什么？为了达成以上目的，你将采取哪些学习方式？在学习的旅程中，你是否遇到过让你印象深刻的教师或同学？他们有何教学方式或学习方式？他们有何品质？”所有的驱动型问题都指向与单元主题育人价值相关的本质性概念问题，并与学生的教育经验建立密切的联系。

在设计核心驱动型问题后，教师基于 GRASPS 模型，与学生共同细化了单元整合性输出活动的问题情境设计：“你将参加学校一年一度的教育论坛，此论坛面向对教育感兴趣的学生、家长及教师，旨在反思教育的内涵与目的，交流并探寻科学、有效的学习和教学方法。你将作为发言人进行 5 分钟的讲演，分享你对教育的看法，内容包含受教育的目的及意义、实现目的所需的有效学习和教学方式，以及令人印象深刻的教育故事。”为了引导学生运用本单元的价值类知识及语言学习类知识，主动参与到评价、修改及呈现的过程中来，教师设计了评价表(见表 3-5)，从内容、语言、结构、表达、反思五个维度帮助学生明确该活动的评价标准，并在学习过程中开展自评和互评。

表 3-5 Education 单元整合性输出任务“教育论坛发言”评价量规

要点	评价标准的具体描述	是	否
内容	1. 我的发言是否涵盖了教育目的、教育方法、教育意义等要点?		
语言	2. 我的发言是否使用了本单元的重点词块，语言准确，表达丰富?		
结构	3. 我的发言是否观点明确?		
	4. 我的发言是否运用具体案例阐释了自身的思考?		
	5. 我的发言是否有说服力?		
表达	6. 我的发言是否一开始就吸引了听众的注意?		
	7. 我在发言中是否与听众有眼神交流?		
	8. 我发言的声音是否清晰、洪亮?		
	9. 我是否在规定的时间内完成了我的发言?		
反思	10. 我认为自己表现最好的地方有哪些?		
	11. 我参加此次教育论坛最大的三个收获是什么?		

教师结合提取出的单元核心知识及整合性输出活动，将本单元的主要学习目标确定为通过描述、分析、例证等方式阐释教育的内涵、目的、方法，分享教育故事。这一目标关注学生核心素养的发展，利用单元整合性输出任务的准备与呈现，使学生在核心素养四个维度上都能有所增值。在语言能力方面，学生能够理解和表达与教育主题相关的意义；在文化意识方面，学生能够结合中外优秀教育理念及故事，对教育有更加深刻的认知，并能采取积极的态度和行为取向，投入学习中；在思维品质方面，学生能够运用举例、对比、引用、调查等方式阐述个人观点并对教育作出正确的价值判断，发展分析和解决问题的能力；在学习能力方面，学生能够积极利用多种渠道，如搜索、调查、查阅资料等方式，运用和主动调适学习策略，提升学习效率。

除了模拟现实生活中的学习情境之外，教师还可以根据学生所处的具体环境，创设更加真实的单元整体性输出活动情境。以人民教育出版社出版的《普通高中教科书 英语 选择性必修 第四册》第 2 单元 Iconic Attractions 为例，该单元属于“人与社会”和“人与自然”的主题范畴，内容包括澳大利亚、新西兰等国家多元的民族文化习俗、传统节日等具有人文特色的标志性风物，以及地理概况、自然环境、动植物等具有自然特点的标志性风物。基于文本分析，教师将本单元核心的语用功能确定为：借助导游词、博客、访谈等语篇类型及主题词汇等相关语言表达方式推介某地的标志性风物。

为了加强所学知识与学生真实生活之间的联系，教师基于学生生活在北京市城市副中心——通州区的实际情况，选择了“北京市通州区城市副中心建设七周年”这一真实的社会文化背景，将整合性输出活动情境细化为：2016年5月27日，确定规划建设北京城市副中心，这座千年之城从此奏响建设序章。我们在副中心学习和成长，感受着副中心的蝶变和发展。让我们用喜闻乐见的方式，以中学生的视角推介副中心的自然、人文标志物(iconic attractions)，让世界友人了解通州，爱上通州。为了帮助学生更好地展开探究，教师设计了本单元的驱动性问题：生活在副中心，我们中学生心目中的通州自然或人文标志性风物是什么？我们可以用什么样的方式推介这些标志性风物，从而让世界友人了解通州，爱上通州？

在驱动性问题引领下，教师和学生基于GRASPS模型共同讨论，逆向梳理出整合性输出活动的具体任务：学生以“在副中心学习和成长的中学生”的身份视角，在副中心建设七周年这一真实情境下，拍摄并制作一段英文vlog视频，向希望了解通州的世界友人推介通州的标志性风物。在完成该活动的过程中，学生运用单元所学内容、主题价值类及语言学习类核心知识以及跨学科知识，用英文短视频的方式来推广通州标志性风物，综合提升核心素养。

教师在此基础上，利用单元学习目标描述了学生素养发展的预期结果：学生能够关注vlog视频脚本的语篇特征，分析通州标志性风物的特征，注意交际对象并根据外国友人观众的特点与vlog视频的非正式程度，选择得体的语言和合适的角度，以小组合作的方式调研并确定成员普遍认同的标志性风物，综合运用本单元所学的介绍标志性风物的语言表达方式，协商、撰写并修订英文vlog视频脚本，完成配音和录制，向世界友人讲述通州地标性风物，增强文化认同与自信。

为了帮助学生顺利达到预期结果，教师设计了两个评价量表，引导学生学以致用，为检测学生学习效果明确可参考的标准。一个是vlog视频脚本的评价量表(见表3-6)，学生需要在教师的指导下从内容、结构、语言及写作交际四个方面，评价并修订自己的 vlog 视频脚本。

表 3-6　英语 vlog 视频脚本评价量表

	Need Improvement	Good	Excellent
Content	1. 未包含必要的内容(开头/背景信息、细节描述、结尾) 2. 内容偏离要介绍的标志性风物 3. 内容过多或过少	1. 包含必要的内容(开头、背景信息、细节描述、结尾); 2. 内容基本契合主题 3. 内容基本匹配视频时长	1. 包含必要内容(开头、背景信息、细节描述、结尾) 2. 内容完全契合主题，又能结合所学添加其他要点(如个人感受、趣闻等) 3. 内容基本匹配视频时长
Structure	1. 结构不清晰，没有明确的开头和结尾 2. 各部分缺乏衔接	1. 结构清晰，视频中期的开头和结尾 2. 各部分连贯性稍弱	1. 结构清晰，包括明确的开头、中间部分和结尾 2. 各部分衔接自然流畅
Language	1. 没有使用所学表达 2. 语言不符合 vlog 的特征 3. 语言错误太多，影响理解	1. 使用 1～3 个本单元所学的语言表达 2. 语言基本符合 vlog 的特征 3. 语言有语法错误，不影响理解	1. 使用 3 个以上本单元所学的语言表达 2. 语言口语化，具有号召力 3. 语音流畅，无语法错误
Written Communication	写作目的不明确，写作对象意识不清晰，未考虑外国友人的身份背景	写作目的不太明确，写作对象意识不太清晰，未充分考虑外国友人的身份背景	写作目的明确，写作对象意识清晰，即向外国友人介绍通州的标志性风物

另一个是 vlog 视频最终展示的评价量表(见表 3-7)，邀请中外方教师和学生从内容、语言、视频质量、口语交际四个方面，评价不同小组的 vlog 视频成果，选出最佳作品。

表 3-7　英语 vlog 视频展示评价量表

	Need Improvement	Good	Excellent
Content	1. 缺乏视觉吸引力 2. 信息不准确或不充分 3. 所选角度缺乏创意	1. 具有一些吸引力 2. 能提供标志性风物的有效信息 3. 所选角度有创意	1. 引人入胜 2. 深入且见解独到 3. 呈现独特而新颖的角度

续表

	Need Improvement	Good	Excellent
Language	语言错误太多，影响理解	有语法错误，但不影响理解	语言流畅，语言质量较好
Quality	1. 声音和视频模糊不清 2. 内容不够流畅，转场不自然	1. 声音和视频制作适当 2. 内容完整，有恰当的转场过渡	1. 用优质的音视频呈现主题内容 2. 内容前后逻辑自洽，内容流畅，转场过渡自然
Oral Communication	缺乏与观众互动	与观众进行了一定的互动	有较好的观众意识，能够给观众带来强烈的情感冲击

三、注重递进与循环，将整合性输出活动分解为连续性子任务

在确定单元整体性输出活动之后，教师还要根据单元子主题之间意义关联的学习小单元(李宝荣等，2023)，将单元整合性输出活动分解为一系列具体的子任务。这些子任务是完成单元整合性输出活动的前提和基础，要体现出单元核心语言学习的循环性，以及活动形式及语用功能的连续性。每个子任务都是对单元主题意义探究的持续推进，需要在问题链的引领下逐步实施。

仍以北京师范大学出版社出版的《普通高中教科书 英语 选择性必修 第二册》第5单元 Education 单元整体设计为例，教师围绕“教育促进个人与社会发展”的主题育人价值以及“教育的内涵与目的”和“教育的方式”两个子主题，将高中教育论坛演讲的整合性输出活动分解为系列有序的子任务。在“教育的内涵与目的”学习小单元中，教师围绕“学生能够阐释并说明教育的内涵与目的”的目标，通过 Topic Talk 及 Lesson 2 The Objectives of Education 的听力语篇学习引导学生获取教育的意义和目的等有关信息，积累相应的主题词汇，关注如何使用让受众信服的表达方式，反思自己受教育的目的和意义，形成教育论坛发言初稿。教师发现学生在初稿中能够用主题词汇谈论自己对教育的理解的变化，但缺乏例证和吸引受众的表达方式，于是在第二个小单元中，重点引发学生对语篇中论证方式的关注。

在“教育的方式”的学习小单元中，教师从“启迪智慧的教学方式”和“探寻

真理的求知方式”两个维度设立学习目标，帮助学生利用列举、例证等论证方式阐释有效的教育方法，讲述身边优秀教师或同学的教育故事。学生通过听力语篇 Lesson 2 The Objectives of Education 第二部分梳理教师及学生应承担的责任，通过阅读语篇 Lesson 1 Enlightening a Mind，梳理 Anne Sullivan 的教学方式及 Helen Keller 的学习方式，思考教育为 Helen Keller 带来的改变及其原因，深入探讨启智的意义。学生在输出活动中对接自己的教育目标，思考可以采取的学习方法以及期待的教学方法，分享身边优秀教师和同学的教育故事，描述他们的教学或学习方法及个人品质，优化教育论坛发言初稿，完成第二稿。这样一来，学生不仅丰富了对主题意义的理解，循环运用了核心语言，还培养了例证意识，达成了有理有据表达观点的语用目的。

在“探寻真理的求知方式”的小单元教学中，教师引导学生通过阅读语篇 Lesson 3 Understanding 对比伽利略与 17 世纪大多数人探索世界的不同方式，思考什么是科学的求知方式，规避错误的认知方式，认识批判性思维的重要性。在此部分的输出活动中，教师鼓励学生列举历史上为了真理而奋斗的名人及他们的求知方式，反思自己的求知方式是否应该改变，旨在丰富学生教育论坛的发言的例证材料，培养运用多元论说方式佐证观点的语言能力。学生在此基础上完成论坛发言第三稿。

学生在单元学习过程中通过一系列子任务，逐步建构了价值类知识和语言学习类核心知识，循序渐进地加入自己对教育的目的、意义及方法的反思，并通过解释、例证、引言、调查等方式让自己的观点可信，最终达成在教育论坛中有理有据地发表个人看法的语用目的。由于教材本单元没有关于演讲技巧的内容，教师适当补充有关教育主题的演讲视频材料，引导学生运用设问、讲述故事等方式吸引听众，明确演讲逻辑，提示学生关注演讲中声调变化及眼神交流的重要性，使他们顺利地完成最终的整合性输出活动。

四、教学建议

综上可见，单元整合性输出活动是培养学生在真实情境中用英语解决问题的重要载体，也是落实英语学科育人的有力途径。单元整体性输出活动背后的理念与当前新课程中倡导的探究性、项目式等学习活动的理念是一致的，其目标都指向学生核心素养的融合发展。学生通过单元整体性输出活动，能够把学科核心知识与真实生活情境有机联系起来，围绕单元主题和关键问题进行一系列探究性学习活动，掌握具有结构化的语言知识和文化知识，形成较为全面、成熟的价值观念，并将其物化为具体的产品，在学习过程中发展批判性思维、创造性思维、协作性思维等高阶思维能力，形成直面问题、解决问题的人生态度和进取精神，增强对他人、对社会、对环境负责的责任意识(张华，2022)。

教师在设计单元整合性输出活动时，需要关注几个重点：(1)坚持培养学生问题解决能力的素养导向，创设培养正确价值观的活动情境；(2)要给学生提供解决有挑战性问题的真实情境，激发学生的内在学习动机，同时还要照顾到不同学生的个人兴趣及已有生活体验；(3)在问题解决的过程中，要引导学生用到该单元所学的核心知识；(4)给学生提供必要的支持，特别是提供明确的评价标准和清晰的活动指令；(5)始终围绕真实的学情调整活动，使之具有可操作性及可行性；(6)注意给学生留有一定的话语权及选择权，为学生创设反思的机会，提升学生自主学习能力(McTighe 等，2020)。

第三节　促进主题意义探究的学习活动设计

《高中课标》在教学建议中指出，“学生对主题意义的探究应是学生学习语言最重要的内容，直接影响学生语篇理解的程度、思维发展的水平和语言学习的成效”(教育部，2020：14)。《义教课标》进一步提出，教师要“引导学生基于对各语篇内容的学习和主题意义的探究，逐步建构和生成围绕单元主题的深层认知、态度和价值判断，促进其核心素养综合表现的达成”(教育部，2022：48)。可见，英语教师要把对主题意义的探究视为教与学的核心任务，以此为导向整合单元内各语篇的学习内容，引导学生主动参与，在主题意义探究的活动中实现语言、文化与思维的融合发展，落实学科育人的课程要求。

然而，当前高中英语教学围绕主题意义探究的学习活动在设计与实施中还存在着一定的问题，主要体现在以下两个方面：一是活动设计缺乏围绕主题与学生生活建立关联的意识，较少结合学生自身的经验和认知设计具有真实性和挑战性的深度学习任务，无法激发学生的主体参与性；二是意义探究的学习活动之间缺乏整合性、关联性和递进性，导致语言知识和文化知识的学习与思维发展割裂开来，难以引发学生对主题意义的深度提炼与思考，学生很难在新的情境中迁移运用所学，实现得体的意义表达。

一、主题意义的概念阐释及教学原则

为了解决以上实践问题，教师首先要厘清“主题意义”的概念内涵，明晰主题意义的提炼与探究原则，进而在教学设计与实施中基于语篇研读以及多个语篇之间的合理关联确定主题意义，关注学生的生活实际和发展规律，以有挑战性的问题引导学生主动参与到学习和讨论的活动中，通过与文本、与他人、与自己的多重对话实现主题意义的探究。

(一)主题意义的内涵

英语课程主要包括人与自我、人与社会、人与自然三大主题范畴，教材中每个单元都围绕同一主题组织多个语篇，为语言和文化学习提供了丰富的内容和多元的视角。“主题意义”是指具体语篇的主题意义，也就是语篇表达的中心思想，即作者的写作意图、情感态度或价值取向。在对现代英语教材中多模态文本主题意义进行解读时，读者不仅要关注语篇结构特点和具体的语言表达方式，还要思考与文本相对应的图片中的人物行为、场景布局、颜色构图等多模态符号传递的信息，从而更好地推断作者或者教材编写者的写作及编写意图和价值取向，提炼主题意义(程晓堂、周宇轩，2023)。

(二)主题意义的确定

单元中不同的语篇可能反映出不同的主题意义(程晓堂、周宇轩，2023)，因此教师在单元教学设计中要深入研读各个语篇，把握其主题意义，进行合理的关联与整合，提炼单元主题的育人价值。语篇研读对教师设计教与学具有重要意义，是落实核心素养目标、有效设计教学活动的前提。教师在研读语篇时，可以从回答 What、Why 和 How 这三个问题入手。What 指向语篇的主题和内容；Why 指向语篇的深层含义，即作者的意图、情感态度和价值取向；How 则关注语篇的文体特征、内容结构和语言特点。当然，“教师要认识到关于 Why 和 How 的问题，受教育背景、生活阅历、认知方式等的影响，一般没有唯一答案，要注重与其他教师交流研讨，相互学习”(教育部，2022：49)。

(三)主题意义的探究

由于同一个语篇在不同读者眼中会有不同的意义和价值，因此，主题意义的探究具有动态建构的特点。教学中，教师应充分重视学情分析，基于对学生生活经验、认知特点、学习风格等的综合考虑，坚持以学生为中心的原则设计具有生活实践性、逻辑关联性和素养整合性的学习活动，促进学生在与文本、与同伴、与教师、与自己的多形式、多轮次的对话互动中，碰撞思维，体验情感的触动和冲击，对接自身的学习需求，循序渐进地建构对主题的新认知，生成正确的价值判断，提高分析和解决问题的能力。

在英语课堂教学中，教师可以从主题的内涵、语言表达特点以及对学生发展的意义等方面，引导学生对主题意义进行探究。为此，教师应依托以课程内容六要素整合为基本特征的英语学习活动观，设计具有综合性、关联性和实践性特点的学习活动，结合具体的语篇使课程内容诸要素在学习活动中融通、互动，促进学生对主题意义理解的渐变与综合，最终实现学生核心素养的整体、协调发展(高洪德，2018)，实现英语学科育人目标。

二、促进主题意义探究的学习活动设计策略

课堂活动设计是否合理直接影响着主题意义探究的效果，教师在主题意义探究的活动设计上，要注意激发学生参与活动的兴趣，调动他们基于该主题已有的经验，逐渐完善新的知识结构，深化对主题的理解和认识，推动他们围绕主题实现深度学习，建构新概念，丰富人生阅历和思维方式，树立正确的世界观、人生观和价值观，实现知行合一(教育部，2020)。下面结合北京师范大学出版社出版的《普通高中教科书 英语 必修 第三册》第 8 单元 Green Living 中基于 Reading Club 1 Recycling 和 Reading Club 2 The Environment：A Local and Global Issue 语篇开展的整合性阅读教学课例，具体解析促进主题意义探究的学习活动设计策略。

(一)研读语篇确定主题意义，明确整合性教学逻辑

开展整合性学习的前提是教师深入研读语篇，确定主题意义，合理整合与调整教学内容。在此基础上，教师要展开学情调查，确定素养导向的教学目标，设计学生作为主体参与的系列语言实践活动和多元评价活动，监控教

学过程及效果，以教、学、评一体化实施确保育人目标的实现。

Green Living 单元属于“人与自然”主题范畴，共包含 8 个语篇(整体分析可参照第二章第二节相关内容)，分别从环境污染问题、环保组织意义及绿色生活方式等不同角度阐述“绿色生活”主题内涵，旨在引导学生树立绿色生活责任意识，主动投身到绿色生活行动中，积极向他人传播绿色生活理念。其中，Reading Club 2 中 Overflowing Landfills 部分和 Reading Club 1 Recycling 语篇的两个文段均围绕“生活垃圾”的话题展开，教师从 What、Why 和 How 三个方面进行了细致的语篇研读(见表 3-8)，发现这两个文本都体现了“生活垃圾增加引发的问题—完善垃圾处理方式”，符合说明文“问题—解决”的结构特点，都运用 produce/dispose of/deal with waste、reduce/reuse/recycle 等主题语块表达“垃圾处理，人人有责”的主题意义。

表 3-8　Green Living 单元 Reading Club 板块的语篇研读

	Reading Club 2 中 Overflowing Landfills 部分	Reading Club 1 Recycling
What 主题内容	生活垃圾日渐增加，垃圾填埋场开始达到最大承载量，垃圾中的有害化学物质进入水资源的概率逐渐增加，这也成为全球最为严重的环境问题之一，各地政府都在积极探寻其他垃圾处理方式。在此背景下，环境保护专家在 3R 的基础上提出了第四个 R，即 Responsibility(责任)，倡导大家都要增强减少制造垃圾的意识。	两个文段分别介绍了瑞典和非洲国家垃圾处理的创新方式，瑞典通过建“垃圾转换能源的清洁焚烧”工厂，不仅高效、环保地处理掉本国的垃圾，还帮助欧洲其他国家处理垃圾。非洲国家通过回收垃圾，将其转化为有用的商品，这种方式不仅有利于垃圾处理，还能够制造有用处的商品，提供就业机会，提高收入水平。
How 文体结构	说明文，通过“问题分析—举例说明—解决策略”的结构，运用 the amount of waste produced/has risen、reach its full capacity/will be full、waste disposal、recycle/ reduce/ reuse waste(3R)等语块描述垃圾过量、填埋及其他处理方式。	说明文，通过列数字、举例子的方式对比瑞典和非洲国家处理垃圾时采取的不同方式以及对有效减少和处理垃圾作出的贡献，运用 waste management、produce/burn/dispose of/deal with waste、reuse/recycle 等语块描述垃圾处理情况。

续表

	Reading Club 2 中 Overflowing Landfills 部分	Reading Club 1 Recycling
Why 写作意图	关注垃圾大幅增加而填埋场无法承载的环境问题，在 3R(Reduce，Reuse，Recycle)基础上提升减少垃圾制造的责任意识(Responsibility)。	从国际化视角了解不同国家垃圾处理方面的创新做法，深入思考处理垃圾的新途径。

教师通过学情调查发现，虽然学生对垃圾分类这一话题具备一定的英语词汇基础和基本的环保意识，但是他们对于垃圾增量、填埋场的潜在危害以及如何有效处理垃圾缺乏更为深刻的认识，对于垃圾问题缺乏国际视野和人类命运共同体意识，存在着认识和行动脱节的现象。教师综合多层次、多维度、多视角的分析，决定将这两个语篇整合起来利用，引导学生在循环复现中学习语言知识，在探究主题意义的过程中建构有关垃圾填埋及处理方式的主题词块及“问题—解决”的语篇特征等结构化知识，关联真实情境，运用“问题—解决”的结构发表主题演讲，迁移所学，倡导通过减少垃圾排放及其他方式践行绿色生活，做到知行合一。

在此基础上，教师基于可操作性和可检测性的原则，依据英语学习活动观明确了本次整合性阅读教学的具体目标：(1)获取、梳理并概括三种处理垃圾的方式及特点，借助可视化图形建立信息间的关联；(2)运用所学结构化知识，描述、分析、判断三种垃圾处理方式的优缺点；(3)联系学校社团实际发表演讲，理性表达对垃圾危害和处理方式的看法，提出创新性解决问题的策略。

随后，教师依据“目标—问题—活动—评价”一体化设计思路(见表 3-9)促进主题意义探究。教师首先通过将主题转化为问题的形式，从基于语篇、深入语篇到超越语篇三个层次依次设置了三个核心问题，引导学生围绕主题意义展开讨论(张金秀，2019)，然后将目标转化为活动，并对应地预设了评价要点，旨在分层、分段评价学生在新知识建构、语言运用、思维发展和观念形成过程中的外显行为(王蔷、李亮，2019)。

表 3-9　促进主题意义探究的“目标—问题—活动—评价”一体化设计

教学目标	核心问题	学习活动	评价要点
1. 获取、梳理并概括三种垃圾处理方式及特点，借助可视化图形建立信息间的关联	How do different countries dispose of waste?	(1)结合图片头脑风暴，激活已知； (2)阅读 Overflowing Landfills 语篇，借助信息结构图获取、梳理、整合垃圾填埋的处理方式及可能面临的问题； (3)阅读 Recycling 两个语篇，梳理、概括瑞典和非洲国家的垃圾处理方式及其特点。 (学习理解类活动)	观察结构化图形，评价学生能否提取文本主题信息，即三种垃圾处理方式及特点相关的语言知识和文化知识。
2. 运用所学结构化知识，描述、分析、判断三种垃圾处理方式的优缺点	What are better ways to dispose of waste?	(1)借助信息结构图描述三种垃圾处理方式，分析其优缺点； (2)通过对比，判断哪种垃圾处理方式更好并说出原因。 (应用实践类活动)	倾听学生对垃圾处理方式的转述，评价他们对文本文化意涵的理解及结构化知识的内化。
3. 联系学校社团实际发表演讲，理性表达对垃圾危害和处理方式的看法，提出创新性解决问题的策略	What can you do to dispose of waste in your daily life?	(1)结合我国垃圾不断增加且填埋场容量已满的现状，在 3R 的基础上推断第 4 个 R 所代表的内涵，并加以论证； (2)为响应建设绿色校园的号召，参与“绿色生活社团”组织的宣讲活动，小组合作，从垃圾问题对环境的危害、当前主要处理方式及其优缺点、可行的新方案等多角度表达观点。 (迁移创新类活动)	观察学生在集体分享及小组合作中的表现，评价他们能否深度理解主题意义并结合生活实际有效组织逻辑连贯的语段、提出妥善处理垃圾的方式。

(二)借助多模态及可视化工具，促进结构化知识建构

在学习理解阶段，教师可以通过感知与注意活动创设主题情境，借助图片、视频等多模态工具激活学生已有知识经验，铺垫必要的语言和文化背景知识。在语篇学习过程中，教师可引导学生借助语篇结构图、思维导图、概念图等思维可视化工具，从语篇中获得与主题相关的关键信息，理解语言所表达的意义，并与旧知识建立联结，初步提炼主题意义，形成新的知识结构。

本次课例的导入环节，师生首先围绕“Do you know how we usually dispose of waste?”的问题展开头脑风暴，教师在白板上记录下 dump、burn、recycle、reuse、recreate、collect 等主题词汇。据此，教师推测出 landfills 是大多数学生不熟悉的关键词，需要进行预教，以扫清阅读障碍，保障学生理解“填埋”这种主要的垃圾处理方式。教师通过“配图＋文字解释”的多模态工具(见图 3-2)进行预教，图片既可以丰富阅读情境，又能够降低阅读负担，帮助学生轻松实现 landfills 与已知词汇 dumping 之间的关联。

图 3-2　围绕关键主题词汇 landfills 的多模态图文工具

随后，教师以问题“Nowadays landfills become overflowing. What might be the effects of overflowing landfills?”引导学生对垃圾过量而引发的环境问题进行预测，带着认知冲突阅读 Overflowing Landfills 语篇，借助结构图梳理、整合基于主题的结构化知识。课堂教学过程中，教师始终注意观察学生的表现，一方面提供必要的支持和指导，另一方面在板书中呈现师生交流中生成的结构图(见图 3-3)，为全体学生进行示范，强调 due to、reach capacity、overflowing、dangerous chemicals 等词汇短语之间的逻辑关系，从而为学生阅读第二个文本搭建必要的语言和结构支架。

在此基础上，学生结合语篇结构图口头介绍垃圾填埋现象，内化语言，巩固结构化知识，初步评价填埋这种垃圾处理方式的利与弊，实现主题学习的小循环。有的学生说：“Its advantages outweigh the disadvantages because

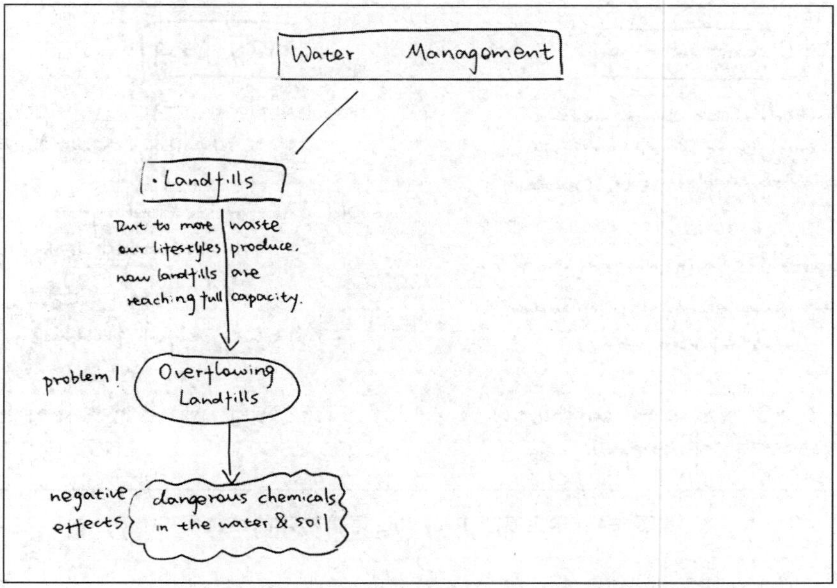

图 3-3 教师板书：Overflowing Landfills 语篇结构图

it is easier to deal with waste compared with other methods.”也有的学生说：“Definitely，it is harmful for human beings because more chemicals will be in the soil or air，which causes healthy and ecological issues.”

鉴于学生观点不同，教师追问：“Are there any other ways to dispose of waste?”启发学生调动有关垃圾再利用等方面的生活经验，带着学习期待阅读语篇 Recycling 的两个文段，围绕“How do people deal with waste in Sweden and African countries?”的问题，参考板书进一步梳理和完善垃圾处理方式的结构图。学生通过自主及合作的学习方式，利用语篇结构图这种思维可视化工具梳理新的语言知识，进一步拓展对主题内涵的理解，在探究主题意义的过程中体会语篇对于解决真实生活问题的意义，从而对不同的垃圾处理方式生成新的认识，调整原有认知，为接下来的语言运用厘清思路。在此环节，教师通过观察学生构建的语篇结构图(见图 3-4)进行评价和反馈。

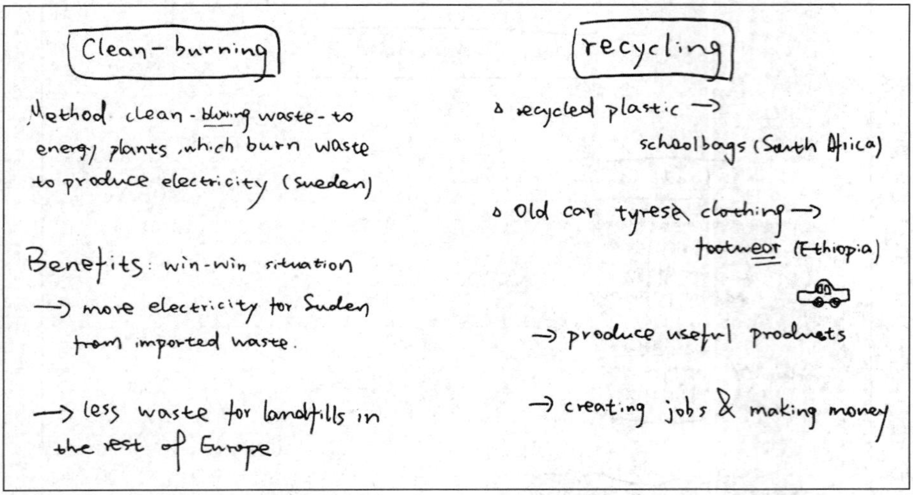

图 3-4　学生基于 Recycling 语篇构建的结构图

(三)精简设问推动多重对话，助力主题意义深层探究

学生形成主题结构化认知后，教师有意识地精简基于文本具体信息提出的碎片化问题，聚焦第二个核心问题“What are better ways to dispose of waste?”组织学生再次阅读，通过 self-talk、pair work、class presentation 等活动方式与文本、与自己、与师生进行多重对话，充分调动学生主动参与课堂交际活动的热情，在多轮次的语言实践中对主题意义进行深层探究，内化与运用语言知识和文化知识，分析并判断不同垃圾处理方式的优缺点，从而形成正确的观念和态度，为迁移所学知识、解决新情境中的问题奠定基础。

本环节，有学生分享了以下观点：“Compared with landfills, evidently, these two approaches (clean-burning and reusing) are much better since they do not pose health threats to us. Besides, they are beneficial to the whole nation as well as other countries ecologically and economically. However, although they have advantages, I still believe China has unique ways of waste treatment. I mean they cannot be simply applied to China based on our country's condition.”可见，学生不仅有意识地分析、比较了三种垃圾处理方式的优缺点，而且能够辩证地思考其他国家垃圾处理方式是否适用于我国国情，对探索具有中国特色的垃圾处理方式抱有信心。

（四）创设真实问题情境，助力主题意义的创造性表达

主题意义的探究过程是学生在已有认知结构和生活经验基础上建构新的认知结构的过程，因此，脱离或者远离学生生活的探究活动难以让学生在探究主题意义的过程中产生共鸣，无法发挥英语学习的人文价值和育人功能（施嘉平，2002）。在教学实施过程中，教师在学生对主题形成新的认知后，还要引导学生充分链接生活实际与新的认知，有意识地将所学知识应用到新的问题情境和交际实践中，围绕主题意义进行创造性表达。

在本课例中，教师借助学生讨论我国垃圾排放及处理情况的契机，呈现了"我国大城市垃圾填埋零计划（Zero Waste to Landfill）"的背景信息（见图 3-5），帮助学生了解中国为垃圾处理作出的努力与贡献，介绍北京等城市将垃圾填埋场打造成生态花园的成功举措。师生结合问题"If we could contribute to another 'R', what might it be?"展开热烈讨论。

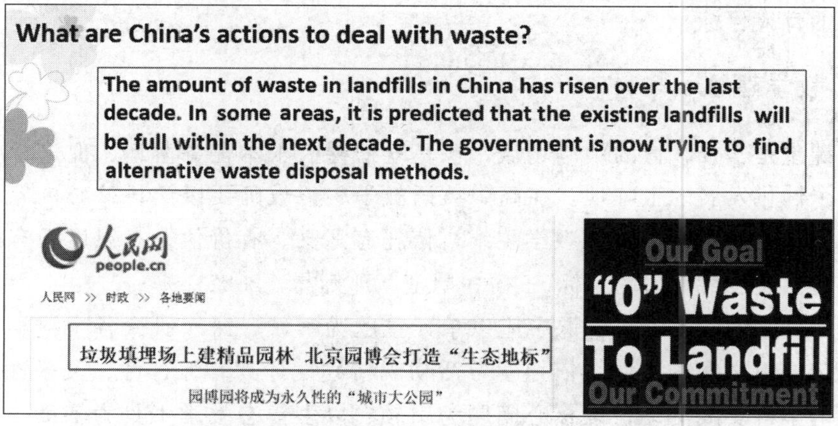

图 3-5 "我国大城市垃圾填埋零计划"背景信息

有学生说："According to China's policy, many measures are taken before things become waste. For example, some shops are forbidden to use plastic bags. No more plastic straws or cups can be seen in many drink stores or coffee houses, which also encourages customers to bring their own cups, and so many examples can convince that. So we should reconsider before we buy."还有学生说："Now we can see garbage classification anywhere, thus bring more benefits to the nation. We should reform our way of dealing with household trash"。学生通过举例子、作比较，在拓展垃圾处理国际视野的同时，也在浓厚的课堂讨论氛围中树立了文化自信，对垃圾及其处理方式有了更加理性的认识，增强了参与垃圾处理行动的责任意识。

最后，教师结合学校真实存在的绿色生活宣传标语及绿色生活社团创设情境，设计了指向迁移创新的英语学科实践活动："If you were a member of the Green Living Club, how would you introduce the problem of increasing waste and different ways to dispose of waste? Try to think of other creative and effective ways to deal with waste. Don't forget to call on your schoolmates' awareness to take actions."学生以小组为单位准备宣讲稿，调查学校的垃圾处理方式，发挥想象，生成垃圾处理可行性方案，号召同伴参与其中。这样一来，学生既加深了对教材语篇主题意义的理解，又能结合生活实际理性思考，得体表达，加强了"垃圾处理、人人有责"的责任意识，实现了知行合一的育人目标。

三、教学建议

课堂是学校教育的中心场域，也是立德树人根本任务落地、促进学生全面而个性化发展的主阵地。在高中英语教学中，教师要以学科核心内容为载体，围绕主题意义探究的教学主线，依托有意义、有价值、有温度、有深度的教育落实学科育人的目标(王蔷、周密、孙万磊，2022)。

具体来说，教师在备课中应以单元主题为引领，深入研读各个语篇，合理确定语篇之间的关联，依托学习活动观精心设计具有综合性、关联性、实践性的学科实践活动，以核心问题为引领、以多模态教学工具为辅助、以多重对话形式为保证，坚持以学生为中心，以学生的认知基础和生活经验为抓手调动学习兴趣，在主题意义的理解、探究和表达的过程中引导学生围绕主题逐步建构结构化新知，在多元理解及问题解决的过程中发展推理、评价和创新等高阶思维，得体运用英语进行交际，树立正确的价值观。

第四节　体现教、学、评一体化的单元持续性评价设计

完整的单元教学活动包括教、学、评三个方面，教师要在实际教学中处

理好评价与教和学之间的关系，推动教、学、评一体化的设计与实施（教育部，2020）。为推进课程改革，保障实施效果，教师要以单元育人目标为统领，“组织各语篇教学内容，规划系列教学活动，实施单元持续性评价”（教育部，2022：48），支持教与学，为教与学提供反馈信息（程晓堂、谢诗语，2023），从而实现以评促教、以评促学。

基于以上要求，大多数教师提示了单元教学和课堂评价的意识，但实践中还存在着评价方式单一且割裂、主体参与形式化和学习增值发展不明显等问题。其一，单元教学中重视对学习结果的单一评价而忽略对学习过程的多元评价。很多教师受到传统测试理念的影响，更加青睐基于赋分量表对单元输出成果进行评价的方式，很少融合运用诊断性、形成性和终结性等多种评价活动推进单元持续性学习过程。

其二，单元教学中学生主体参与评价活动往往流于形式，不少学生依赖于教师的反馈和评价，即使教师设计了互评和自评活动，学生也因为缺乏主动参与及合作分享的意识或相关的训练，更加注重对语言错误的识别，很少基于主题意义的理解与表达进行深层的交流。

此外，单元教学中教师收集、分析、利用评价结果与数据的能力相对薄弱，基于评价反思学生素养发展、提升单元教学质量的实际效果还不理想，教、学、评一体化尚未实现。

一、单元教学持续性评价的内涵及设计原则

为了保障时间跨度较长的单元教学能够顺利实施，教师可以根据单元整体目标，围绕核心素养综合表现进行持续性评价设计，通过多元主体参与的方式，运用多种手段和形式，组织实施单元学习过程和学习结果的评价，对评价结果进行科学、深入地分析，并以此为依据进一步改进教学，提高学生学习成效，落实教、学、评一体化，发挥三者协同育人的功能（教育部，2022）。此外，教师在每个课时的教学互动中都要认真倾听，细致观察，有意识地关注学生的学习发展及个性需求，有效反馈，及时调整。

（一）善用多样化评价方式，构建单元教学评价连续体

在单元整体教学过程中，很难用一种特定的方式评价不同类型的学习活动，教师要善于根据不同的教学目的，运用诊断性评价、过程性评价和终结

性评价等多种评价工具，构建协调统一的单元评价体系(徐玲玲、刘徽、曹琦，2022)，使之形成单元评价连续体(见图3-6)。

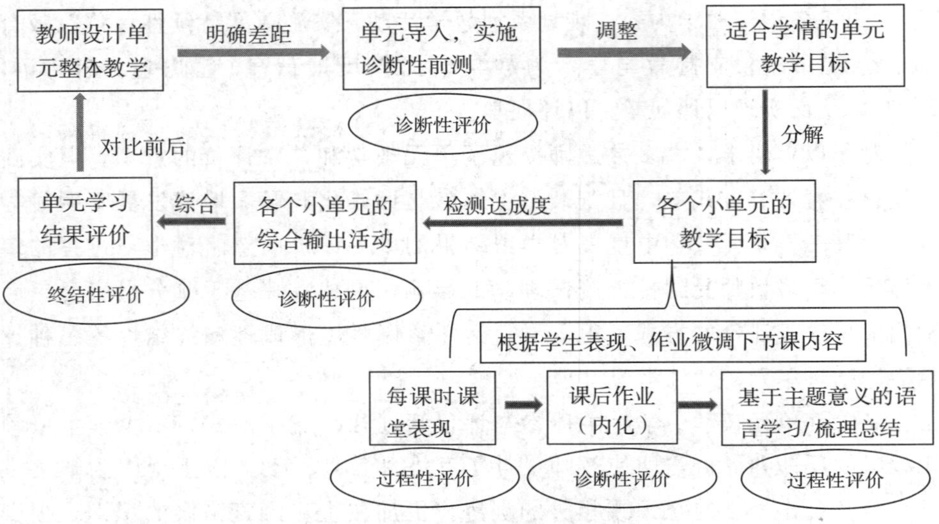

图3-6 单元整体教学中评价连续体的设计图示

教师在单元整体教学实施的不同阶段，要始终具有评价的意识，注意参考教学评价结果，及时了解学生在学习上的进展以及依然存在的问题，反思教学设计中预设的教学目标，及时调整教学计划，改进教学方法，切实做到以评促学，以评促教，提高单元教学的实效性。

1. 学前设计诊断性评价，发现学生已有经验与不足

在单元学习初期，教师要注意设计诊断性评价，考查学生对单元主题的已有认知基础和生活经验，发现其存在的不足，基于精确的学情分析反思教学设计的偏差，合理调整教学目标和教学进度(蒋京丽，2021a)。诊断性评价着重考查学生特定时段的学习成效和存在的不足，有助于教师在教学之前了解学生的学习潜力，为拟订教学计划提供依据(罗少茜、柳丽萍，2017)。

除了学前调研和测试外，教师还可以有效利用导入活动开展诊断性评价。例如，北京师范大学出版社出版的《普通高中教科书 英语》中，每个单元以Topic Talk板块开始，这是学生接触单元主题的起点。教师可以在开展本部分教学时观察学生在初步表达主题时使用的内容逻辑和语言形式，关注全班学生的整体情况和个性化问题，解读学生实际情况与预设的单元教学目标之

间的偏差，结合访谈、作品等分析问题产生的原因，思考解决的策略，从而做到根据真实的班级学情调整教学目标和活动设计。

2. 学中丰富过程性评价，促进学习能力的持续发展

为了更好地落实单元整体教学目标，教师可以基于语篇之间的关联性分析确定学习小单元，并基于学情分析确定可达成、可操作、可检测的小单元教学目标(李宝荣、国红延，2022)。教师在此基础上设计各课时的课堂教学活动及课后拓展作业，以此确保在单元整体学习过程中，以促学作为过程性评价的基本原则(assessment for learning)，通过问题回答、观点阐述、小组讨论等教学环节，以口头、书面和肢体语言等反馈方式，以量表作为评价工具，实施多种形式的过程性评价(教育部，2022)。此外，教师还要注意综合考量学生的课堂参与度和课后作业表现，把握学生各个目标的达成度以及后续发展需注意的关键问题，从而促进学习能力的持续发展。

3. 学后开展终结性评价，指向核心素养的综合表现

在单元学习后，教师要开展终结性评价，即对学习结果的评价(assessment of learning)，考查学生"能否综合运用所学的知识技能、方法策略和价值观念，有逻辑地表达思想、观点和看法，并对事物作出正确的价值判断，重点评价学生核心素养的综合表现"(教育部，2022：57—58)。

当然，教师要突破词汇默写、语法填空、客观选择等传统的纸笔测试形式，尝试基于真实情境设计具有综合性和实践性的产出任务，借助演讲、描述、展示、对话、游戏、陈述、思维导图等表现性评价的任务形式，考查学生运用单元中所学的结构化知识理解和表达主题意义、解决复杂问题的能力水平。同时，教师还可以利用学习日志等形式引导学生从语言能力、文化意识、思维品质和学习能力等多个方面归纳、总结、反思单元学习效果及素养发展的情况。

(二)调动多元评价主体，助力学生学习能力的发展

单元教学评价中，教师要充分发挥学生的主体作用，"引导学生成为各类评价活动的设计者、参与者和合作者，帮助他们学会开展自我评价和相互评价，主动反思和评价自我表现，促进自我监督性学习，并在相互评价中取长补短，总结经验，规划学习"(教育部，2022：53)。这样的评价活动本身也是学习活动(assessment as learning)，有利于调动学生监控、评价、反思等元认

知策略及主动、积极、合作的情感策略，有利于学生学习能力的发展。

1. 围绕语言准确性开展自评纠错，提高主动反思和规划能力

在单元各个语篇的学习中，教师要引导学生围绕主题积累核心的词汇、语法、语篇等语言知识，逐渐形成主题知识建构和价值判断，并在口语和书面输出任务中迁移应用。在对输出任务，尤其是课后写作作业进行评价时，教师可以鼓励学生开展自评，关注语言表达的准确性和流畅性，养成自我识别、纠正错误的习惯和意识。语言错误是宝贵的外语学习资源，学生借助自评能够更好地诊断部分长期存在的顽固错误，加以改进，从而提升语言能力。当然，教师要避免针对语言错误进行背诵、机械记忆等惩罚性的做法，而是要鼓励学生归纳问题，主动反思，规划或调整接下来的学习计划，探究有效的个性化学习方法。

2. 围绕主题意义开展互评对话，激发乐于分享的合作能力

在单元学习过程中，教师要利用互评活动，为学生创造与同伴对话、交流、合作、分享的机会。学生在彼此互动中相互借鉴、取长补短，不断改进和完善初步学习结果，这也是学生自评和互评自然发生的过程(蒋京丽，2021a)。同伴评价实际上可以贯穿于单元教学的多个环节，不仅可以应用于基于量表的综合性评价任务中，还可以融入课堂讨论、基于问题的回答以及课后基于笔记的复习、就学习经验进行分享等情境中。在开展互评时，教师要注意引导学生以意义表达为原则，学会倾听和尊重他人的观点，积极肯定同伴的努力，在此基础上真诚分享自己的反馈和建议，相互启发，使学生在英语学习过程中不断体验进步与成功，建立自信，学会与同伴深度合作。

(三)巧用评价数据透视学习过程，融合发展核心素养

在单元教学过程中，教师要始终关注学生的学习表现，巧妙、合理地分析和运用评价中收集的数据，通过数据解读学习过程，针对学习困难及发展收获给予即时的反馈和及时的教学调整，从而有效监控教与学的过程，真正落实单元教、学、评一体化。在课堂中，教师要有意识地面向全体学生，在师生互动中观察、检测学生是否达成了课前预设的教学目标，发现学生遇到的困难和挑战，通过言语或肢体动作等多种反馈形式，搭建必要的学习支架，给予情感的支持，为学生留有充足的内化时间和空间，关注他们在学习中的增值发展。此外，教师还要认真设计和批改作业，检验学生对课堂学习内容

的掌握程度，以深入解读数据的研究视角明确问题，思考问题产生的原因及可行的解决策略。

二、单元持续性评价的设计策略解析

以下结合北京师范大学出版社出版的《普通高中教科书 英语 选择性必修 第三册》第 8 单元 Literature 的整体设计与实施案例，探讨和解析单元整体教学中设计与实施持续性评价的策略。

(一)依据语篇研读和学情诊断，开展教、学、评一体化综合设计

Literature 单元围绕“人与社会”主题语境范畴下“文学、艺术与体育”主题群中“小说、戏剧、诗歌、文学名著等”内容组织展开，旨在引导学生通过阅读小说、诗歌、戏剧等文学作品，理解并欣赏不同文学作品语言表达形式的意蕴之美，从中获得积极的人生态度和价值观启示。按照文学作品的类型，本单元可划分为诗歌、小说和童话戏剧三个学习小单元(见表 3-10)。

表 3-10 Literature 单元语篇分析及学习小单元划分

小单元	关联语篇	主题内容	主题意义
汲取诗歌、自然之美，激发对生活的热爱	Lesson 2 Poetry Stopping by Woods on a Snowy Evening; The Daffodils	第一首诗描述夜间行路偶遇树林，驻足欣赏雪花、静谧小屋和冰封湖面的场景。第二首诗描述优美生动的自然景色及回忆水仙花的感受。	思考在面对生活责任与困境时大自然能够带来的力量。
	Reading Club 1 Romanticism in Poetry	William Wordsworth 和李白两位著名浪漫主义诗人的成就和诗歌特色。	探究中西方诗歌的异同。
体会小说人物对生命意义的追求	Lesson 1 The Last Leaf	老画家不顾安危为患肺炎而奄奄一息的年轻画家画最后一片叶子，给其带来生命的希望。	传递人性的“真、善、美”。
	Lesson 3 20,000 Leagues Under the Sea	博物学和生物学家 Pierre Aronnax、仆人 Conseil 和鱼叉手 Ned 落海后登上潜水艇的故事。	传递坚韧而不惧困难的品质。
	Writing Workshop A Continuation of a Story	模仿《海底两万里》续写的范文，续写《最后一片叶子》。	激发学生的文学创作激情。

续表

小单元	关联语篇	主题内容	主题意义
探究童话和戏剧揭露的人性特点	Viewing Workshop Fairy Tales	童话故事《皇帝的新衣》《青蛙王子》《乞丐和守财奴》。	感受童话魅力及其道德教育。
	Reading Club 2 The Prince of Denmark's Death	《哈姆雷特》中 Hamlet 和 Laertes 决斗的片段。	感受戏剧中的冲突和张力。

1. 根据 Topic Talk 开展诊断性评价，确定单元教学目标

在单元整体教学过程中，教师首先利用 Topic Talk 中听、说、写的活动，开展诊断性评价，围绕文学作品、人物和情节设置、写作风格评价及情感体验等方面激活学生已有基础和语言储备，同时明确学生在本单元的学习发展点。从学生对自己喜爱的文学作品的描述性写作可以看出，学生了解文学作品的基本分类，如小说、诗歌等，认为文学作品基于作者对社会的反思、对人生的思考及对理想的追求表达意义，并受到欢迎，但他们缺乏对文学作品特点及内涵的深刻理解，在描述文学作品的分类及功能时缺乏相应的英语语言知识和文化知识，缺乏对诗歌语言韵律美的赏析意识。

由此，教师梳理了单元教、学、评一体化的实施逻辑(见图 3-7)，以此推进学生主题学习的有效发生，帮助学生深化对不同文学类型及其语言、修辞特点的认知，引导他们在学习中感受诗歌语言的韵律美，深入体会不同文学作品反映的人生态度及价值观。

基于学情诊断，教师确定了本单元的教学目标，学生学完本单元后能够：(1)通过对诗歌主题、语言的分析和讨论，从诗歌的基本特点、语言特征、情感表达方式等维度感知诗歌表达的意蕴美；(2)通过对小说人物和情节的梳理，阐述正面、侧面刻画人物形象的写作手法，模仿并运用所学完成小说续写；(3)通过对戏剧和童话内容的描述，对作品中传递的人生观和价值观进行推理与论证；(4)综合对各类文学作品的分析与评价，从文学作品的类型、特点、语言、人物等多维度推荐自己喜爱的文学作品并阐释原因。

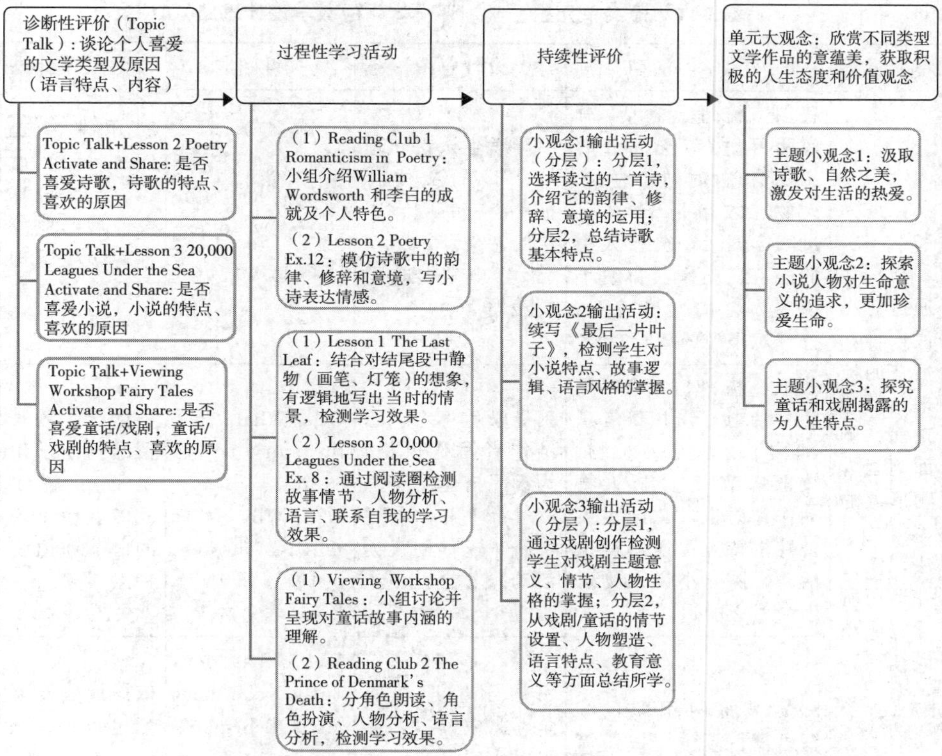

图 3-7　Literature 单元持续性评价活动设计

2. 基于单元教学目标，合理设计学习活动与评价活动

为了促进单元和各课时整体教学目标体系得以落实，教师要依据教学目标设计具体的学习活动和持续性评价活动，采用多种评价方式监测教学目标和活动的达成度，确保教、学、评一体化的实施效果。下面以小单元 2“探究小说人物对生命意义的追求，更加珍爱生命”为例，具体呈现学习活动与评价活动一体化设计的策略与过程(见表 3-11)。

表 3-11 落实单元教、学、评一体化的教学设计思路

单元目标	主要学习活动	设计意图	关键问题	效果评价
通过对小说人物和情节的梳理，阐述正面、侧面刻画人物形象的写作手法，模仿并运用所学完成小说续写	获取、梳理、概括《海底两万里》节选部分的主要信息(时间、地点、人物、故事情节)；通过阅读圈活动分析人物的语言、动作，归纳小说主人公的性格特点，分享对小说的理解。	引导学生认识和理解小说的文体特征、语言特点、表达的意义。(学习理解、应用实践类活动)	What does the story try to express?	利用课堂提问、小组讨论、班级分享及课后作业等评价学生梳理的故事情节和人物语言。
	获取、梳理、概括《最后一片叶子》主要信息(时间、地点、人物、故事情节)；分析人物动作和语言，总结主人公性格特点；通过辩论活动，探究小说人物对生命意义的追求。	引导学生思考、总结作者写作风格，为续写搭建支架。(学习理解、应用实践、迁移创新类活动)	Q1：What does the story try to express? Q2：Why is it called a masterpiece?	根据学生续写情况判断学生是否了解了欧·亨利小说的情节和语言特点。
	阅读《海底两万里》的续写语篇，模仿完成短篇小说《最后一片叶子》的续写。	引导学生迁移所学，完成续写，反思对小说意义、语言特点的理解。(迁移创新类活动)	Q1：What does Sue's comment "it is Behrman's masterpiece" mean to you? Q2：What would happen next?	依据量表开展学生自评、互评、教师评，评价学生是否落实所学。

(二)依据进阶性写作任务，实施持续性评价确保目标达成度

在学习小单元 2 的实施过程中，教师依据进阶性写作任务开展持续性评价，及时调整教与学，保证目标的达成度。教师在学前讨论中发现，大部分学生喜爱小说，但英语表达缺乏连贯性，语言比较简单。因此，教师引导学生关注并参考 Topic Talk"体裁(genre)—喜爱阅读原因(reasons for reading)—突出特点(elements of literary works)"的表达逻辑，积累 fascinating、stimulating、absorbing 等表达情感的形容词，在此基础上完善自己对小说的描述，内化所学。针对学生的作品，教师聚焦写作结构和情感类词块给予反馈。

在 Lesson 1 The Last Leaf 的教学中，教师布置拓展性写作任务“根据结尾段的静物描写，想象当时场景并进行书面描述”，检测学生对小说故事情节、人物情感及一系列动作和心理活动描写方式的综合理解和内化情况。学生在语篇阅读中学习小说运用的拟人修辞手法、刻画人物的方法及描述动作的语言，如 barely moving、cry with disbelief，深刻理解“最后一片叶子代表了温暖和希望”的主题意义，迁移主题相关的结构化知识，创造性解读和描述文学作品中刻画的人物。教师通过进阶性写作任务，不仅实施了持续性评价，也为学生搭建了层层递进的学习支架，使他们顺利过渡到小说续写的综合产出任务中。

(三)依托结果性评价分析，对比判断学生单元学习中的多维发展

教学有效的证据在于目标的达成，在于学生学习结果的质量，在于何以证明学生学会了什么(崔允漷、夏雪梅，2013)。因此，单元评价既要关注学生学的过程，也要重视学生学的结果，最终要落脚于促成学生的有效学习之上(陈新忠，2020)。单元学习结束后，“教师要通过课后练习、课后作业、单元测验、学生反思、师生面谈等方式考查学生知识的增长、经验的丰富、能力的提升和态度的转变等情况，全面评价学生的发展”(王蔷、李亮，2019：119)。

教师可以通过对比单元学习前的诊断性评价结果，判断学生的进阶发展。本单元中，学生最初描述喜爱的文学作品时，介绍的角度有限，语言比较匮乏；单元学习结束后，学生再次推荐自己最喜爱的文学作品，从主要内容、喜爱的原因、推荐理由和修辞特征等方面全面描述，既有利于教师检测单元教学目标的达成度，也有利于学生通过前后对比感受自己在语言、思维、学习能力等方面的成长，体会学习的成就感，增强学习动机和学习信心。

以一名学生为例，单元学习前该学生简单描述喜爱的小说：“It reflects people's imagination and social life.”原因比较宽泛。但是单元学习后的项目写作中(见图 3-8)，该学生从小说人物表达的情感、反映的社会问题及修辞特点等方面，逻辑清晰地描述了喜爱小说的主要内容，并提出这类小说适合什么类型的读者，反思了作品哪些内容给自己留下了深刻印象等。从语言准确性来看，学生注意了改写和续写中一般现在时及一般过去时的转换运用，还尝试运用虚拟语气讲述故事情节的可能发展，素养得到了综合发展。

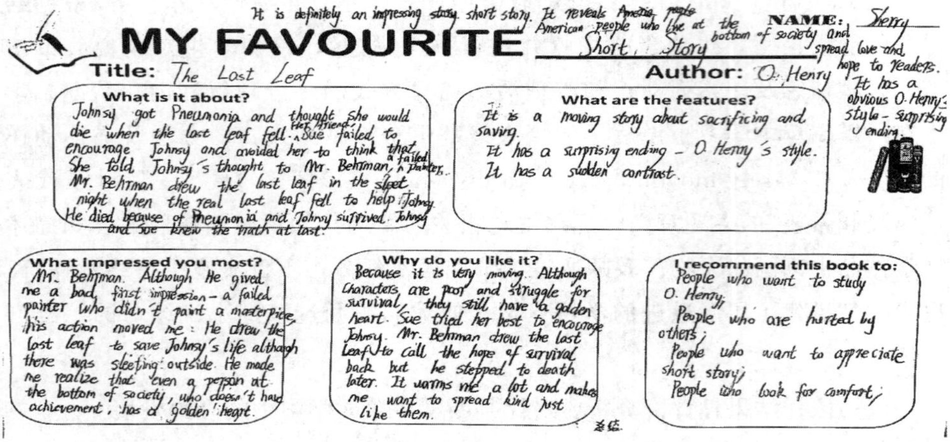

图 3-8 单元学习后学生的项目写作：推荐我喜爱的文学作品

三、教学建议

评价是单元教学中的重要环节，尤其在跨度较长的单元学习中，教学评价对于单元教学目标的落实及学习效果的保障具有更加突出的意义。为了确保教、学、评一体化的设计与实施效果，教师要结合单元语篇研读和学情分析，确定单元教学目标体系，并通过持续性评价的设计与实施增强评价意识，关注学生的学习过程，有效反馈教学。

单元视角下，教师要善用诊断性评价、过程性评价和终结性评价等多样化的评价方式，构建单元教学评价连续体。教师还要调动多元评价主体，通过自评、互评等活动鼓励学生主动参与反思，积极合作共享，助力学生学习能力的发展。此外，教师要树立基于证据分析和反思教学的研究意识，逐渐学会巧用评价数据，透视学生的进阶发展，合理调整教学设计，促进核心素养的融合发展，帮助学生在语言、思维、文化等方面的综合提升，树立正确的价值观，实现人的全面发展。

第四章 保障单元教学育人效果的多样化评价

【导读问题】如何评价英语单元教学的育人效果？

如何在单元教学中利用多种方式收集和分析学习证据，评价学生核心素养是否获得综合发展？

第一节 利用项目式学习的增值评价

《普通高中课程方案》要求“充分挖掘各学科课程教学对全面贯彻党的教育方针、落实立德树人根本任务、发展素质教育的独特育人价值，各学科基于学科本质凝练了本学科的核心素养，明确了学生学习该学科课程后应达成的正确价值观、必备品格和关键能力”（教育部，2020：4）。《高中课标》强调，英语课程具有重要的育人功能，单元整体教学是英语学科育人的主要方式。“普通高中英语课程的育人价值是通过具体的语言学习过程逐步实现的。在这个过程中，学生基于具体的主题及语篇，主动参与语言实践活动，运用各种学习策略，学习语篇呈现的语言和文化知识，分析、理解主题意义并使用所学语言进行思考、表达和交流，逐步发展语言能力、文化意识、思维品质和学习能力等英语学科核心素养”（教育部，2020：52）。

可见，学科育人是英语学科落实课程标准的应有之义，而评价则是衡量学科育人效果的重要手段。2020 年 6 月 30 日，中央全面深化改革委员会第十四次会议审议通过《深化新时代教育评价改革总体方案》。其中提出，教育评价要坚持立德树人，牢记为党育人、为国育才的使命，改进结果评价，强化过程评价，探索增值评价，健全综合评价（中共中央、国务院，2020）。方案中提到的“四个评价”为新时代深化教育评价改革明确了原则和方向(周光礼、袁晓萍，2020)。英语教学中要建立以学生为主体，促进学生全面、健康而有个性地发展的评价体系，要将教学评价贯穿教学过程的始终，体现在教学实践的各个环节，这既包括通过多途径收集信息的过程，也包括针对教学实践问题及时反馈信息的过程。

一、增值评价的内涵定义与实践问题

增值评价是教育评价改革的方向之一，是指“追踪学生在不同时间点上的学业成绩，利用一定的统计分析方法对学业成绩变化情况进行分析，并注意剥离掉学生性别、家庭背景等先赋因素，和教师学历、班级规模、班级条件等短时间无法改变的外部因素对学生成绩的影响”(辛涛，2020：1)。增值评价关注学生经历学习过程后是否实现了增值，即不横向比较成绩，而是纵向比较取得的进步。增值评价关注学生或学生群体在两个或多个时间点上学业表现的变化，并基于这种变化考量教学是否改变了那些可以改变的因素，即不比背景比努力，从而使评价聚焦学生、教师和学校在可以改变的方面作出的努力(Castellano & Ho，2013；边玉芳、王烨晖，2013)。

因此，增值评价对于改变当前教学评价中存在的问题具有以下三个方面的优势：一是增值评价有助于改变唯分数、唯结果的评价，将教学评价的关注点从个别学生身上转移到每一个学生的成长与进步；二是增值评价有助于诊断教与学的情况，可为教师同时提供形成性评价和终结性评价的信息，根据增值对比识别学生的成功之处与失败之处，从而更加全面、系统地改进教与学；三是增值评价有助于激励不同层次的学生，能够更好地呈现后进学生的努力与进步，并鼓励学优生进一步发挥自己的潜能(辛涛、张文静、李雪燕，2009)。

近些年来，研究者积极开展增值评价方面的探索，积累了大量实践经验。例如，有的研究关注统计分析模型的准确性，对常用的增值评价模型进行分析和比较，为选取增值评价模型提出了可行的建议(王寰宇，2023；徐路明，2021)；有的研究关注增值评价的有效性，验证不同控制变量对学生中、高考学业成绩的影响，证明增值评价对教师教学和学生学习的增益作用(钱淑渠等，2023)；还有的研究关注增值评价的导向性，在市、区级等宏观层面使用增值评价模型对学校进行评价，验证增值评价的优势(邵越洋、刘坚，2020)。

然而，在增值评价的实施过程中，仍存在着一些不足。其一，增值评价内容上仍然有应试倾向，仅视分数增值为进步，但是分数的增值无法区分学生是为了考试而学还是为了兴趣而学。由于考试评价的内容主要是知识而非素养，因此这种增值只是知识的增量，而缺乏全面发展意义上的增值。此外，考试评价的主体更多的是学生群体或学校，很少聚焦学生个人。其二，增值评价的标准细则较为笼统，评价中重视数据分析，但价值判断较为缺乏。其三，增值评价过程中反馈的实效性较差，评价的实施主体仅关注了评价的结果，却较少利用增值评价的结果帮助学生改进学习(王天平、牌代琼，2022)。

二、利用项目式语言学习激发学生兴趣，改变应试倾向

针对当前增值评价研究与实践中考试倾向较重、标准细则笼统和反馈缺乏实效等方面的问题，结合单元整体教学的育人要求和需要，教师在单元教学中可利用项目式学习的设计与实施，开展增值评价，尽量避免测试这种单一的手段，切实从应试转向育人。

(一)项目式语言学习及其突出价值

项目式语言学习(Project-based Language Learning)，又名“语言项目学习”或“基于项目的语言学习”，是指通过构建具有真实目的且面向教学情境之外受众的产品，引导外语学习者在解决真实问题的过程中有意义地使用目标语言的学习方式(徐国辉等，2023)。项目式语言学习能够为学生提供真实的驱动性问题和成果展现平台，有助于学生内化基于单元主题建构的价值类知识和语言学习类知识，有机整合产出导向、有意义的语言输入与输出、以学习者为中心等学科育人理念，是评价学生单元学习中增值发展的有效工具。

项目式语言学习在激发学生学习兴趣方面具有突出的价值。第一，项目围绕现实世界真实问题的解决展开，使得学生语言学习的动机更加强烈，源于生活的驱动性问题有助于学生在学习全过程中保持兴趣，积极参与。第二，在项目开展过程中，学生除个人思考以外，需要进行小组合作、同伴互评、产品发布等多种样态的互动，互动能够进一步提升学生的高阶思维、交际能力和学习责任感，使学生的学习兴趣维持在较高的水平上。

(二)单元整体教学中语言学习项目的设计

以下结合北京师范大学出版社出版的《普通高中教科书 英语 必修 第一

册》第 1 单元 Life Choices 的整体设计与实施案例，探讨和解析单元整体教学中语言学习项目的设计思路。

Life Choices 单元为学生高中入学后英语课上接触的第一个单元，属于“人与自我”主题范畴，涉及“自我认识、自我管理、自我提升”的子主题内容，旨在通过高中入校心情、生活方式、压力缓解、志愿服务等方面的内容，引导初入高中的学生思考自己将如何度过高中学习生涯。本单元前四课由两段学生独白、两篇记叙文和两段采访的语篇组成。第一个学生独白描述了高一新生入校心情、新旧学习生活的对比以及高中阶段学习的目标。第一个采访为主持人了解不同职业人群的生活。第一篇记叙文为英国伦敦学生 Joe 和中国学生 Li Ying 描述个人生活方式。第二个采访主要为电台主持人和心理专家就焦虑易发人群、焦虑诱因、如何缓解焦虑进行问答。第二个学生独白主要为学生谈论让其感到焦虑的事情和感到放松的事。第二篇记叙文主要讲述 Zhang Tian 大学毕业后，坚持自己内心想法去贵州支教，克服学校场地、课程安排、生活环境、师资配备等困难，为当地学生创造更有意义的学习生活的经历以及这种人生选择带来的价值。

教材内容符合学生的实际情况，高一学生处于 15～16 岁的年龄段，刚刚进入高中校园，处于适应高中生活的阶段。一方面，他们需要积极立志，秉持积极的自我认知态度，学会悦纳自我，发现自身积极能量。他们有丰富、积极的情绪体验，愿意发展积极的心理品质，都希望通过独立思考和自我决策，不断超越自我(许惠芳，2020)，期待着以成功的经验证明自己，希望通过积极行动的方式进一步丰富主观的幸福体验。另一方面，他们自我管理的水平不高，主要表现为缺乏自我管理的意识、意愿和技能。有的学生想到什么就做什么，不知道应该进行自我管理；有的学生知道在什么情况下应该怎么做，但就是不愿去做；有的学生虽然愿意管理自己，但缺乏相应的自我管理技能(边玉芳，2021)。此外，大部分学生刚刚进入新的学校，需要了解学校的培养目标，并努力向其靠拢。

基于以上的文本分析和学情分析可见，教师应为学生创造自我管理的机会，帮助他们了解自我，提升自我管理意愿，设定合理目标，锻炼自我管理技能。由此，教师设计了项目式语言学习的驱动性问题“入学初面对需要迎接崭新高中生活中种种挑战的局面，一个符合学校培养目标的学生会怎么做?”在此基础上，教师充分利用教材单元中适合开展项目式学习的语篇，引导学生基于教材学习探究主题意义，为项目开展构建必要的知识与能力基础。

单元整体设计遵循教材中“描述高中入学后观察和感受，提炼入学初需要应对的挑战”“针对压力等突出问题聚焦解决方案”“立足长远坚定目标”的主题逻辑，将驱动性问题细化为“入学初，会遇到哪些挑战?”“遇到挑战，用何种方式应对?”“如何做才能坚定目标，拥抱挑战?”并梳理出相对应的语篇(见图4-1)。项目出项时学生回到真实生活，描述高中新入学将面临的问题，寻找解决方案，以表述学年目标的形式完成增值评价。

单元整体教学中，教师在进行文本分析时，需要详细分析单元内容中蕴含的语言类知识和价值类知识，为选择多样性评价工具做好准备。例如，在Life Choices单元中，教师首先围绕生活方式、压力应对和迎接挑战等梳理核心语言，聚焦“描述”这一语用输出任务整合语篇、语法、词汇和语音知识(见表4-1)，提炼出本单元蕴含的价值类知识：(1)进入新的环境，应认真观察，分析挑战，积极适应；(2)设定新的目标，更好地适应新的学习生活；(3)人生在于选择，需要坚定初心，拥抱挑战。

表4-1　Life Choices单元语言知识分析

语用	描述(在学生新入学情境下，迁移所学，得体地描述新的学习生活、可能面临的挑战以及应对措施)
语篇	涵盖记叙文语篇、独白、采访，描述新的学习和职业生活中面临的挑战及应对措施
语法	在描述新的学习和职业生活、挑战及应对措施时使用不定式
词汇	(1)描述新的学习和职业生活的相关词汇及短语，如the start of a new chapter in my life, exciting, differs in many ways, happier, more fruitful, satisfying (2)描述面临的挑战、应对措施的相关词汇及短语 描述挑战及新的目标，如Internet addict, all the time, shop online, chat too much with online friends, drag myself away from the online world, studying is definitely a big part of my life, set a goal, my target is to…, achieve all I want, use my time well 描述压力以及如何应对压力，如suffer from stress, cause, relax, remove stress from our lives, experience, things I find stressful, get very nervous, not everything lives up to sb's expectations 描述如何迎接挑战，如：I don't mind doing…, enjoy doing…, be quite an experience for sb, feel differently, start a new lifestyle, with an eager heart
语音	使用合适的语音语调表达面临新的学习生活时的个人情感

图4-1　依托项目式语言学习的Life Choices单元整体设计

三、项目式学习中运用评价连续体观测学习增值

在单元项目式学习的实施过程中，教师要灵活利用多种不同的评价方式，激发学生的学习兴趣，基于英语学科核心素养四个方面的融合发展细化评价标准，关注评价过程中及时、有效的反馈。评价连续体是指根据单元教学中基于从单一技能到复合技能、从低阶思维到高阶思维、从认知到元认知、从情感维度再到素养目标的进阶发展，通过课堂问答、表现性任务、结构化思维工具、自我反思等不同形式连续实施评价的过程(徐玲玲、刘微、曹琦，2022)。

评价连续体既是在评价方法上的连续，即针对不同目标匹配不同的评价方法；也是评价类型的连续，即在进行测试等对学习的评价(assessment of learning)之前，在过程中要通过学习性评价(assessment for learning)帮助学生实现学习目标，并有意识地鼓励学生作为主体参与学习式评价，学会评价；还是评价时间上的连续体，并非像传统教学中只在单元学习结束后才实施评价，而是使评价伴随在单元学习的全过程，引导学生不断对照目标，实时调整，改进学习成果。

(一)借助可视化工具评价学生知识、能力和价值观的增值

当前增值评价更多关注知识的增量，对于价值观的判断较为缺乏。教师可尝试采用可视化工具，基于细化的评价标准，综合评价学生语言知识、关键能力和必备品格等方面的增值发展。例如，KWL 表格、中文前测问卷、中英文知识测试卷、项目式学习中出项反思等都可以作为评价工具，有利于收集和调查学生语言类知识、价值类知识的掌握情况以及在学习过程中发生的变化(夏雪梅等，2022)。

在项目式语言学习过程中，教师可以在不同时间节点收集学生的习作，通过对可视化作品的分析、对比，总结学生的语言增值。在 Life Choices 单元的项目开始时，学生完成入项问卷，包括对自己的高中新生活进行描述，但他们仅能用 1～2 句话简要、宽泛地描述高中生活，没有借助细节描述进行认证。因此，在学习教材第一课 Lifestyles 时，教师提示学生围绕主人公 Joe 和 Li Ying 的生活描述做批注(见图 4-2)，关注语言知识，学习和内化核心语言。

本课学习后，学生仿照课文语篇结构和词汇，修改和完善对高中新生活的描述。在项目的最终成果中，学生则要阅读并分析自己对高中新生活的描述，从中提炼做得好的、希望接下来坚持做的内容和有待提高的、需要改变的

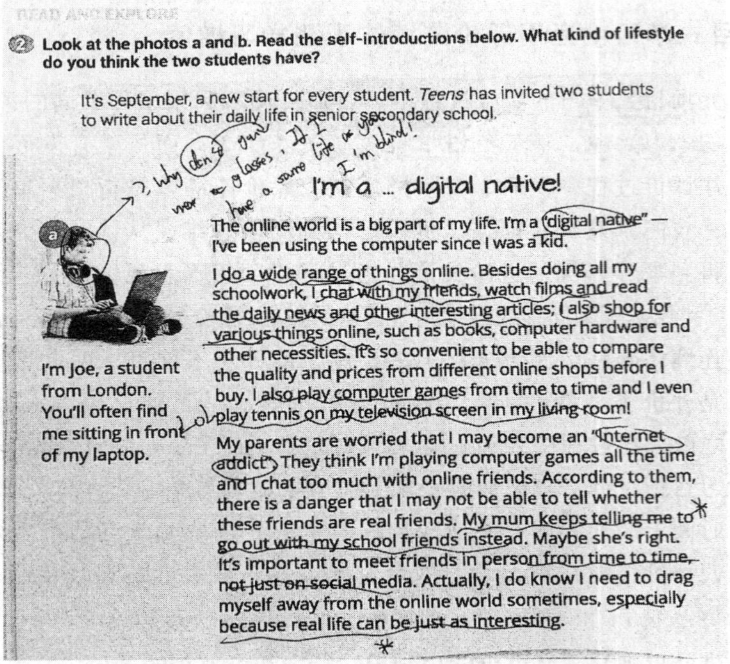

READ AND EXPLORE

2 Look at the photos a and b. Read the self-introductions below. What kind of lifestyle do you think the two students have?

It's September, a new start for every student. *Teens* has invited two students to write about their daily life in senior secondary school.

I'm a ... digital native!

a

I'm Joe, a student from London. You'll often find me sitting in front of my laptop.

The online world is a big part of my life. I'm a "digital native" — I've been using the computer since I was a kid.

I do a wide range of things online. Besides doing all my schoolwork, I chat with my friends, watch films and read the daily news and other interesting articles; I also shop for various things online, such as books, computer hardware and other necessities. It's so convenient to be able to compare the quality and prices from different online shops before I buy. I also play computer games from time to time and I even play tennis on my television screen in my living room!

My parents are worried that I may become an "Internet addict". They think I'm playing computer games all the time and I chat too much with online friends. According to them, there is a danger that I may not be able to tell whether these friends are real friends. My mum keeps telling me to go out with my school friends instead. Maybe she's right. It's important to meet friends in person from time to time, not just on social media. Actually, I do know I need to drag myself away from the online world sometimes, especially because real life can be just as interesting.

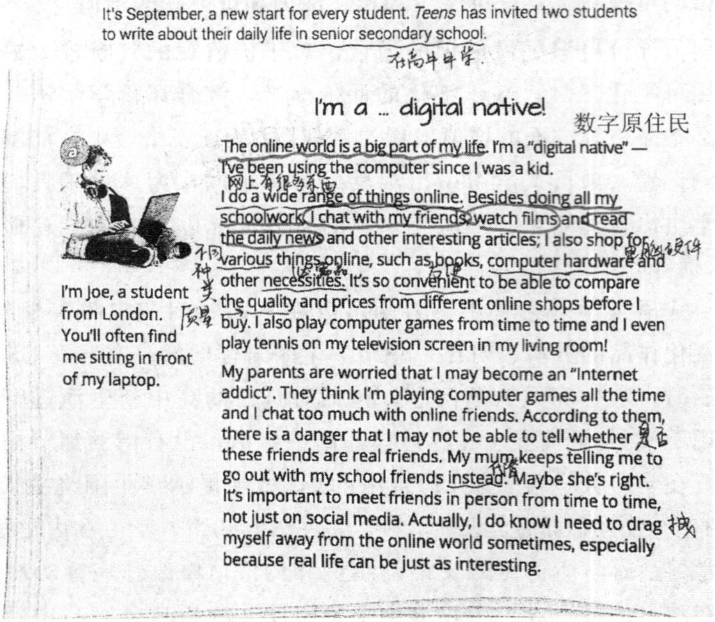

It's September, a new start for every student. *Teens* has invited two students to write about their daily life in senior secondary school.

I'm a ... digital native!

a

I'm Joe, a student from London. You'll often find me sitting in front of my laptop.

The online world is a big part of my life. I'm a "digital native" — I've been using the computer since I was a kid.

I do a wide range of things online. Besides doing all my schoolwork, I chat with my friends, watch films and read the daily news and other interesting articles; I also shop for various things online, such as books, computer hardware and other necessities. It's so convenient to be able to compare the quality and prices from different online shops before I buy. I also play computer games from time to time and I even play tennis on my television screen in my living room!

My parents are worried that I may become an "Internet addict". They think I'm playing computer games all the time and I chat too much with online friends. According to them, there is a danger that I may not be able to tell whether these friends are real friends. My mum keeps telling me to go out with my school friends instead. Maybe she's right. It's important to meet friends in person from time to time, not just on social media. Actually, I do know I need to drag myself away from the online world sometimes, especially because real life can be just as interesting.

图 4-2 学生第一课课文批注示例

内容，解释目标设立的合理性，实现语言学习的复现(见图 4-3、图 4-4)，同时提升规划和反思等元认知学习能力。

入项时

亲爱的同学：

欢迎你接受 1–Year–3–Goals 项目任务！为了更好地完成这个项目，请你回答如下问题。回答仅作为学习和教学的参考，请放心作答。英文的题目请用英语作答。中文的题目请用中文作答。期待你的回答！

1. Please write about your daily life (in school and after school). What do you usually do? Why?.

In school. I usually study at school, learn and review knowle-dge, ~~sometims~~ sometime I take a break.
After school. I finish my homeworks.

Unit 1 Lesson 1 Lifestyles 学习后

Sep. 25.

I'm a … common "salted fish"!

After my new school life began, I work as other common students. Study has become a big part of my life. and I know the importance about its. I make some plan, such as set a goal at every subject or organize the wrong questions in to the wrong questions book.

Sound, great, right? But these plans often difficult to carry out. For example, when I want to review and practise, it is too late and I have to go to bed. When I want to use other spare time, it alway to be interrupted. I want to review English on my way to school, but ~~there are~~ it is very noisy. What's more, our new school is different from my ~~prim~~ pre-vious school. They are aimed at "to teach a person to fishing" instead of "give a person some fish" but fishing is difficult and I can get any fish. But exam is coming soon, and I will get a lot of fish to "give" it. So I off often feel anxious even don't want to do ~~anything~~ anything ~~what~~ no matter study(ing) or playing. I will feel hollow and anxious at these time. The goal is far away, and so is hope.

However, I don't want to go on like this! I'm trying to make my mood better, I tell myself "you need to happy" to ~~give~~ make myself have power to do everything. I will be more hard-working on study, I decide to set some little goal (easy achieve) at every subjects. I think I need use that noisy spare time to sleeping, then I ~~can~~ go to bed early and get up earlier, make a virtuous cycle and I belive I'll change my situation.

I hope I can susscceed.

出项时

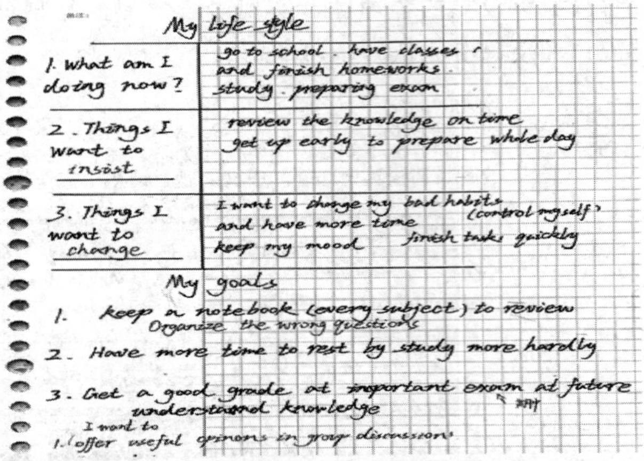
My Life style

1. What am I doing now?	go to school . have classes . and finish homeworks . study . preparing exam
2. Things I want to insist	review the knowledge on time get up early to prepare whole day
3. Things I want to change	I want to change my bad habits (control myself) and have more time keep my mood finish tasks quickly

My goals

1. keep a notebook (every subject) to review Organize the wrong questions
2. Have more time to rest by study more hardly
3. Get a good grade at important exam at future understand knowledge
I want to
1. offer useful opinions in group discussions

图 4-3　学生在项目过程中对高中生活的描述增值发展示例 1

入项时　　亲爱的同学：

欢迎你接受 1–Year–3–Goals 项目任务！为了更好地完成这个项目，请你回答如下问题。回答仅作为学习和教学的参考，请放心作答。英文的题目请用英语作答。中文的题目请用中文作答。期待你的回答！

1. Please write about your daily life (in school and after school). What do you usually do? Why?.

I usually do some exercise after school . Because it's good for my body and it can make me more healthier than before.

Unit 1 Lesson 1 Lifestyles 学习后

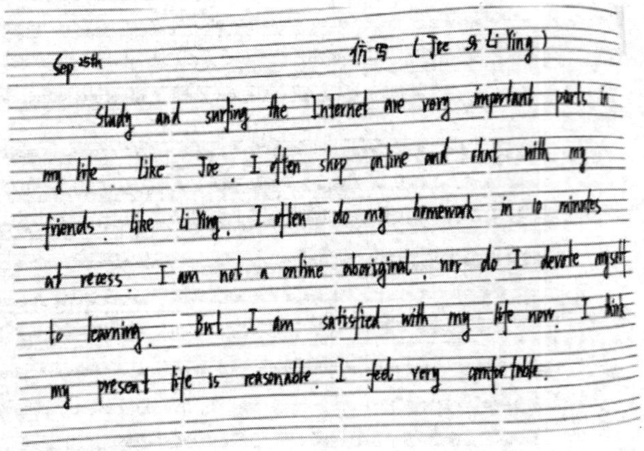
Sep 25th　　仿写（Joe & Li Ying）

Study and surfing the Internet are very important parts in my life like Joe. I often shop online and chat with my friends like Li Ying. I often do my homework in 10 minutes at recess. I am not a online aboriginal, nor do I devote myself to learning. But I am satisfied with my life now. I think my present life is reasonable. I feel very comfortable.

出项时

My Lifestyle

What am I doing now?	Things I want to do / insist (坚持)	Things I want to change
read books and review the words	read more new books and review more new words	use my time well than before so I can have more time to read more new books and review more new words.

图 4-4　学生在项目过程中对高中生活描述的增值发展示例 2

从学生的习作中可以看出，学生在描述高中生活时，使用的语言复杂程度逐渐递增，能够迁移应用教材中所学进行描述。例如，示例1中学生迁移应用了课文的语篇结构，仿照课文标题“I'm a … digital native!”为自己的作品拟定标题“I'm a … common ‘salted fish’”，并参考文本主人公Joe先描述生活方式，再详写当前不足的内容结构进行谋篇布局，在描述具体内容时迁移运用课文所学语言… is a big part of my life等。示例2中学生迁移应用课文所学语言shop online、chat with my friends等，写作中将自己与Joe和Li Ying的生活方式进行对比。

此外，教师还发现，学生在项目式学习的过程中，对于主题价值的理解也在不断深化。以学生对目标设立的态度和价值观为例，在入项探索阶段讨论高中新生活时，学生纷纷表示高中生活比初中生活更加自由，学习、生活的形式更加多样，活动丰富带来了更多选择，但学科增多、难度加大也带来了不少学业压力和焦虑；虽然大部分学生能够发现当前生活方式中的一些问题，但不知道怎么设立与之对应的目标，部分学生设立的目标较为笼统，或时间范围宽泛、可操作性不强，或难以检测。

在单元教学过程中，学生不断建构知识与能力，通过分析Joe和Li Ying的生活方式，推断他们想要改变和想要坚持的内容，明确应基于现实生活设立目标，目标应符合具体明确、可测量、可达成等SMART原则；通过学习压力及应对方式的听力材料，学生了解了高中生活中最常见问题——压力的成因和解决策略，而且也认识到仅设立目标是不够的，必须依据目标进一步规划具体的行动方案，这样才能解决问题，达成目标；通过阅读Zhang Tian贵州支教的事迹，学生更深刻地认识到人生重在选择，制订目标时除了考量自身的兴趣、追求，还应心系祖国、胸怀天下，因此目标的评价标准还应该增加I(Influence)的要素，代表“我的目标对他人、对集体、对社会的增益”。

在合作探究、形成并修订成果阶段，学生进一步打磨自己设立的目标和行动方案，通过同伴互评使之更加明确、具体、可操作、可检测、有影响力。因此，学生在出项阶段展示的目标更为聚焦、可测量，并且关注了目标对他人的影响。目标设立不仅指向学习方面，也指向身体健康、社会交往等全面成长。例如，对比学生在入项问卷(见图4-5)和项目成果展示(见图4-6)中对目标描述的相关内容可以发现，学生通过单元学习和项目实施，设立的目标认识越来越清晰、具体、可操作，在此基础上学生也坚定了执行目标、拥抱挑战的意愿。

2. What problems do you meet in your new school life?

Sometimes it's hard to fit in a few little groups. And the most important things is that, I feel the day is much short then before. I am always busy but the works are still there! ☹

3. How do you plan to solve these problems? （如语言上有困难，可用中文表述）

Maybe I should talk to some teachers who teach the subject I have problems with. And I think I can have some suggestions from my classmates.

4. Please write down 3 goals you want to achieve in this new school year. Why do you take these as goals?

① Get a full score essay in Chinese. ⇒ I want to have that feeling again! ☺

② Improve my English speaking without mistakes. ⇒ It's important to learn English speaking.

③ Read more books both in Chinese and English.

5. 你能写出我校的学生培养目标吗？什么样的学生才是学校希望培养的学生？

图 4-5　学生入项问卷目标制订示例

I want to...	Difficulties	Action Plans
① I want to improve my English speaking this term by reading English books every day because it's important. And in the economic class I can talk to the teacher easier and help my classmates to translate what teacher said.	I don't know what books to read. And how many pages each day?	I decide to read books that teacher suggested and read a chapter each day.
② I want to exercise more than half an hour every day after school because it's good for my health. And if my score of sports become great others can start to exercise and stay healthy too.	I can't keep it! I don't know what kinds of sport I can do.	Following my parents advice, I try to jogging. It's still difficult for me to contenu, but losing weight helps me keep going.
③ I want to develop a life skill — cooking. And if I can cook well I will cooking for my family to do some of the housework by	I don't know how to cook. No one in my family can cook really well!	I'll search information online and look for lessons wich teach how to cook. Then work hard.

图 4-6　学生项目成果目标计划描述示例

除了可视化作品外，教师还可以利用KWL等表格类、图示类可视化工具，连续观测学生学习的增值发展。例如，学生在单元起始阶段通过填写KWL表格，展现出对主题、驱动性问题和相关话题的初步理解。学生在K（What I know about…）中填写关于这个问题的已知，在W（What I want to know about…）中填写关于这个问题想知道的内容或想要了解的问题，在H（How I will learn）/L（What I learned）中写出这个问题想要如何解决、学习中的收获或希望进一步学习的内容。教师使用此类工具，不仅能够有效了解学生已有的语言基础，从整体上调查学生关于特定主题价值的学习起点，还能调查、记录学生的学习过程，衡量他们在价值观认识、学习能力、思维品质等多方面的增量。

（二）在评价连续体实施过程中进行及时反馈

在单元教学过程中采用评价连续体时，教师不仅要关注评价方式和评价标准的设计，还要注重增强反馈的及时性和实效性。基于学科育人的单元整体教学评价最终指向在真实情境中的问题解决，学生在逐步分析、解决问题的过程中，既会不断创新和突破，也可能会遇到新的挑战和问题。因此，教师要注意监控学习的过程，并作为支持者（facilitator）给予及时的鼓励或合理的建议，以便引导学生明确收获及问题，反思和调整计划，更好地实现目标。

在本单元实施过程中，教师基于项目最终产品“学年目标及行动方案”的综合评价，逆向设计了单元学习过程中的评价方式和评价标准。教师首先针对“目标制订”的子任务，为学生提供了SMART评价维度（见表4-2）。

表4-2　Life Choice单元目标制订的SMART评价维度

SMART Goals	
Specific	Your goal needs to be detailed and exact. It can answer the questions about who, what, where, when, and which.
Measurable	You can track your progress and know exactly when your goal is met. It usually involves numbers.
Attainable	Your goal should be reasonable. It is not completely out of reach, or too easy for you.
Relevant	Your goal needs to be worthwhile. It is something that is actually important to you right now.
Timely	Your goal can be accomplished in a set time frame, such as two weeks, three months, or one year.

学习过程中，学生首先学习 SMART 原则的相关内容，理解评价维度。随后，教师以部分学生撰写的目标作为样例进行评价示范。接着，学生使用 SMART 原则评价自己在入项调查问卷中所写的目标，明确自己目标设立的起始位置，并通过同伴互评修订目标。对比学生的历次目标描述情况可以发现(见表 4-3)，学生设定的目标越来越有内容、有时限、可检测，SMART 原则有效提升了学生目标设定的可行性、具体化和可检测性。

表 4-3　学生历次目标描述及学习增值情况示例

单元学习历程	目标描述情况	学习增值
入项调查问卷	无目标	—
第一课时后	I need to use my time well.	能够结合当前高中学习生活，明确问题，找到目标。
第三课时后(学习 SMART 原则后)	I need to use my time well this year, such as remembering 10 English words each day on the way to school.	能够对标 SMART 原则，让目标时间更加明确(this year)、内容更具体(以背英语单词为例说明更好地使用时间的具体措施)、结果更可检测(每日背 10 个单词)。

学生在单元学习中不断审视自己制订的目标，并结合所学加以改进。教师及时提供指导和帮助。第五课时学习了 Zhang Tian 贵州支教的阅读语篇后，教师请学生推断 Zhang Tian 支教前的目标，并指导学生从文本中找到支撑的依据。学生将目标提炼为："He wants to be a great volunteer teacher and start a new lifestyle in the village in a year."学生对比 Zhang Tian 和自己目标的异同，发现 Zhang Tian 的目标不仅关乎自己，更有利于他人。学生的这一发现为 SMART 原则增加了"影响力(Influence)"的评价维度，即自己设定目标时也应该考虑对他人、集体和社会的贡献。所有学生都重新检查自己的目标，并依照"影响力"维度修改目标内容，教师在此过程中提供帮助和指导。

(三)单元学习后引导学生进行自评反思

在单元学习后，教师组织学生对所形成的项目产品"学年目标及行动方案"进行自评，随后在班级内进行展示，师生根据 SMART＋I 的标准评价所展示的产品。教师鼓励学生真正执行行动方案，并约定好在一年后再次回顾本单元所学，见证目标是否实现。

因项目与学生生活密切相关，并且能够解决他们入学初面临挑战的实际问题，学生表现出浓厚的学习兴趣。大部分学生表示（见图 4-7），自己在描述问题、设立目标、修订目标、制订行动方案的过程中，非常有收获。这些收获既包括语言能力上的收获，如拓展了相关的语言知识，提升了用英语描述观察到的问题和真实感受的能力与自信等；还包括自主学习及合作学习方法上的收获，如学会了如何制订切实可行的目标，学会了设计可操作的行动方案，在与同伴的交流中看到了榜样、得到了激励等。

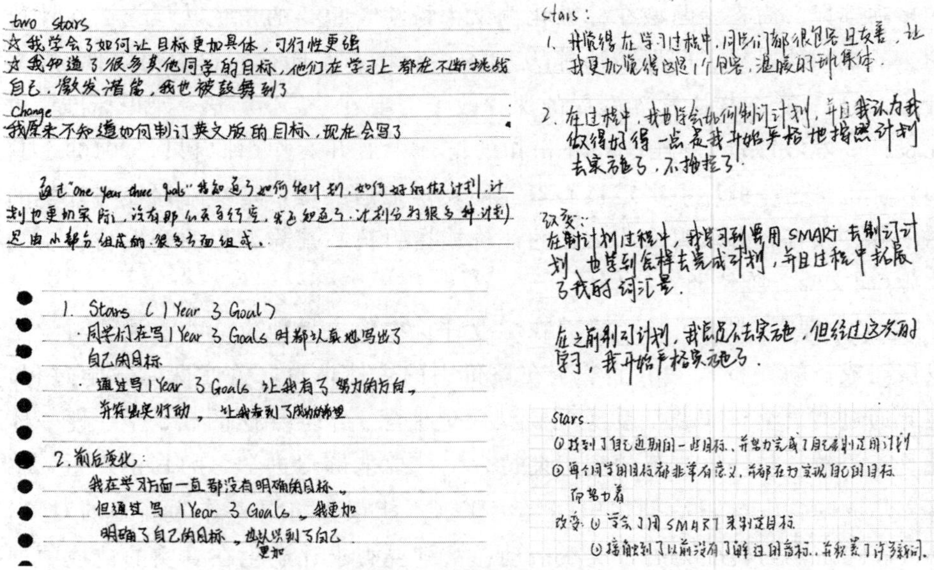

图 4-7　部分学生出项反思

四、教学建议

增值评价对于了解学生在单元学习过程中的努力与进步、检测育人目标的达成度都具有十分重要的意义。为了在单元整体教学中做好增值评价，保证育人效果，教师可以采用项目式语言学习激发兴趣，并且可以从单元教材文本中提炼项目的驱动性问题，鼓励学生为解决实际问题而学。在单元教学实施过程中，教师可以通过评价连续体的设计，采用多样的工具评价学生的语言知识、关键能力和价值观的发展，如可视化工具、课堂评价与反馈以及学习后的反思等，跟踪、调查、分析学生在语言知识运用、问题解决能力以及依托单元主题形成的价值观等方面的增值。最后，教师应注意调动学生作为主体参与评价过程，师生共建具体、可行的评价标准，并采用自评、互评的方式鼓励学生进行反思，从而促进学生学习能力的发展。

第二节　基于学科实践活动的表现性评价

在指向育人的课程改革背景下，评价变革势在必行。英语学科普遍使用的多项选择、简答等题型在标准化测试中扮演着重要的角色，但它们在评价学生的批判性思维、问题解决能力及核心素养方面具有一定的局限性(周文叶，2011)。指向核心素养发展的课程改革需要在“核心素养—课程标准—单元设计—学习评价”一连串环环相扣的链环中展开运作(钟启泉，2016)。其中，评价是这一链环中决定核心素养能否落地的关键，是实施课程与教学的指向标，教育者必须明确什么样的评价能指引核心素养课程的开发与教学的实施(周文叶、陈铭洲，2017a)。

《义教课标》明确了核心素养在学业评价中的主导地位，着重强调对学生发展与成长的评价；突出了学生在评价中的主体地位，关注课堂教学过程，倡导通过英语学科实践活动实施新型评价理念。素养导向的教、学、评一体化是英语教学与评价改革的理想期待，“教”要能够促进学习的真正发生，将素养培养隐含在学习活动之中；“学”要求不能仅仅将语言作为静态的对象，而要将语言学习转变为语言实践活动；“评”要力求让学生在真实的情境中展现素养，实现真正意义上的素养导向的评价(郭华、徐广华，2023)。

核心素养主要是指真实情境下的问题解决能力。通俗地说，关键能力是指能做成事，必备品格是指愿意或习惯做正确的事，价值观念则是指坚持把事做正确。因此，真正与素养测评匹配的方式不是纸笔测试，而是表现性评价，即通过评价规则与标准，评估学生在特定情境中运用所学知识去解决实际问题的过程与结果表现，基于其学业质量达成情况来推断其核心素养水平(崔允漷，2022)。在这一背景下，表现性评价逐渐受到关注并成为素养导向的新课程改革关注的着力点。

一、表现性评价的内涵及特征解析

核心素养是指学生完成课程学习之后养成的正确价值观、必备品格与关键能力，具有整体性、情境性与反思性的特征，这三个属性决定了素养导向的评价不仅要考虑所学知识的理解、掌握，还要重视真实情境下知识的建构与综合运用能力以及问题解决能力，更强调学后反思。这就要求教师既要收集学习结果的信息，还要有学习过程的证据，更要收集真实、深刻、聚焦反思结果的信息（崔允漷，2022）。表现性评价是素养导向的评价，应当具有开放性、综合性、真实性和持续性，并贯穿单元教学的始终。

（一）表现性评价的内涵及主要类型

Braden（1999）把表现性评价定义为：利用综合性任务，引导学生充分理解并准确应用他们的知识和技能，发现解决问题的办法，交流问题解决的过程和方法。表现性评价是在尽量真实的情境中，通过对学生完成某项任务进行的观察及评价，重点关注学生知道什么和能做什么，旨在更好地评价学生的综合素养，同时为教师提供有价值的反馈，帮助他们改进教学实践（周文叶、陈铭洲，2017b）。周文叶（2019）提出，表现性评价有三个重要的组成部分：一是高阶学习目标，即表现性评价的设计要从表述希望学习者达成什么样的高阶学习目标开始；二是表现性任务，即学习者需要完成的任务、产品、作品或表现，要能够提供指向目标达成的直接证据；三是评分规则，或评价标准、量规，即要描述可观察和测评的行为表现，各个维度要聚焦，表现水平的表述要清晰。

围绕学生知道什么和能做什么，表现性评价主要采用客观测验以外的行动、作品、表演、展示、操作、写作等，通过学生真实的表现展示学生口头表达能力、文字表达能力、思维能力、创造能力、实践能力及学习成果与过程（吴维宁，2004）。崔允漷（2022）将表现性评价大致分为三大类：第一类是图表或图解类，包括概念图、流程图、图形或表格等；第二类是作品类，包括短文、研究论文、日志或日记、试验报告、诗歌、艺术展览等；第三类是行为表现类，包括口头汇报、舞蹈或运动、演示、小组讨论等。不同的表现性评价方式对应不同的素养目标，教师需要根据实际情况和具体的目标选择合适的评价方式。

（二）表现性评价与形成性评价的区别

我们基于课堂观察及访谈发现，一些教师容易将表现性评价与形成性评价的概念相混淆，厘清二者之间的区别与联系能够促进教师对表现性评价内涵的深入理解（见表 4-4）。表现性评价和形成性评价均主张评价不能与课程和教学割裂，不能脱离学习情境；但二者在评价内容和方式上有一定的差异。就评价内容来说，表现性评价相较于形成性评价，更强调对学生已掌握的知识、技能，特别是情感等方面的综合评价；就评价方式来说，形成性评价是相对于终结性评价侧重客观性试题和标准化测验的局限性提出的，侧重运用质性评价方式，而表现性评价则重视质性评价与量化评价的有机结合（霍力岩、黄爽，2015）。

表 4-4　形成性评价与表现性评价的相似点与不同点

		形成性评价	表现性评价
相似点		均主张在课程和教学的过程中进行评价	
相似点		均主张结合学习情境进行评价	
不同点	评价内容	侧重评价具体的知识和技能，对情感的关注相对较少	主张对学生已掌握的知识、技能和情感等进行综合评价
不同点	评价方式	倾向于使用质性评价工具，区别于客观性试题和标准化测验	重视质性评价与量化评价的结合

（三）表现性评价的主要特征

综上，表现性评价与传统评价方式相比，有一些突出的特征与优势，能够更好地评估育人效果。具体来说，表现性评价呈现有意义的真实性任务，可以展示学生的学习结果及表现；有清晰、可操作的评价标准，学生能够明确知道将被怎样评价；评价嵌入课堂教学中，不能与教学割裂；既评价学习结果，也体现对学习过程的评价；强调复杂性学习、高水平思维和综合性问题解决等高阶学习目标。因此，表现性评价与学科育人视域下的单元整体教学理念是契合的，教师要围绕单元育人目标，在教学中合理设计真实性评价任务，基于可操作的评价标准，对学生在解决问题的过程中所体现出的综合语言能力、文化意识、思维品质、学习能力等核心素养的表现进行评价。

二、表现性评价实践中存在的主要问题

随着核心素养导向下课程改革的不断深化，表现性评价的理念近年来被

广泛接受，但基于课堂观察及教师访谈发现，一些教师对表现性评价的理解及运用还存在着以下一些误区和主要问题。

第一，表现性评价的目标不明确，评价仍多聚焦对知识与技能的考查，缺少对核心素养的多维度及综合性评价。有些教师在进行教学设计时仅关注学习活动的设计，缺少设计评价方式的意识，对如何评估育人目标的达成、学生哪些表现能够表明育人目标的达成等方面的思考不够充分。

第二，表现性任务的设计随意化，缺少真实性及情境性。有些教师将学习活动与表现性任务相混淆，设计的表现性任务“表现性”特征不明显，无法实现评价意图。

第三，评分规则的设计不合理，缺少可操作性，存在形式化倾向。有些教师设计的评分规则缺少与表现性任务的契合度，无法评价学生的素养表现或呈现学生的进阶发展。

第四，评价过程缺少证据收集的意识，倾向于主观判断。有些教师缺少收集学生学习是否真正发生的证据的意识，收集的数据信息难以客观评估及呈现学生综合运用语言的能力及核心素养的养成过程，无法起到促学、促教的作用。

三、单元教学中表现性评价的设计及实施策略

为了解决以上的实践问题，本书提出学科育人视域下表现性评价的设计及实施路径(见图 4-8)。教师首先要借助逆向设计思路将评价设计前置于学习活动设计，以便增强其目标导向。在设计表现性评价时，教师一方面可利用 GRASPS 框架完善表现性任务的设计；另一方面要以量化或质性的评价量规为基础，准确地呈现出学生素养目标达成的具体表现。此外，教师要注意收集学习证据，并基于证据分析学生语言运用及素养发展的过程及效果。

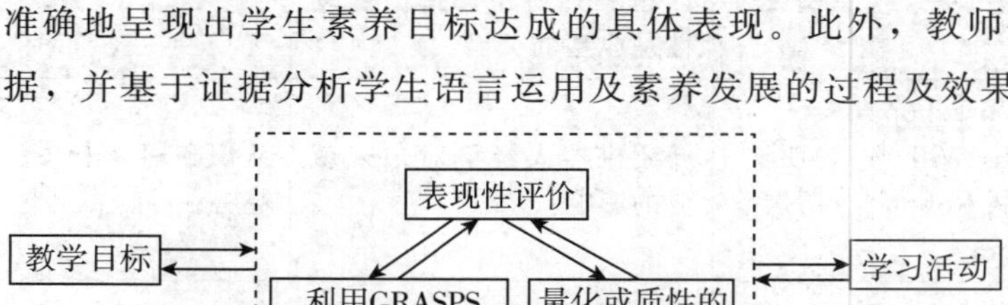

图 4-8　学科育人视域下表现性评价的设计及实施路径

下面结合北京师范大学出版社出版的《普通高中教科书 英语 选择性必修第三册》第7单元 Careers 的教学案例，分析表现性评价设计及实施的具体策略，以期为学科育人视域下评价方式的转型提供启示。

Careers 单元属于“人与自我”主题范畴，聚焦“学习与生活、做人与做事”主题群，主要包括8个语篇，从不同视角探讨与职业选择相关的内容(见表4-5)。通过语篇研读和学情分析，教师将本单元主要育人价值定位为“帮助学生了解职业选择需考虑的因素，引导学生从情商、智商、兴趣、志向等方面正确认识自我，悦纳自我，并认识到发展关键能力和终身学习的重要性，学会综合考虑自身条件与就业环境的发展变化，明晰个人职业倾向，并制订可行的未来职业规划”。

表4-5 Careers 单元语篇主要内容及主题意义分析

语篇题目	语篇类型/语言技能	主题内容	育人价值
Topic Talk	对话(听口)	探讨职业种类、工作地点、选择原因及所需技能。	个人要综合个人兴趣和能力品质的分析合理选择职业。
Lesson1 EQ：IQ	说明文(阅读)	介绍情商的定义及高情商的好处，阐述情商的特点。	认识情商的重要性及其特点，学会高情商处事。
Lesson 2 Career Skills	访谈(听口)	语篇1通过学生咨询就业专家的对话，介绍当前就业趋势；语篇2通过青少年与长辈的对话，探讨积极的就业观念。	向专家和长辈咨询，寻求职业规划的建议。
Lesson 3 Meet the New Boss：You	议论文(阅读)	围绕“如何在不断变化的就业形势中成为主动方”这一话题展开讨论，指出主动性是成功的关键。	要在充满挑战的职业生涯中取得成功，必须发挥自身的主动性。
Viewing Workshop What Jobs Will Survive the Robot Economy	说明文(听看)	介绍机器人经济对未来就业的影响。	认识和理解未来职业的发展趋势。
Writing Workshop A Letter of Application	应用文(写作)	学生为应聘校刊兼职记者而投递的求职信。	结合自身素质和技能，在应聘时推荐自己。

续表

语篇题目	语篇类型/语言技能	主题内容	育人价值
Reading Club 1 How to Be Successful in a New Environment	说明文（阅读）	介绍在新环境中取得成功的五个建议。	在新的工作情境中要富有好奇心，有敏锐的判断力，与别人沟通时要有自信，设置明确目标，帮助他人，提升核心竞争力。
Reading Club 2 Working in the Dark	访谈（阅读）	几位需要上夜班的工作者谈论自己的工作实况及内心想法。	不同的工作各有利弊。

（一）围绕单元目标明确表现性评价的类型与目的

评价的实质与目的是判断预期目标达成的情况（崔允漷，2022）。评价的预期目标与单元育人目标有着密切的对应关系，教师在分析单元教学内容、确定单元教学目标的同时，也要思考评价的设计，诊断学生的起点，预测学生通过本单元的学习应该知道什么和能做什么，学生的何种表现能够达成这些目标。这样一来，教师就能够避免依据教了什么来设计评价的问题，转向依据育人目标设计评价，从而增强目标的导向性。

在单元整体教学中，学生需要学习的内容很多，但并非所有内容都值得评价，教师要有重点地选择学习内容进行评价（郭华、徐广华，2023）。教师在教学过程中往往会设计多样化的学习活动，但并非所有的学习活动都可以作为表现性评价任务。核心素养具有整体性特征，是指在特定情境下应用或运用所学知识解决实际问题的综合表现，核心素养的各个素养是整体、协同发挥作用的，任何由某个知识点或技能发挥作用的单一素养都无法满足于真实情境中解决复杂问题的需求（崔允漷，2022）。可见，素养导向的表现性评价需要指向迁移创新，指向核心素养的表现性评价任务也应是迁移创新型综合学习活动。一般情况下，表现性评价任务不宜过多，一个学习小单元设计一个表现性任务即可，以此检验学生的阶段性学习成果及可能存在的问题。

在整个单元的教学过程中，教师可以通过一系列的学科实践活动，检验学生运用所学知识解决实际问题的能力，体现对素养的评价。这种学科实践活动既是学习活动，同时也是一种表现性评价方式，在活动中以学生的表现进行评价的表征更能促进学生核心素养的培育(贲可敬，2019)。此外，教师还要注意，开发评价时需确保各课时之间及其与单元之间的对应一致、逐步递进，最好的方法是从课程标准和评价的出口开始，逐级向后思考(朱伟强、崔允漷，2007)。也就是说，教师在单元教学实践中，可以借鉴逆向设计原则，一是指教师在进行教学设计时，可以逆转评价设计与教学活动设计的顺序，在明确教学目标后，先进行评价设计，再进行教学活动设计；二是指教师先进行整个单元的综合性输出活动设计，再进行学习小单元的阶段性输出活动设计。

本单元教学中，教师采用逆向设计的思路，基于单元主题的核心育人价值及单元育人目标，首先设计了单元表现性评价任务，即整合性输出活动：以小组为单位，通过访谈、演讲或新闻报道等形式，畅谈职业规划。随后，教师围绕指向单元核心育人价值“学生职业规划能力的提升”的子主题，分别设计了四个循序渐进的表现性评价任务：诊断自我职业规划能力现状—分析自我情商—分析就业环境的变化趋势—撰写个人职业规划(见表 4-6)，引导学生逐渐提升职业规划能力。

表 4-6　Careers 单元教学目标及表现性评价设计

单元育人价值	单元教学目标	表现性评价类型及具体任务	评价目的及标准
提升学生职业选择及规划能力	(1)获取、梳理单元语篇中关于职业选择的信息，概括影响职业选择的多种因素；(2)分析语篇围绕主题内容表达的逻辑框架，归纳“职业选择个人因素—外部因素—制订合理职业规划”的结构化知识，形成制订未来职业规划时综合考虑自身条件及就业环境变化的观念，合理制订个人职业规划；(3)基于对自我情商、智商、兴趣志向等因素的分析，介绍个人职业规划，形成正确认识自我、悦纳自我及终身学习的意识，不断提升自己的关键能力。	初步完成有关职业规划的英语演讲	学生明确自己在职业规划方面存在的主要问题
		情商自评及口头汇报	学生能够对自己的情商有清晰的认知，悦纳自我
		采访身边人的职业现状及发展经历，并进行口头汇报	学生关注就业环境的变化趋势
		撰写书面职业规划	学生能够综合考虑个人情况、客观环境等因素，完善职业规划
		小组成员个人规划展示(访谈、演讲、新闻报道等形式)	学生能够梳理整合、反思并运用单元所学，畅谈职业规划

教师要认识到，教学与评价之间的关系，不只是简单地教什么评什么，或评什么教什么，而是要使教、学、评均能够更好地与课程标准及育人目标保持一致(周文叶、陈铭洲，2017b；霍力岩、黄爽，2015)。当然，育人目标、评价与活动的一致性并非是一次成形的，需要在设计中动态调整。教师进行单元教学设计时，可基于单元核心育人价值及单元总目标先设计单元最终的综合表现性任务，然后依据课时目标设计分解课时表现性任务，但需要注意课时表现性任务之间以及与单元综合的表现性任务之间的关联。在教学实施过程中，教师通过学生完成单元内若干个循序推进的表现性任务时的整体表现，评估单元教学目标是否达成，并结合发现的问题及时调整教学计划，引导学生基于自己的表现进行评价及反思，梳理取得的进步，明确未来的发展目标。

(二)借助 GRASPS 框架细化表现性任务的设计

如前所述，表现性评价尤其强调任务的真实性。当然，教师在课堂上所用的表现性评价任务既可以是与真实世界完全一致的问题情境，也可以是模拟学生生活实际的情境任务。具体来说，教师可以借助 GRASPS 框架，依据目标(Goal)、角色(Role)、对象(Audience)、情境(Situation)、表现或产品(Performance/Product)和标准(Standards)等因素，细化表现性任务的设计思路(威金斯、麦克泰格，2017)。

Careers 单元案例中，教师依据 GRASPS 框架细化了“职业规划英语演讲”的单元综合表现性任务设计：“你将和同学们一起参加学校举办的英语职业规划体验营(角色、情境)。在开营前，每位同学需要制作一份英语演讲视频，介绍自己的职业规划(表现或产品)。体验营活动会帮助大家不断优化自己的演讲，我们最终会把同学们的职业规划发布到体验营公众号，接受老师和同学们的评选(对象)。优秀营员将获得在理想职场见习的机会(目标)。为了争取到这项福利，你需要做到(标准)：(1)用英语介绍你的理想职业以及你对这份职业的规划；(2)视频总时长在 5 分钟左右，可适当增加细节；(3)脱稿演讲，但可以参考自己构思时画的思维导图；(4)如有需要，可以用 PPT 辅助演讲；(5)演讲的内容和语言表达是评选的重点，观点要明确，内容要真实、可行，口语表达要流畅、自然；(6)仪态大方自然。”

为了了解学生在单元学习前对职业生涯有何规划，以及已有的语言能力基础能否胜任用英语描述职业规划的任务要求，存在什么问题和发展需求，教师以产出导向为原则让学生初步完成本任务，以此诊断他们已有的素养基础。以下是两位学生演讲转录成的文字表述：

【学生 A】

Hello! Today I will make a presentation about my career plan. In the future, I want to be a biology teacher because I think this work is very interesting, and I want to make my students understand the charm of the living world. And then I made some plans about how to achieve this dream and what to do in the future. At the first, I think the very important part is study hardly right now, I think I should get enough knowledge to pass the task and join in the normal college, and in the future, I think I should set some goals and such as improve my capacity and learn more and more professional knowledge.

【学生 B】

This is a presentation on my career plan. Firstly, um, I like free and interesting career. Like plot (pilot), um, so many. Maybe guide is the nice career. And, and then, I like it. I think my personality and ability to, to communication with other is very nice, and suitable of this job. And I think if I want to do this job best, I need to have many knowledge, and background, background about, en, scenic sport.

教师在观看并分析了学生制作的演讲作品后发现，学生用英语谈论未来职业规划时存在以下两个主要问题。一是内容方面，大多数学生的职业规划不够清晰、丰富、可行，只有少数几位学生的演讲内容较丰富。例如，学生在职业选择方面，领域较集中，想当老师的最多，其次是警察、医生等耳熟能详的职业，很可能是因为学生对职业领域的认知面较窄，他们日常能观察、接触到最多的职业就是教师，并不知道还存在更多符合自身特点的新兴职业。二是语言表达方面，学生有一定的困难。比如，学生 A 的演讲是照着文字念台词，表情不够自然；学生 B 的作品能看出他目前的语言知识尚不能支持他表达自己的真实想法，他只能断断续续地说出一些模板式的套话。

基于学生的真实表现，授课教师整合单元教学内容，决定为学生适当补充有关职业领域、职业规划指导的视频资源，开阔学生视野，帮助学生在单元学习中重点学会综合考虑自己的情商、性格特点，咨询身边人的建议以及就业变化趋势，探究真正适合自己的、实际可行的职业规划。同时，针对学生语言基础方面存在的问题，教师引导学生学习、梳理教材中与主题相关的语言表达方式，在循环复现的实践活动中加以内化。此外，教师结合个别学生访谈中提出的个人很难完成任务的真实需求，将单元综合表现性评价任务调整为小组合作完成的任务，并由小组成员协商，选择演讲、访谈等不同的方式，使得任务更加开放。

(三)通过分析型量规准确评估学生的素养表现

按照什么指标评估学生素养的发展是表现性评价设计中需要思考的重要问题。表现性评价不是简单的对或错，而是要确定学生在评价任务中具体行为表现的特点和结果。教师要给学生提供可参考的评价量规，包括具体的标准，并且应当在评价开始之前由教师自行制订或者由师生共同建构。评价量规(rubric)作为表现性评价的工具，应详细规定学生所要达到的学习目标的评价标准，为评价学生表现提供评分指导。恰当的评价量规能够引领并促进学生自我管理的能力，清晰的评价维度能够区别明显的表现水平，体现与表现目标的一致性(周文叶、董泽华，2021)。

评估学生的表现时，通常使用两种量规：整体型量规和分析型量规。整体型量规根据对学生作品或表现的综合印象提供一个总分或等级排名；分析型量规则是将作品或表现细分为不同的特征或维度，分别进行评估，并为每一个特征或维度指标提供对应的分数或评价。整体型量规的不足之处在于向学生解释起来较困难，当学生得到一个整体的分数时，他们不知道自己各部分具体的表现及需要改进的方向(朱伟强、崔允漷，2007)。分析型量规则能够更好地引导学生围绕每个特征或所描述的指标进行细致的评价，有助于学生清楚评分细则，准确地进行自我评价。分析型量规又可分为两种类型：定量和质性的分析型量规。前者是指用数量表示评分指标，后者则是指用言语描述不同的指标水平(威金斯、麦克泰格，2017)。显然，以素养发展为目标的教学评价，更倾向于借助分析型量规及其中涉及的不同维度的指标，而不仅仅是给一个总分，评估学生的表现。

教师在制定评价量规时，需要思考以下问题：以什么指标判断或区别学生的表现？通过哪些维度、哪些内容判断学生的表现是否成功？如何描述并区分质量水平、熟练程度以及理解层次之间的不同？教师要基于这些问题，通过量化与质性相结合的分析型量规，借助不同维度的指标评估学生的作品及表现，从而准确促进学生核心素养的发展，为教师、学生提供清晰的改进方向。

以本单元 Lesson 1 EQ：IQ 阅读教学为例，语篇呈现了职业选择与兴趣、能力、品质等因素之间的关系，提出"成功不仅靠智商，情商也很重要"的主旨。教师为提升学生重视情商发展的意识，设计了分析自己情商现状及问题的表现性任务。教师首先组织学生分组讨论语篇中体现的情商维度，然后全班共同归纳出情商的五个维度，即人际交往、积极乐观、共情、压力处理及情绪管理。教师围绕这五个维度为学生提供了情商自我评价量规(见表 4-7)和自评打分表(见表 4-8)，学生基于量规反思评价自己的情商，以五颗星为满分对每个维度进行打分，同时写出相应的打分理由。

表 4-7　情商自我评价量规

维度	评价指标	是	否
人际交往	1. 我很少因为人际关系感到苦恼		
	2. 我喜欢团队合作多于个人任务		
	3. 我与周围大多数人的关系比较融洽		
	4. 我擅长安慰、赞赏、感谢他人		
	5. 我善于沟通，理解和表达能力较强		
积极乐观	1. 遇到困难时，我总能往好处想		
	2. 我善于自我激励和自我提升		
	3. 我总是充满活力，喜欢尝试新事物		
	4. 一件小事也能给我带来持久的快乐		
	5. 我经常设定目标并努力实现		
共情	1. 我懂得怎样尊重与接纳他人		
	2. 我擅长安慰他人		
	3. 我容易与影视文学作品中的人物产生共鸣		
	4. 我善于观察他人情绪		
	5. 我是个出色的倾听者		

续表

维度	评价指标	是	否
压力处理（抗压）	1. 我能冷静应对压力		
	2. 我会有效管理时间		
	3. 我有良好的自我照顾能力		
	4. 我善于保持专注和集中力		
	5. 我善于反思和总结		
情绪管理	1. 我能够清晰地识别并理解自己的情绪		
	2. 我更愿意向他人吐露烦恼，而不是自我化解		
	3. 我会有意识地避免冲动决策		
	4. 突然变更的计划不会令我产生情绪波动		
	5. 我懂得如何以恰当的方式表达自己的情绪		

表 4-8　情商自评打分表

Dimension	Assessment	Reasons or actions
people skills	☆☆☆☆☆	
being positive	☆☆☆☆☆	
empathy	☆☆☆☆☆	
ability to deal with pressure	☆☆☆☆☆	
emotional management	☆☆☆☆☆	

以一位学生的自我评价表为例(见图 4-9)，该生认为自己有积极乐观的态度和良好的情绪管理能力，但在人际交往、共情和压力处理方面还有很大的提升空间。她认为自己能够看到很多事情乐观的一面，并能够在情绪低落时有意识地进行调整，但在与别人交往时不善于清晰表达自己的真实想法，遇到困难时不知道如何寻求别人的帮助等。

Activity 1: EQ Self-assessment

Dimension	Assessment	Reasons or actions
people skills	★☆☆☆☆	I don't have the skill to know what others think about and never can express my idea esc
being positive	★★★★☆	I know bad mood is not what I want, I see the positive sides in most of things and with
empathy	★☆☆☆☆	When other people are in trouble, I usually show sympathy
ability to deal with pressure	★★☆☆☆	When I am in difficult situation, I can't know what others think and expess my emotion properly
emotional management	★★★☆☆	When I was in bad mood I can adjust my mood immediately, but when I argue with other, it's hard for me to be calm

图 4-9　学生情商自评打分表示例

可见，分析型量规能够更好地体现表现性评价的导学作用，给予学生目标指引，促进学生在任务中的深度参与，帮助他们更好地完成任务并进行有依据的反思，起到过程性监控与反馈作用。教师在制定评价量规时，可采用师生共同研制的形式，让学生参与进来，通过讨论协商逐渐完善评价量规，让学生清楚“需要到哪里”“自己已经在哪里”，如果是教师自上而下先制定好评价量规，也要在课堂上进行解释，让学生理解和认同(蔡文艺，2022)。

(四)通过证据的收集透视学生素养发展的过程

表现性评价能够通过实证数据的收集反映学生的学习收获及素养的发展(蔡文艺，2022)，从而判断单元育人目标的达成情况。表现性评价区别于其他评价的特征之一在于它不仅仅关注最后的答案或结果，而且更加关注学生为了寻找正确答案或者完成学习成果采用了什么样的步骤或经历了什么样的过程。这样一来，教师才能够得到关于学生能做什么的精准反馈。对学生而言，评价过程则能够更好地帮助他们反思自己的表现，合理结合教师提供的如何提高学习的有效反馈，学会为自己的学习负责(周文叶、陈铭洲，2017b)。

本单元教学中，教师不仅关注学生职业规划能力提升的结果，还注意持续地诊断学生最初职业规划存在的问题、影响职业规划能力提升的因素以及职业规划能力提升的过程，借助证据的收集与分析，引导学生关注对自身兴趣、能力和外部环境、客观因素等的全面认知，持续进行反思性评价，在阶段学习成果基础上不断反思自己最初的理想职业是否可行，并结合自身特点、条件权衡，思考更切实际的职业规划。

以下为一位学生完成的职业规划，该生最初的职业规划是当一名足球运动员，他在学习完本单元后，职业规划发生了变化，表示自己将来更想当一名足球俱乐部教练。通过表现性评价中的证据收集，授课教师能够有依据地看到学生核心素养的融合发展。

【初步的职业规划】Hello, everyone. I want to be a football player, because I have a football dream all the time. Football is my favourite sports, and I take part in football club since I very young. I want to join national team and make Chinese football better. I should spend more time in training, but also get good marks in Gaokao, so I can go to sports college. I think one day I will be successful.

该学生采访过专业足球教练后，制订的完善后的职业规划如下：

【单元学习后完善的职业规划】If I become a football player, it's easy to get injured and perhaps have to quit at an early age. Most players only have 15 years to show their talents in the games. Hence, I think I need to have another plan. I think besides being a professional player, I can also become a coach, a PE teacher, a founder of teenager training institute or find jobs in the football association of different districts. Although I can't earn as much money as a player, I can still spread the sports spirit in another way. I can use my knowledge to promote the development of football and foster more ambitious people, although behind the stage. When our national team win an important match, I can cheer up with friends who have the same dream with me.

该学生的两版职业规划体现了单元学习后核心素养的综合提升。在语言能力上，学生对完善后的职业规划口语表达更加准确，能够更流畅、更丰富地表达出自己全新的职业规划，并运用了本单元学习到的更复杂的句式描述自己求职观念的变化及理由。例如，If…、I think I need to…、use knowledge to promote the development of…等，在文化意识和价值观念上，该学生从最初只想实现个人价值发展到能结合自己的实际，转变为愿意做足球俱乐部教练员这样的“幕后英雄”，体现了更强的社会责任感。虽然职业规划有变动，但该学生仍然坚守自己的足球梦。在思维品质上，该学生做到了批判地看待问题，能够说出成为足球运动员的优缺点，并在此基础上探寻成为足球教练、创办培训机构或者参加足球协会等更多灵活的就业路径，体现出一定的逻辑思维及创新思维。在学习能力上，该学生向专业人士咨询，主动拓宽用英语表达职业规划的渠道，从确定采访对象到自己设计采访问题，积极主动解决最初职业规划内容过于单薄、不切实际的问题，最终形成了内容丰富、真实可行的职业规划口头报告。

表现性评价的实施是一个复杂、持续的过程，它没有固定的实施模式。教师作为评价者，在实施过程中有着充分的自主权，但是如何获得、记录和收集评价信息和证据，如何呈现、向谁呈现评价结果并进行交流，是教师需要考虑的因素(邵朝友、周文叶、郑东辉，2009)。在学科学习中，过程性监控与反馈至关重要，教师可以依据所收集的评价信息了解学生的个性和特长，发现学生的努力和进步，明确学生有待解决的问题，并在持续的反馈信息基础上进行反思，调整原有教学计划，满足学生发展需求，促进学生的学习与发展；学生也可以在完成表现性任务的过程中，通过多种形式和多个节点上的表现进行自我反思、自我监控、自我决策和自我调整，这些正是表现性评价的目的(霍力岩、黄爽，2015)。表现性评价给予学生展示自己最佳表现的机会，而不是像在标准化测验中那样只能展示典型性的表现。为了展示自己的最佳水平，学生还要参与评价数据的记录和收集，提供证明自己表现的证据，在这个过程中他们能够看到自己的变化，并对这些变化进行反思，会获得对自己学习的控制感，这也是学生学习信心的重要来源。

四、教学建议

学科育人视域下评价改革的落脚点是评估教学对学生的培养效果以及学生素养的发展，这一背景倡导指向素养综合表现的表现性评价，教师可参照以下建议有效开发与实施表现性评价。

(一)实施课程嵌入式表现性评价，实现教、学、评一体化

教师需要将评价镶嵌在课程中，实现评价与课程的统整。当评价镶嵌在课程中时，它对教师和学生才会更有意义(周文叶、陈铭洲，2017b)。在指向育人的课程中，学习很难与评价区分开来。表现性任务既是要学习的课程内

容，也是学习和评价活动。学生积极地投入学习活动中，并展示出知识、技能、体能、态度、方法以及与他人关系等多个方面的表现。可见，评价是学习不可分割的组成部分。同时，教师要让学生在学习过程中清楚主要的评价点，聚焦表现目标参与并完成任务，真正实现教、学、评一体化。

(二)细化表现性评价任务及量规，注重收集学生发展证据

表现性评价任务需要基于真实情境或类似于现实生活的准真实情境，任务要能让学生证明其对知识和技能的综合理解与掌握。此外，任务应该具有一定的挑战性，但又不能过于复杂；任务应该是公正的，适合并鼓励所有学生参与其中；任务应该与表现性目标保持一致性(周文叶、董泽华，2021)。在此基础上，教师还要结合任务要求细化评价量规，注重收集和分析学生发展的相关证据，了解不同学生的学习层次及深度。

(三)提升教师的评价素养，合作开发表现性评价任务

第一，教师要增强评价意识，对高质量评价的样态及关键要素有一定了解，进而拓展评价方面的专业知识，综合提升评价素养。第二，表现性评价作为素养导向下新型的评价方式，一些教师对此还存在着疑惑。因此，教师可以与专家、同伴进行合作，形成学习共同体，共同探讨开发表现性评价任务的有效路径与策略，从而不断提升表现性评价设计和实施的质量。

第三节 立足单元整体作业的形成性评价

2019年，国务院办公厅发布文件，强调提高作业设计质量在优化课堂效果，培养学生学习能力，促进学生全面掌握各学科基础知识、基本技能和基本方法，从而塑造学生正确的价值观念、必备品格和关键能力等方面的重要性(国务院办公厅，2019)。本节围绕英语学科单元整体教学中作为形成性评价的作业设计、实施与评价进行阐述，探讨增强课后作业有效性的实践途径，旨在立足单元整体作业的形成性评价方式，促进学生英语学科核心素养的融合发展，落实立德树人根本任务。

2021年7月发布的《关于进一步减轻义务教育阶段学生作业负担和校外培训负担的意见》(以下简称“双减政策”)中明确指出：要“提高作业设计质量。

发挥作业诊断、巩固、学情分析等功能，将作业纳入教研体系，系统设计符合年龄特点和学习规律、体现素质教育导向的基础性作业。鼓励布置分层、弹性和个性化作业，坚决克服机械、无效作业，杜绝重复性、惩罚性作业”（中共中央办公厅、国务院办公厅，2021：2）。这引发了教育界对作业设计的高度关注。在“双减政策”的指导下，教师不仅要提升课堂教学质量，还要注重英语课外作业的优化设计和评价方式，以实现英语学科的育人价值。

针对“双减政策”要求，我们对高中英语作业设计开展调研，发现普遍存在课后作业质量不高、学生花费时间长且负担重的问题。在以主题为统领、以单元作为教学基本单位的单元整体教学背景下，作业设计与评价碎片化、割裂化的问题更为突出。具体来说，作业形式过于单一，内容多为机械性重复训练和习题，侧重巩固课堂所学知识和技能；教师在设计和布置作业时常常缺乏整体规划和层次性，导致作业不够个性化、精准化和弹性化；作业评价存在着“一刀切”的问题，缺乏激励性（王绪才、车彩虹，2020）。遵循《高中课标》提出的单元教学建议，教师应在单元整体教学中重新认识并反思优化作业设计的必要性和重要性。

一、作为形成性评价的作业内涵与功能

高中英语教学评价“应以形成性评价为主并辅以终结性评价，定量评价与定性评价相结合，注重评价主体的多元化、评价形式的多样化、评价内容的全面性和评价目标的多维化”（教育部，2020：80－81）。形成性评价是指教师和学生为了了解学习和概念组织、识别优势、诊断弱点、改进领域而进行的合作过程。形成性评价的形式十分广泛，既包括传统的课堂测试，同时也可以通过观察、口头提问、课堂讨论、课后作业、项目、表现评估、与同伴反馈的小组合作、学生自我评估来获取。其中，与学习目标明确相关且旨在收集信息的作业活动作为形成性评价的一部分，可以帮助教师和学生根据学生当前的学习状态和未来的需求来调整教学和学习（Cizek，2009）。

（一）作业的内涵

19 世纪，德国教育家赫尔巴特正式提倡学生在课后运用和实践所学的知识。从此，家庭作业越来越受到人们的重视，家庭作业作为课内学习的继续，逐渐为教师和学生所认同（汪亮，2010）。当今国内一些权威工具书更多将作

业界定为为了达成一定的教学目标，与完成一定的教学和学习任务密切相连的学习活动。例如，《教育大辞典》把作业分为课堂作业和课外作业。其中，课外作业是指“根据教师要求，学生在课外时间独立进行的学习活动”，布置及检查课外作业是教学组织形式之一。一般认为，通过作业扎实地完成课堂教学的延伸，不仅有助于巩固和完善学生在课内学到的知识、技能，也有助于培养学生的独立学习能力和学习习惯(王月芬，2019)。

(二)作业的功能和作用

作为课堂学习的延伸，作业活动能够超越学生在校学习的限制，可以帮助学生加深对课上所学内容的理解，拓展学习资源，调整学习策略，养成良好的学习习惯，从而优化学生的学习情感，提升学生的信息处理能力、自我管理能力和学习求助能力(刘辉、李德显，2022)。作业在帮助学生巩固课上所学知识与技能的同时，可以培养学生的学习责任心和积极性、学习兴趣和自信、元认知能力、问题解决能力和创新实践能力等(刘辉，2012)。可见，作业和教学、评价有着千丝万缕的联系，课后作业和课堂教学共同促进学生的发展，决定着课程改革的成效。教师要认识到，学生完成作业的过程既是他们应用所学知识解决问题的实践过程，也是他们内化所学并形成自主学习能力的过程。

(三)作业设计的依据

为了减少作业设计的随意性，增强其有效性，教师在设计作业时要从基于自身经验或教科书练习设计作业的传统方式，转变为基于单元整体教学的教学内容和教学目标系统设计作业的新型方式。作业目标要与课程和教学目标保持一致，对作业评价和批改的设计要与作业设计统筹规划，共同指向学生学习结果的质量。基于课程和教学目标的作业设计，要求教师能够像专家一样，结合课程标准、教材、教学进度与内容进行整体考量(李学书、黄复生，2014)。新课程背景下，作业要以学生为中心，教师在设计作业、监控其实施的过程中，应该利用情境、协作、会话等学习环境要素，充分调动和发挥学生的主动性、积极性和创造性，最终达到促进学生有效建构知识、意义的目的。此外，教师还可以尝试校本化设计作业，使作业更具针对性，体现学校育人理念，充分满足本校学生的学习和发展需求，使作业成为体现学校育人价值导向和教育教学质量的“名片”。

二、作业设计的原则

单元是承载主题意义的基本单位（教育部，2020），是围绕主题语境整体设计学习活动的相对完整的学习单位。具有整体性和关联性的单元教学，有助于发挥作业与教学、评价等的协同作用，共同促进学生的发展（王月芬，2019）。“英语课程的评价应反映以人为本的教育理念，着重评价学生的学科核心素养发展状况，以核心素养的内涵与水平划分为依据，涵盖教学内容的各个方面，体现学业质量的指标要求，采用科学、合理的评价方式和方法，对教学过程实施有效监控，对学习效果进行适时检测。教学评价应贯穿教学过程的始终，体现在教学实践的各个环节，既包括多途径收集信息的过程，也包括针对教学实践的各类反馈信息”（教育部，2020：80）。在单元整体教学中，作业设计作为教学设计和形成性评价的有机组成部分，应从单元整体出发，注重其与单元目标的关联性，突出其实践性与多样性，以此深化学生对单元内各语篇主题意义的理解，发挥单元的育人价值，促进学生核心素养融合发展。

（一）整体性

单元整体教学中的作业设计，应立足整合性、层次性和关联性原则。作业设计需要基于单元主题与各个文本之间的逻辑关系，基于单元目标统合考虑，从而使其有机地融入单元整体教学的设计与实施过程。整体性作业设计通过引导学生基于输入，以表达意义为导向进行整体输出，实现“整进整出”的教学模式（韩宝成，2018）。在这个过程中，学生能够结合多模态语篇的输入，运用所学语言知识进行概括、分析、判断、想象、推理、评价等认知活动，充分发挥学习的主动性和积极性，在有思想、有内容、有意义的语言实践活动中自然习得语言，全面提升语言素养、思维素养和人文素养。

具体来说，教师可以将主题探究作为线索，设计具有关联性的分课时作业，引领学生层层递进地对单元主题进行探索，最后结合整合性输出任务，实现对单元主题的深度学习。此外，教师还可以设计项目式学习，在单元之初布置单元项目，将项目子任务分散在各个教学课时及相应的作业中完成，最后以拼图的方式达成整体任务。基于整合性输出设计单元作业，有助于培养学生学以致用的意识和能力，提升学习兴趣，提高语言能力、学习能力和文化意识，保障学生多维素养的融合、进阶发展，并为单元学习效果评价提供依据(李宝荣，2020)。

(二)实践性

新课程背景下，教师要基于单元主题整合课程内容，开展指向核心素养发展的综合性学习实践活动，引导学生不仅关注主题意义，获取语言和文化知识，还能根据主题语境，在解决新情境问题的过程中进行推理与论证、想象与创造、批判与评价等超越语篇的学习活动，促进高阶思维发展和健康文化启悟的深度学习(高洪德，2018)。提升学生思维品质的发展必须在课堂教学和课外学习等学生学习活动中进行。可见，作业也应该是促进学生思维品质发展的基本途径之一(李晓琪、冀小婷，2020)。

实践性作业指的是学生运用英语进行交流的实际活动，强调学生通过亲身感受获取知识或用行动实践知识，并应用所获得的知识解决实际生活问题(刘君、郝国强，2015)。实践性作业可以帮助学生培养自我观点、发展多元思维、树立价值取向，从而具备解决“认知冲突”的能力，并学会如何“表意”(张宏祥，2021)。在外语教学中，教师要使用真实的语言材料，提供真实的语境，基于主题内容与意义探究设计真实的英语实践活动，为学生创造大量的书面和口头表达机会，引导学生将已学知识应用到生活实际中，激发学习积极性，培养创造性解决问题的能力，从而有效提升语言能力和思维能力(杨华娟、欧冰，2021)。

(三)多样性

作业设计要综合考量学生应知、能为以及所期望达成的学习质量。即使是同一所学校同一班级的学生，在接受同样的内容教学后，他们的掌握程度也会有所不同。这就决定了一刀切的作业并不利于教师客观了解学生的学习情况。相反，教师需要通过具有层次性或差异性的作业，满足学生不同的学习需要，帮助他们自主完成适合自己水平、兴趣、未来发展需要的学习活动，体现因材施教，真正实现减负增效(李学书、黄复生，2014)。针对学生英语水平的差异性，教师在设计作业时要考虑基础性和提高性的平衡，充分关注学生的能力差异，设计分层作业或提供选择性作业，满足不同学生群体的发展需求。通过这样的方式，使每个学生都能通过完成作业获得实际收获，循序渐进地实现知识向能力和素养的转化(蒋京丽，2021b)。

为了激发学生的学习兴趣和学习动机，引导学生充分发挥创造力，培养听、说、读、看、写等基本技能，系统掌握学科知识，深化对主题意义的探究，教师还要注重作业评价方式的多样化。相较于传统的评价方式，灵活、多样的评价能提供更多的评价维度和角度，可以更好地反映学生的学习过程和成果。一方面，作业的反馈时机应根据其在单元整体教学中预期的作用及具体内容进行灵活调整；另一方面，作业的评价机制应更加多元，除了对书面作业准确性的评价，教师的提问、反馈以及学生的自评、互评都是重要的评价手段。多样的评价方式和多元的评价主体既可以有效引导学生“自我评价、反思、调控和改进自己的学习”，提高参与的积极性和投入度，并在“交流作业的过程中学会相互学习借鉴，取长补短，共同进步”(北京市教育科学研究院基础教育教学研究中心，2021：41)，又可以有效减少教师批改作业的时长，为教师留出更多时间进行及时、精准、个性的反馈，给学生充分的关注、鼓励和启发，最终达成以评促学的目的。

三、基于作业开展形成性评价的策略

以下结合人民教育出版社出版的《普通高中教科书 英语 选择性必修 第一册》第5单元 Working the Land 的教学案例，探究和解析单元整体教学中立足作业设计、实施形成性评价的实践策略。

(一)基于单元主题，设计整体性作业

在单元整体教学中，活动设计应基于主题意义的探究，作业设计则要重点关注多个输出活动之间的关联与延伸，并将所学的语言知识、文化知识、语言技能和学习策略融入其中(李宝荣等，2019)。教师可以以主题意义探究为线索，聚焦于主题意义的某一方面或语言能力及思维品质培养的几个语篇，进行关联分析与整合利用，划分出多个学习小单元(李宝荣，2020)，并设计层层递进的作业，使作业服务于单元整体教学目标。

以本单元为例，教师首先对单元内容进行梳理和整合(见图4-10)，从饥饿问题入手，围绕为解决世界农业问题作出贡献的代表性人物、解决粮食问题的科技创新及可持续农业这两个分支深入学习，最后落脚于未来的行动。

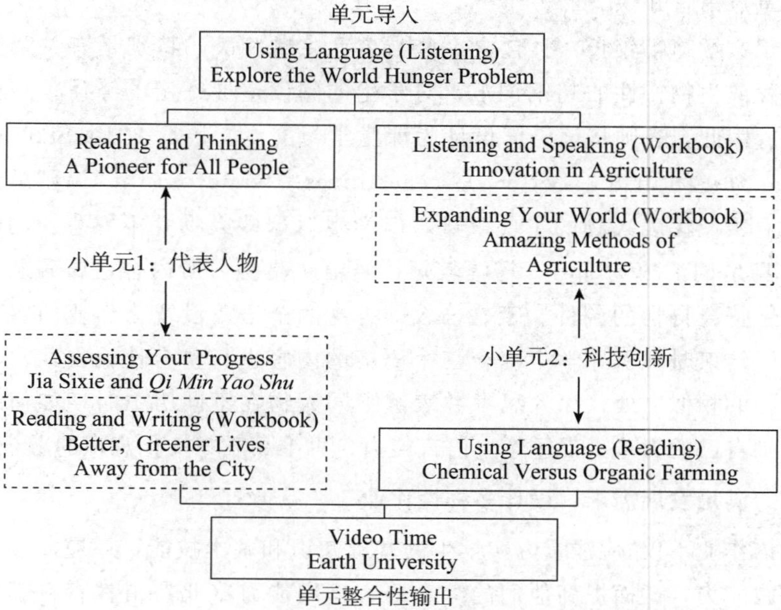

图 4-10　单元教学逻辑及学习小单元划分

教师基于四个小单元分别设计了整合性作业，并基于单元整合性输出活动设计了单元综合作业。通过完成最后一项作业，学生能够整合之前四项作业的内容和语言，并结合课堂所学，对单元主题进行不同视角和维度的探究，逐渐形成对农业和饥饿问题的深刻理解，并认识到为解决粮食问题和饥饿问题，必须树立人类命运共同体意识，人人行动起来。

教师在设计中要充分利用教材中的资源和素材，基于单元教学逻辑合理分析和比较语篇的价值，确定课堂学习（实线框）和作业内容（虚线框），实现作业与课堂教学的互补关系。例如，小单元 1 共包含三个语篇，分别介绍袁隆平、贾思勰和大学生村官李丹投身农业的事迹。语篇 1“A Pioneer for All People”是单元主要的阅读语篇，讲述了袁隆平投身杂交水稻研究的过程、取得的成就及其优秀品质。主人公袁隆平是学生所熟悉的农业领域代表人物，语篇语言生动形象，易于引发学生对单元主题的思考与共鸣。文中包含大量与单元主题相关的词块，一部分为衍生词，利于学生在语境中锻炼猜测词义的学习能力。同时，文中多处使用单元语法项目——主语从句，易于学生学习单元重点语言知识。

由于文章篇幅较长，且包含一些与单元主题相关，特别是有关杂交水稻研发过程或生物特性的超纲词汇，对学生的阅读造成一定的障碍，需要教师的辅导。因此，教师将该语篇设计为课堂学习文本。语篇 2“Jia Sixie and *Qi Min Yao Shu*”和语篇 3“Better, Greener Lives Away from the City”虽然也介绍了农业领域代表人物的主要事迹，但学生对这些人物并不熟悉。同时，语篇 2 本身是词汇填空练习，篇幅较短；语篇 3 是练习册内容，语言贴近现实生活，皆符合自学的条件。于是，教师将这两个语篇设置为作业内容，在小单元学习结束时，引导学生综合三个语篇的内容进行整合性输出，比较三位代表人物的相似之处，深入思考并表达不同人物在不同历史时期如何为农业发展贡献自己的力量，促进学生语言能力、思维品质与文化意识的融合发展。

(二)满足发展需求，设计多样性作业

英语作业不仅“应注重夯实学生的基础知识和基本技能，还应注重加强他们的实践能力，全面提高他们的综合语言运用能力”(北京市教育科学研究院基础教育教学研究中心，2021：40)。此外，作业的设计还要善于利用现代教育技术，丰富教学手段和教学资源。教师在布置作业时，可以结合单元所学内容和学生发展需求，丰富作业形式，不拘泥于单一的书面作业，呈现出多种类型和形式，既要突破短周期练习类作业的局限，适当加入长周期实践类作业，又要善于利用现代教育技术，提供多模态的作业形式，促进多种语言技能的同步发展，从而发挥作业育人的基本功能。

本单元中，教师基于单元教学目标，具体梳理出作业设计思路(见表 4-9)。一方面，教师结合单元逻辑，加入单元预习报告、专题调研和主题演讲等长周期实践类作业，帮助学生在实践情境中综合运用知识和技能。另一方面，短周期练习类作业不仅包含词汇习题、阅读表达和书面写作等传统的书面作业，还借助一些网络平台，设计了朗读短文和阅读转述等有声作业，帮助学生课下巩固并内化课上所学，提升听、说、读、看、写等多项语言技能。

表 4-9　单元作业设计思路

课堂教学语篇及教学目标	课时	作业内容	作业类型和形式
Explore the World Hunger Problem 1. 获取世界范围内饥饿问题的概念、原因及从不同层面解决该问题的措施； 2. 获取并运用支撑事实的语言介绍世界饥饿问题的事实性信息； 3. 拓展了解饥饿问题相关资料，并进行小组口头展示。	0	自学：联合国粮农组织及其目标、世界饥饿问题的可能原因和解决措施。	长周期实践类：单元预习报告
	1	查阅听力文本中未详细介绍，但与世界饥饿问题相关的资料，并进行小组口头汇报。	长周期实践类：专题调研(口头)
	2	Jia Sixie and *Qi Min Yao Shu*（教材第 58 页第 1 题）。	短周期练习类：书面作业(词汇习题)
A Pioneer for All People 1. 获取梳理袁隆平成为“先驱者”的经历； 2. 分析袁隆平被称为“先驱者”的原因； 3. 结合袁隆平的事迹阐述对“先驱者”的理解。	3	Better, Greener Lives Away from the City（网络 App）。	短周期练习类：有声作业（朗读短文，回答问题）
	4	回答问题：What are the similarities between these agricultural pioneers (Yuan Longping, Jia Sixie and Li Dan)?	短周期练习类：书面作业(阅读表达)
Innovation in Agriculture 1. 获取三则农业新闻所报道的核心信息； 2. 评价农业创新在解决世界粮食问题上的贡献； 3. 报道一则最近的农业新闻。	5	阅读 Amazing Methods of Agriculture（教材第 94—95 页），选择其中一项农业科技成就，将其改编成新闻报道并录音。	短周期练习类：有声作业(阅读短文，口头复述)
Chemical Versus Organic Farming 1. 获取化学农耕和有机农耕的优缺点； 2. 梳理作者论述化学农耕和有机农耕优缺点和个人观点的语言和结构； 3. 针对适合当前中国国情的农耕方法，以书面形式论述个人观点。	6	根据课堂所学，完成议论文写作初稿。	短周期练习类：书面作业（议论文写作）
	7	根据同伴反馈，完成议论文第二稿修改。	短周期练习类：书面作业（议论文写作）

续表

课堂教学语篇及教学目标	课时	作业内容	作业类型和形式
Earth University 1. 获取 Earth University 的基本信息； 2. 完整、正确介绍 Earth University； 3. 批判并评价 Earth University 在缓解世界饥饿问题方面的重要性和可行性。	8	基于单元所学，总结并评价单元中缓解世界饥饿问题的方式，并提出个人为解决"世界饥饿问题"和农业发展可作出的贡献。	长周期实践类：主题演讲(视频)

为了促进学生形成正确的价值观，提升自我认识，发展健全的人格，改变行为方式，教师要设计对学生的语言和思维要求较高的整合性单元输出活动。本单元中，教师借助整合性输出这种较长周期的实践类作业，给学生更充分的时间思考和准备，帮助他们整合课堂内外的学习体验，内化单元主题知识，更好地探究主题意义。例如，在单元前期学习过程中，学生已经掌握了世界饥饿问题的概念、原因及解决措施(单元目标 1)，能够分析并描述解决世界饥饿问题和发展农业的必要性(单元目标 2)。因此，教师在整合性输出作业中有意识地引导学生基于所学，总结并评价单元中提到的不同解决方法，反思个人可以作出的贡献，引导他们深刻认识到个人的发展和价值的实现应当与国家和社会发展的需求相结合，树立正确的人生观和价值观。

(三)结合生活实际，设计实践性作业

教师在设计单元作业时，需要尽可能关联学生的生活经验，以学生生活或学习中的问题为切入点，创设真实的情境。这不仅有助于激发学生的学习动机，让兴趣成为最好的导师，还有助于他们开展自主学习，提升成就感。

本单元最后一项作业要求学生整合单元所学，总结缓解世界饥饿问题的方式，提出个人能够作出的贡献，并将其录制成视频。这项作业通过创设情境，将解决世界性问题最终落实于个人行动，将单元内容与学生生活有机关联起来。在完成此项作业的过程中，学生需要思考如何运用所学的概念、理论和技能，从改变个人消费习惯、意识和行动出发，提出创新、可行的问题解决方法。学生通过实际应用，将知识转化为能力，能够更好地理解和掌握所学内容，并将其应用于实际情境中，思考如何通过农业发展解决粮食安全问题、环境可持续性等问题，并在个人层面上付诸实践。这种问题解决能力是实践性学习的重要组成部分，学生通过实际思考和行动，可以培养批判性思维。此外，录制视频作品本身也是一种创造性的表达方式，学生可以运用各种技术工具和创意手段，通过图像、声音和文字等元素进行生动展示。这种创造性的表达过程可以激发学生的创新思维和表达能力，使他们的学习更具实践性和创造性。

这项真实情境下的作业任务与学生的生活和课堂所学密切相关，作业的灵活性和个性化让学生感觉兴致盎然，显著提升了学生的学习热情与作业质量。在完成作业的过程中，学生认识到即使身处不同的地理位置或相对安全的环境中，也不能忽视世界其他地方正在面临的饥饿问题。相反，他们有义务采取行动，积极承担应对全球饥饿问题的责任，树立人类命运共同体意识。该项作业还促使学生开展合作，相互分享并学习不同的行动措施，获得不同的观点和启发，拓宽思维边界。视频作品还可以通过网络平台和班级分享，供其他同学、老师和家长观看。当学生看到自己的作品能够与他人分享并产生积极的影响时，成就感和满足感都获得了极大的提升，进一步激发了学习动力。

(四)基于作业开展单元形成性评价

核心素养导向下，评价活动应贯穿教学的全过程，为检测教学目标服务，教师要注重发现学生学习中的问题，提供及时帮助和反馈，促进他们更有效地开展学习(教育部，2020)。从评的角度分析，作业既是教师诊断和评估学生学习的手段，也是学生认识自我学习过程的方式。教师对作业的批改、反馈和评价应区别于测试，既要关注学习结果，更要注重学习过程，发现真实的学习问题，在评价方式和评价主体等方面探究和创新评价机制，调整后续教学，从而提高教学效益，将节省下来的时间用于对学生作业问题进行有针对性的反馈和辅导。教师在实施作业评价时，应该关注学生个体的多元性、评价形式的多样性和评价内容的全面性(李学书、黄复生，2014)。好的评价结果不仅能够反映学生的水平现状，而且能够帮助学生建立自信心，激发学习动机。

1. 评价主体多元化

自评和互评可以有效调动学生主动参与评价，实现评价主体多元化。教师可以通过剖析典型案例并开展讲评点拨，充分发挥作业反馈的指导作用，还可以根据作业内容和形式设计并运用评价量表等方式，将评价目标和内容显性化，帮助学生了解学习的方向，从而提高学生的自主学习能力，让学生在完成作业的过程中学会自我评价，反思、调控和改进自己的学习。此外，教师也可以搭建作业交流的平台，邀请学生展示和分享自己的作业终稿，并采用互评的方式提高作业评价的效益。

本单元中，教师针对议论文写作的作业设计了一份评价量表，并将其转化为三个版本，在写作教学的不同阶段使用，以达到不同的效果。自评版(见表 4-10)供学生在完成作文初稿(第 5 课时作业)时自评使用，培养学生自我评价和反思的能力；互评版供学生在基于初稿的同伴互评时参考(第 7 课时)，促进学生相互学习、互相借鉴，为改进作文提供依据；师评版与作文修改稿一起发放，或者进行个别辅导，帮助学生基于教师的反馈和评价完成作文终稿。使用三个版本的评价量表，不仅能够帮助学生明确评价目标和标准，清楚学习的方向，而且能够借助评价主体的多元化提高作业评价的效果，满足学生个性化需求。同时，这种做法还可以引导学生在参与评价过程中对基于作业的学习进行合理的规划、监控、调整和反思，培养元认知学习策略，提高自主学习能力。

表 4-10　议论文写作作业评价量表(以学生自评版为例)

Rubric for Argumentative Essay (Self-review Sheet) Writer & Reviewer ________ (Use this rubric to evaluate your writing. Count each line and get your total score ____/20.)					
Aspects	**Scores and descriptions**				**My score**
Content (8 points)	8 - The writer uses **three logically-sequenced points** to support his/her opinion and uses **details** to support them.	5 - The writer uses **three points** to support his/her opinion but doesn't use **details** to support them.	3 - The writer uses **less than three points** to support his/her opinion or **doesn't sequence them in a logical order.**	0 - The writer **doesn't use any point** to support his/her opinion.	

续表

Aspects	Scores and descriptions				My score
Language (10 points)	2 - The writer **correctly uses subject clauses** in the argumentative writing.	1.5 - The writer **uses** subject clauses **yet with some mistakes.**	1 - The writer **at least tries** to use subject clauses.	0.5 - The writer **doesn't use** subject clauses.	
	6 -**Less than three** mistakes for using complex grammatical structures or advanced vocabulary.	4 - **Three to five mistakes** for using complex grammatical structures or advanced vocabulary.	2 - **More than five mistakes without impeding** general understanding of the text.	0.5 - **More than five mistakes impeding** general understanding of the text.	
	2 - The writer uses **various** sentence patterns, grammatical structures and vocabulary to make the essay **interactive and beautiful.**	1.5 - The writer uses **proper** sentence patterns, grammatical structures and vocabulary to **complete the task.**	1 - The writer uses **simple** sentence patterns, grammatical structures and vocabulary to **complete the task.**	0.5 - The writer uses **repetitive** sentence patterns, grammatical structures and **limited** vocabulary and **fails to complete the task.**	
Handwriting (2 points)	2 - The handwriting is **neat and clean.** Reading it is a pleasure for me.	1.5- The handwriting is neat, yet with some corrections.	1 - The handwriting is **okay,** but the writer can definitely improve it.	0.5 - The handwriting is **difficult to read** most of the time.	

2. 评价形式多样化

教师应该充分利用展示、报告、表演、交流等方式，让每个学生都能有展示和分析作业的机会。例如，本单元的作业为要求学生围绕个人为解决世界范围内饥饿问题和发展农业可以作出的贡献制作视频，突破了单一的书面作业形式，引导学生利用视频媒体传递信息、观点和情感。学生可以选择适当的素材支持自己的观点，并利用视频剪辑技术编辑素材，提升视觉效果和布局设计，从而增强视频的表现力，展示自己的创造力和技术能力，给观众留下深刻的印象。教师在评价过程中也要注重考查学生对视觉元素的运用和理解程度，以及他们在呈现中的创新性和有效性。多样化的作业评价形式有助于教师发现每一个学生身上的潜能，帮助他们提升学习兴趣，增强学习的获得感和自信心。

3. 评价操作全程化

单元整体教学中，作业的布置与反馈应符合课时教学目标与学生的实际情况，教师可以根据教学环节的实施需要，将作业的反馈适时穿插在课堂教学过程中，使得作业评价贯穿单元全过程。教师可以在单元学习开启前布置诊断性作业，了解学生对于主题的已有认知以及语言基础。与传统的书面作业需要详细批改不同，这项作业的主要目的是了解学生的学情，因此反馈和评价不急于完成，而是可以在课堂教学的多个环节逐步进行，自然完成对作业的评价和反馈。

例如，本单元第一课时的听力语篇为联合国粮农组织官员接受电台节目的访谈，内容包括世界粮农组织的设立初衷、导致饥饿问题的主要原因、粮农组织采取的行动及提出的倡议等。本课作为单元起始课，对于快速创设情境、引入主题十分重要。然而，“农业”主题在前几册教材中从未出现过，且与学生日常生活实际相距甚远。教师通过随机访谈和调查发现，大多数学生对于“世界饥饿”相关话题有所耳闻，但缺乏对问题产生原因和解决方法的系统思考，对联合国粮农组织及其与世界范围内饥饿问题的关系也缺乏了解。这篇文章带有一定的挑战性，学生在学习过程中可能会遇到困难。基于以上情况，教师将主要目标确定为促进学生获取文本内容、内化语言，拓展对文本中出现但未详细解释的“农业”相关概念的理解，加深对饥饿问题的认知。为了实现这一目标，教师在课前布置了单元预习报告的自学作业，学生需查询联合国粮农组织的名称和设立初衷，思考并列举饥饿问题产生的原因和解决方法，从而激发学习兴趣。

在课前准备阶段，教师会快速查看作业完成情况，并对集中存在的问题进行简短的口头评价和反馈。在听力任务前，学生互相分享作业内容，进行同伴反馈。在听力过程中，教师合理分割音频文件，降低学生的认知负担，引导他们根据作业分享进行预测和做笔记，逐步建构新的知识结构。在多个预测分享环节中，教师可以根据课前检查情况选择作业完成度较高的学生在全班分享作业，从而启发其他学生，最大化地实现作业的效果。课后，教师引导学生将课堂未解决的问题和概念延续到接下来的探究性实践作业中，在真实情境中以小组为单位拓展对单元主题的了解，为后续单元学习做好准备。单元结束时，教师结合学生完成的综合性输出作业，进行详细的反馈和评价。

四、教学建议

目前高中英语单元整体教学的课后作业仍存在质量不高、耗时长且学生负担重等关键问题，具体表现为作业形式单一，且评价缺乏激励性与过程性。针对这些问题，教师应以形成性评价的视角，以整体性、实践性和多样性为主要原则优化作业设计。第一，教师应基于单元主题设计整体性作业，使作业与单元及课时教学目标相互协同。第二，教师要结合学生的生活实际创设真实情境，设计实践性作业，促进学生学习兴趣的提升和思维品质的发展。此外，教师要保证作业形式和评价方式的多样化，以便满足不同学生的个性化学习需求和差异化能力水平。在作业实施的过程中，教师则要注重提高课后作业的有效性，将作业评价贯穿于单元教学的全过程，从而发挥作业评价的育人功能，促进学生核心素养的融合发展，并为单元育人效果的评价提供依据。

第五章 基于单元整体教学促进英语教师提升育人能力

【导读问题】英语教师对学科育人的理解和落实现状如何？

如何利用单元整体教学促进英语教师学科育人能力的提升及育人方式的变革？

第一节 英语教师学科育人理念及实践现状分析

“教师是确保英语课程有效实施的关键要素。教师的专业化水平是有效实施英语课程的关键”，是提升学校教育教学质量和落实立德树人根本任务的保障(教育部，2022：74—75)。随着课程改革的不断深入，英语教师的学科育人理念及实践都取得了一定的进步，但依然面临着新的挑战与问题。对英语教师学科育人现状进行分析、诊断依然存在的主要问题、探究提升教师育人能力的有效路径，是落实学科育人的前提保障，具有极其重要的意义。

一、英语教师学科育人理念及实践现状调研分析

本书研究团队以笔谈、问卷以及课堂观察的形式，对北京市30位高中英语优秀青年教师关于学科育人及单元整体教学的认识与实践进行了调查。结果表明，第一，教师高度重视学科育人的课程目标，认同英语学科人文性与工具性相融合的课程性质，普遍认识到英语学习不仅有利于学生体验不同的文化，从多元视角看待问题，还有利于锻炼学生的意志品质，培养终身学习的习惯和能力。有教师指出：“让学生通过教师的教和交流沟通感受到英语学

科对他们为人处世和三观树立有潜移默化的深远影响是教育的目的之一”。

第二，大部分教师在日常教学中关注学科育人的落实，但是他们对学科育人价值及其与学科深层知识结构、思维方法及核心素养要素的联系缺乏全面而系统的认识，其学科育人观存在着相对窄化、片面等问题，育人行为存在一定的偏颇。一方面，一些教师注重挖掘单元或语篇主题所承载的思政、德育、美育等方面的要素，主要通过“设计英语学科育人主题活动”“和学生谈话”等方式育人。大部分教师分享的育人故事是作为班主任开展的“德育”实践，把学科育人融入日常英语教学中的优秀案例相对少见。另一方面，教师注重分析单元中各语篇所传达的主旨精神，注重挖掘单元主题承载的育人价值，却忽视语篇中为表达主题意义而使用的词汇、语法、修辞等语言知识和文化知识及其背后蕴含的育人价值，导致发展学生情感、态度、价值观方面的育人目标与英语学科语言知识和文化知识的学习存在“两张皮”及“贴标签”的问题。

第三，绝大多数教师开展过单元整体教学，近半数教师经常以单元形式组织日常教学，但他们在以下方面依然面临着挑战与困惑：如何围绕主题分析单元文本、把握单元主题意义的方向(有50%的教师选择该项)，如何根据主题意义取舍教学内容(有50%的教师选择该项)，如何在单元整体教学目标下设计有层级的语篇教学目标(有56%的教师选择该项)，如何设计体现整体性、关联性和逻辑性的学习活动(有61%的教师选择该项)，如何设计并实施单元评价(有56%的教师选择该项)。结合课堂观察发现，一些教师对主题意义的提炼往往脱离深入的语篇分析，为了追求大而全的主题意义而盲目添加或删减教学内容；一些教师创设的单元学习活动或是缺乏关联性和整合性，或是与学生的认知发展需求及语言学习规律不吻合；还有一些教师对育人效果的评价形式化、泛化，缺乏对学生单元连贯学习过程中关键能力及素养持续发展的有效评价。

二、英语教师提升学科育人能力的有效途径

在指向核心素养培育的新课程改革不断深化的背景下，结合学科育人的政策要求和实践需求，教师必须深刻反思仅注重“教书”而忽略“育人”的弊端，回归育人本位的教育本质，秉承“学科×教育”的理念，切实提升自身的育人

知识。教师应通过学科育人知识的课程化、教材化、对象化、策略化、情境化，使学科本体知识、学科教学知识以及全面育人知识相互联合、相互作用、相互催生、相互增值，不断探索变革育人方式的有效实践途径与策略，从而构建硬核坚实、关联有序、动态生成的学科育人知识基础，实现学生核心素养发展与教师自身专业发展的双向目标，提升专业认同感和幸福感(龙宝新，2021)。

当然，课程改革提出的学科育人及单元教学的要求对教师的专业化水平提出了不小的挑战，在这样的背景下，教师单纯依靠传统的个人自发学习与专业成长模式，是远远不够的。《义教课标》专门增加了对“教学研究与教师培训”的建议，旨在引导各地区、各学校不断为教师的专业学习拓宽渠道，创新教学研究和教师培训机制，以各层学习、研究的共同体形式以及基于课堂实践真实问题开展的课例研究与培训机制，通过教师多方合作与自我反思相结合的新型教师学习与发展路径，帮助教师全面、准确、透彻地理解教材编写意图，对教材内容进行科学、合理的重组或取舍，实施精准教学，确保学生学习机会的最大化和学习效果的最优化，从而提升教师的课程育人能力(教育部，2022)。

一方面，要以学校学科教研组为单位，“凝聚全组教师的教育智慧，构建实践导向的学习和研究共同体，合力应对课程改革不断向纵深发展所带来的挑战。创设民主、开放和具有建设性的团队氛围，引导教师在读书、学习、思考和研讨过程中，通过倾听与对话、分享与碰撞，激发研究热情，相互取长补短，围绕立德树人根本任务，立足课程，聚焦课堂，分析学生，研读教材，落实目标，优化教学方式和学习方式，突破教学难点，以达到促进学生核心素养发展与教师专业素养提升的目的”(教育部，2022：75)。

另一方面，有条件的地区还可以建立不同区域、不同学校之间教师学习和研究共同体，增进学术交流，借助高校专家与一线教师跨界合作开展课例研究等诸多方式，帮助教师准确、深刻地领会学科育人的课程理念、目标和要求，开阔专业视野，通过专业引领、系统研究与深入反思相结合的方式，借助基于证据的教学实验和研究，促进教师解决问题，突破瓶颈，转变育人观念，不断提升自身课程设计与实施的能力，提高教学水平，通过创新发展全面促成学生核心素养的形成与发展。在合作学习及教研的平台上，应引导教师“从自身所处的特定情境出发，基于具体问题，不断对自己、自己的教学实践和相关事件进行深入的反思，善于从实践中发现意义与价值，吸取教益，实现改进，在持续的反思性实践中实现自身专业的可持续发展”(教育部，2022：77)。

接下来，本章分别呈现基于单元教学开展校本教研和高校及同一地区多所中学协手开展跨界教研的案例，提炼促进教师育人能力提升的有效策略，以期对课程改革中创新教师专业发展、提升学科育人素养等新的研究领域提供理论基础与实践方法等方面的启示。

第二节　基于单元教学开展校本教研，促进教师育人能力提升

作为教师个体与团队的组织载体，学科教研组在基础教育发展和质量保障过程中扮演重要的角色。在目前基础教育课程改革不断深化的形势下，教研组在促进学生核心素养发展、提升教师专业水平、推动学校内涵建设方面发挥着重要作用。中共中央办公厅、国务院办公厅颁布的“双减政策”要求充分发挥学校主阵地作用，对教研组落实“双减政策”任务及提升课堂教学质量提出了明确的要求，强化了教研组对于建设教师队伍、发展教师专业能力以及提升课内外教学质量的重要作用。教研组成为系统化、全链条推进“双减政策”工作的重要一环。如何在新的形势和要求下，以学校学科教研组和备课组为单位，通过学习共同体构建良好的教研生态环境，促进教师领会新的教育教学理念，合作探究新的教育教学方式，把立德树人落到实处，并在此过程中促进教师的个人发展，以教师的成长带动学生的成长，是落实学科育人的重要议题。

一、以单元教学促进教师育人能力提升的意义

学生是课程从理念到实施的终端用户，而与终端用户无缝对接的是教师。教师是国家课程的创造性实施者，教师可以将课程理念和教学内容转化为学生成长的营养素和能量。所以，课程改革的推进要依靠教师的力量来完成。教师要借助专门的培训与学习实现专业化成长，这关乎着课堂教学的生命力，也是打造优秀的教师团队、促进学校内涵式发展的基础。其中，围绕课程改

革中的难点、以学习共同体的方式撬动教师专业发展、提高教师实践智慧，显得尤为重要。

(一)学习共同体对于教师专业发展的意义

《高中课标》提出，教师的专业化水平是有效实施英语课程的关键，学科教研组要建构新型的教师学习共同体，在教学中不断总结和提炼发展学生英语学科核心素养的有效途径、方法和策略，共同探讨和解决教学中遇到的问题，形成教师之间相互支持、相互学习和共同进步的专业发展机制(教育部，2020)。在学科育人的新形势下，教研组必须重建一种新的教研文化来浸润、滋养教师，使每一位教师在参与教学研究的过程中得到专业发展，使教师之间建立起一种民主的、建设性的、对话的伙伴关系。专业学习共同体视角下的教研组将促进学生学习作为终极目标，强调所有的成员要拥有共享的愿景、价值观，采取支持性的领导方式(蒋福超、刘正伟，2009)。

(二)以单元教学促进教师专业发展的缘由

《高中课标》倡导单元整体教学，这是因为单元是承载主题意义的基本单位。但是，单元整体教学设计对习惯于课时教学的一线教师提出了极大的挑战与考验。受单元的整体性、课时之间的关联性以及学习活动的整合性、语篇研读的差异性等影响，教师仅靠一己之力无法胜任系统、复杂的单元备课任务，他们需要在独立备课的基础上参与集体教研，从多个视角拓展思路、碰撞思维、汇集有用的教学资源。也就是说，教师应依托备课组或教研组的集体智慧，共同理解英语课程理念和新教材组织方式及具体内容，开展有针对性的校本教研活动(蒋京丽等，2022)，以单元教学为载体，构建基于学习共同体的有效的教师成长和学科教研模式，提升团队教师的学习能力和育人能力。

二、以单元教学促进教师育人能力提升的路径

下面以 H 中学英语教研组基于单元整体教学创设学习共同体开展校本教研促进教师专业发展的案例为例，剖析以单元教学撬动教师育人能力提升的路径。H 中学英语教研组组长于老师(化名)在自己参与卓越教师培训项目的同时，一直在思考如何依托这次学习调动教研组教师的学习动力，促进教研组整体实力的全面提升，因为她相信“一花独放不是春”。这正体现了托马所

指出的："教师专业发展思想的一个重要转向就是将关注的重心从'个人的努力(individual effort)'转向'学习者共同体(communities of learners)'，在共同体中，教师通过参与合作性的实践来滋养自己的教学知识和实践智慧。"

如何带领组内教师凝心聚力、共同追求职业成长是教研组建设的关键，这需要教研组长的引领以及科学、系统的组织与管理，需要找到撬动教师个体共同追求成长的杠杆。于老师在自身参加培训、学习新课程理念的同时也在思考：如何确定校本教研主题，带领教研组开展解决教学真问题的真实而深入的研究？如何科学地进行听评课，收集教与学的证据，开展课例研究？如何基于团队活动提炼并形成教研成果，激发教师学习的内在动机？

单元教学承载了完整的课程内容六要素，承载着学科核心素养培养的具体而有所侧重的目标任务，是通过英语课程学习促进学生成长比较完整的过程周期。认真规划和设计单元教学，对于推动课程改革、落实学科育人都具有重要意义(梅德明、王蔷，2018)。于是，于老师抓住单元整体教学这个杠杆，在教研组内部组建学习共同体，集结有相同或者相近职业发展需求的教师，以构建良好的教研生态环境和促进教师的专业成长为目标，打破常规的以备课组为活动单位的局限，形成了初步的团队成员共同成长路径(见图 5-1)，以单元整体教学为课例载体，在合作、体验、交流的基础上，用课程标准与学情建构研究的出发点，以课题为引领，用行动和实践实现师生共同成长。

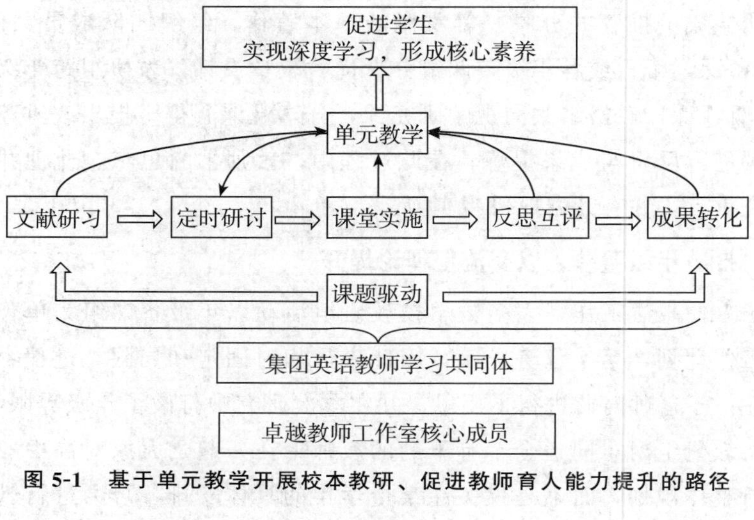

图 5-1　基于单元教学开展校本教研、促进教师育人能力提升的路径

三、以单元教学促进教师育人能力提升的策略

凝聚共同愿景、提供支持性条件、提升合作能力是优化教师合作的重要途径(吴振利、饶从满，2009)。具体来说，构建一个具有生命力的教研组学习共同体要注重以下五个方面的合力。

(一)以研究课题塑造共同愿景

首先，教研组要注重从教师真实的学习体验出发，理解教师工作中的具体问题，利用与同组成员的研讨和交流，共同建构知识，解决问题，塑造共同的教育愿景。于老师参与的培训项目以“单元整体教学中培养中学生英语学科核心素养的研究”为引领，促进教师落实新课程理念，解决教学中的问题和困惑，为英语教师培养学生核心素养提供方向和策略指导与支持，也促进教师自身的专业发展。基于上述主题，于老师也确定了教研团队的研究方向为“探究促进核心素养四要素融合发展的高中英语单元整体教学实践”，希望将自身学习的新理论转化到课堂实践场域中，提高学习共同体成员学习的成就感和内驱力。

教研组学习共同体的活动计划周期与于老师参与培训项目的周期基本保持一致，定为两年，频率为每周一次，每次三小时，确保教师成员有足够的时间交流。教研组活动主要包括三个方面的内容：(1)文献交流与学习，每周由一名团队成员推荐并分享一篇文献或一本著作，组织团队成员共同研讨；(2)集体备课，个人或各年级备课组分享优秀教学设计，教研组跨年级研磨课例；(3)听评课，教研组共同观摩研究课，分享观课心得，提出改进建议，授课教师则进行反思与成果提炼。在此过程中，教师不断思考、梳理并确定个人的研究重点，并有计划地付诸实施。

(二)打破年级壁垒，以交流促理论提升

为了方便教学工作，大多数学校教研组活动以年级备课组为单位，主要是部署工作计划，落实任务分工，因此人员相对固定和局限，过程容易模式化和僵化。于老师对此进行了反思，并在本次研究中打破了年级界限与壁垒，致力于将教研组内志同道合、有干劲的教师聚在一起。大家对高中三年完整学段进行整体规划，而不是仅关注某个学年的具体安排，合力进行教学实践

并共同研讨，使得教师能够从高中学段宏观地思考学科育人目标，保证学生学习的完整性、延续性和发展性，有利于促进教师突破传统的教学意识，树立课程意识。

针对教研团队成员主要的研究方向，于老师及时分享培训项目中推荐的文献和专家讲座。为了确保团队成员学懂、学会，教研组固定了共同体学习时间，力求使活动科研化，并基于“聚焦问题—研讨问题—解决问题”的思路做好组织规划和保障(见表 5-1)，提前确定好主题，选择一位教师作为主持人，组织全体成员进行文献学习、交流和教学设计的说课与磨课。

表 5-1　H 中学英语教研组学习共同体 2021—2022 学年度第一学期工作计划

研究方向		基于单元整体教学融合发展学生英语学科核心素养
初步计划	高一	必修二 Unit 1 岳老师、孔老师连续课时的小单元教学
	高二	选择性必修一 Unit 5 路老师、朱老师小单元 2 同课异构
时间安排	11 月初	单元教学设计初步成型
	11 月中旬	磨课
	12 月	试讲—调整—再次上课
教学设计与实施框架增效点		细化学情分析，教材校本化
		以主题意义探究为主线、素养融合的教学目标表述
		针对教学目标的评价活动与量表
		单元核心问题设计
		围绕单元核心问题的课时问题链
		学后反思和教后反思

教研组共同学习的过程中，每位教师都能够围绕课题挖掘自己的具体研究点，确立了相互关联的子课题，有的教师关注“单元整体教学中作业设计”的研究，有的教师关注“单元核心问题对于主题探究的引领作用”，有的教师关注“持续性的学习评价”，有的教师关注“技术赋能的英语课堂效果提升”，也有的教师把着力点放在“单元内语言大观念的整体设计”。这样一来，团队形成了合力，共同指向如何通过单元整体教学实现学科育人目标的总体研究。

可见，教研组学习共同体的活动要基于主题，开展有准备、有方法的研究，既有共同的愿景，又能够包容不同教师的研究兴趣和侧重点，从而促进每一位成员都能对教研组教学研究主题有一定的思考。教师带着问题来参加，在交流中获得收获，并能产生新的思考，优化自己的课堂实践，促进自身的专业发展。

(三)以课堂实施为推手促进落实

教育家杜威倡导的“做中学”理念，是指“学”“思”“做”的融合与统一。教师在学习共同体中的理论学习、教学设计优化及自身专业成长，都需要以教学实践的表达为基础。在教研组共同体学习中，教师要通过研究课认真体会专家和同行的意见、建议，在实践中提高课程与学情的对接，改进教学行为，真正为学生服务，实现教材的校本化。课例研究中，教研组共同体成员通过课堂观察，用事实说话，用数据说话，指向性更加明确，教师才会心悦诚服，觉得自己受益(张宏丽，2010)。但是，科学、系统的课堂观察具有多重维度的特点，以一人之力无法在一堂课的教学中观察得面面俱到，这就需要多人、多角度观察课堂，共同搜集数据，之后再进行全景回顾与分析。

H 中学英语教研组学习共同体的活动以课例研究为主线，聚焦单元整体教学。于老师鼓励不同教师在独立梳理单元内容结构的基础上，进行互动、交流、分享。这样一来，同一单元可能有不同的整合思路，大家再通过讨论确定更加合理的育人蓝图，使得教师拓展了视野，能够在对比不同视角的过程中更加深刻、灵活地理解和反思单元整体教学的内涵与育人意义。随后，教研组通过研究课开放课堂，提升教师的实践智慧，邀请学习共同体成员走进自己的课堂，改进自己的课堂，互相成就，抱团成长。

不同年级的教师或横向、或纵向联合，灵活进行单元教学展示。例如，在 2021—2022 学年度第二学期，高一年级的两位教师基于人民教育出版社出版的《普通高中教科书 英语 必修 第三册》第 4 单元 Space Exploration 读写课进行了同课异构。高二一位教师则完成了选择性必修第三册第 4 单元 Adversity and Courage 学习小单元 2 中沙克尔顿船长和他的队员探险故事 5 课时的完整教学。这个小单元的设计难点在于它由 3 个不同视角但相互接续的语篇组成，比一般的小单元教学联系更加紧密、不可分割，但前后历时 5 课时，对教师的教学设计与课例展示提出了较高的挑战，最终输出任务的故事评论对学生的要求也较高，不仅需要学生熟悉文本，更要学生与文本产生共鸣。在校外专家指导及教研组全体成员共同鼓励与支持下，教师合理解读不同语篇之间的逻辑关联，通过给学生搭建信息支架、问题支架、评价支架、结构支架等，促使学生对沙克尔顿船长个人精神及探险团队之间的合作精神都有了深刻而多元的认识，顺利完成整合性输出活动，实现了本单元的育人目标。另外，新一届高一教师在上一级教师集体备课的基础上，进一步优化和扩充了相关的教学素材和设计思路，将高中英语单元整体教学素材库从1.0版升级为2.0版。以上个性化教学与团队合作的有机融合，极大促进了共同体团队青年教师的成熟和整个教研组集体发展的良性循环。

(四)以反思、互评、互学营造包容的文化氛围

教学反思是教师学习的有效载体，是促进教师专业发展的核心要素之一。叶澜教授曾指出：一个教师写三十年教案不一定有效果，但坚持写三年教学反思就很有可能成为优秀教师。然而，个人反思因为没有新的理论、理念、知识和信息的融入，往往只是强化当下的做法，对教师发展的作用较为有限(李宝荣，2014)。H中学英语教研组在于老师的带领下，致力于营造互学互促、相互包容的文化氛围和反思互评模式。共同体成员共同反思，授课教师根据大家在小组讨论中不断碰撞而逐渐完善的想法，制订教学改进的行动计划，再次进行课堂实践，通过团队研讨交流、授课反思、调整改进的循环性教研实践(见图5-2)，不断优化教学设计，直至取得实效。整个过程从教学设计、磨课到课堂实施，邀请外部导师全程参与并随时提供支持，使得整个过程得以顺利推进，共同体成员互学互促，在包容、支持的文化氛围中促进了教师个体持续性的反思。

1. 互学互促，相互唤醒

教师如果缺乏真实的合作学习和分享学习的过程与体验，就很难为学生创造合作、分享的学习氛围，无法落实课程改革关于合作性、探究性学习的课程理念与实施任务(李宝荣，2014)。真正产生合作、互动，共同反思成长，才是教师学习共同体理念的实践落实。学习共同体致力于打造实践反思型教师，通过彼此的倾听与对话从中受到启发。倾听体现了接纳与平等，对话体现了回应与互动，它们交互存在，是一种教育智慧，是心灵之间美好的相互期待与相互唤醒，基于倾听与对话的教研文化才具有持续发展的态势(张宏

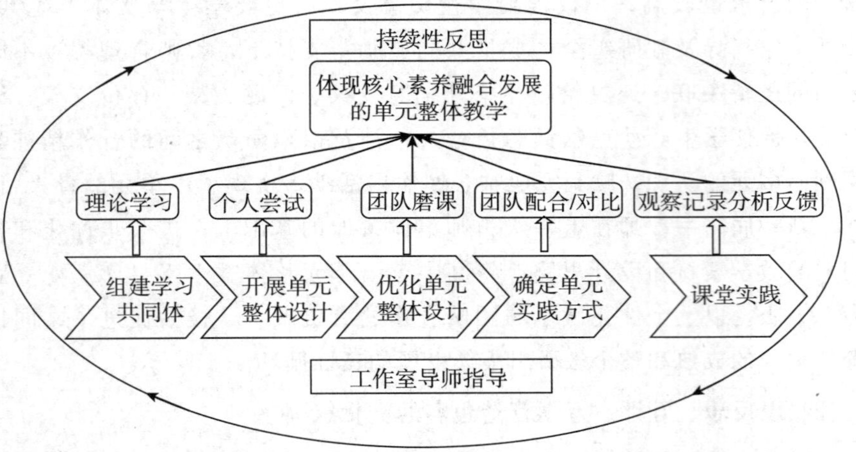

图 5-2　学习共同体持续性反思改进教学过程

丽，2010）。

在学科教研组这一学习共同体中，每一位教师成员都具有不同的专业技能和教学经验，他们要定期分享自己的教学经历，通过互动对话进行提问和质疑，理解教学中的困境，找到解决问题的有效策略（国红延、李宝荣、李慧芳，2021）。例如，单元整体教学中，H中学首先以百花齐放为原则，鼓励每个教师分头研读教材和学情，个性化梳理并搭建单元教学逻辑结构图，然后在团队中分享。分享过程中，大家相互倾听，既有对亮点的肯定，也有对逻辑性的质疑，在开放倾听和讨论质疑的过程中，教师不断修正、完善自己的结构图。以人民教育出版社出版的《普通高中教科书 英语 选择性必修 第一册》第5单元 Working the Land 为例，三位教师提出了三种结构图（见图5-3），各有所长，既充分结合了各自的学情，又体现了个人风格。

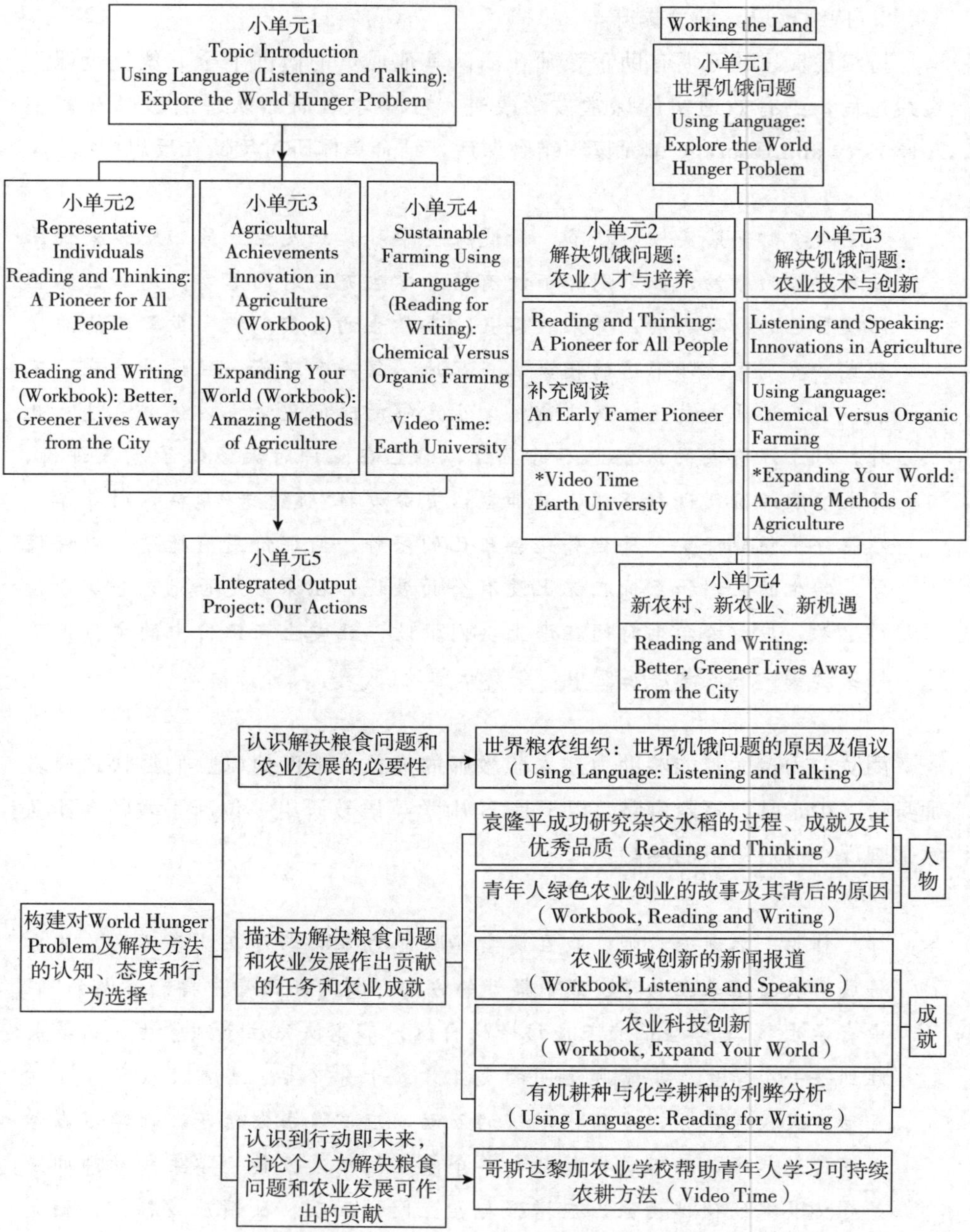

图 5-3 Working the Land 单元教师个性化结构图

2. 持续反思，助力提升

持续性反思的习惯有助于教师在团队其他成员的协助下全方位复盘课堂实践过程，更有效地实施课堂教学改进。H 中学教研团队一名教师在实施 Adversity and Courage 单元读写结合课后，结合集体研讨反馈在反思中提到：

我要切实落实教学环节，促使深度学习真正发生。虽然整体来说课堂教学较为顺畅，但个别环节没有给予学生充分时间落实，例如让学生修改自己的故事山后，并未敦促并检查学生的落实。教学步骤不能流于形式，要确保教师下达的指令真正落地。每一个环节一旦设计出来，不能一闪而过地走过场，而应留给学生足够的时间思考、内化并表达。此外，对于评价表的落实也不够显性，学生在点评时大多给予宽泛评价，并未依照评价表进行反馈，教师应该充分发挥“促进者”角色，引导学生参照评价量规评价、反思并完善自己的习作，使评价更有抓手，以评促学。学生的互评和互批在课上没有全面展现，在课下是否能充分实现值得思考，应该给学生时间在课上共同批改，让学生在评价中的主体地位切实落实，不能悬浮在空中，要真正落地。

团队的力量尤其能够助力新入职教师的成长，帮助他(她)们尽快适应教师身份，少走甚至不走弯路。以下是 H 中学英语教研组一位新手教师在团队教师观课交流后写下的感触：

作为一名新手教师，我在课堂驾驭能力方面尚存在诸多不足，这也将成为我接下来在教学实践中提升的方向。教师在课堂中要始终做到“眼中有学生”，与学生的交互应该亲切自然，不能仅关注个别学生，需要关注到每一个学生。丰富师生间的交互方式十分必要。当前，我与学生的互动方式较为单一，多为一对一的互动，应该像击鼓传花，让学习在学生间传动起来，而不是由教师和单个学生间反复互传。学生和教师间应是意义共建的伙伴关系，应增强与学生间的互动，反馈应多样化，避免单纯地完成教学步骤，导致教学活动的各环节过渡出现较为生硬的情况。教师本人要注意情感的代入、要富有感染力，充分调动学生的情感投入

(emotionally engaged)。另外，我也应进一步思索如何充分利用多模态语篇和材料，增强学生的共情能力，调动其学习热情和参与度，使其更为自主地参与到意义的构建和对主题的探究中。

(五)以论文为抓手促进成果转化

教学实践论文写作有助于推动教师作为研究者参与教学研究，逐渐成为促进教师专业成长的有效途径，但往往也是中学教师的短板。H中学的于老师依托自己参与的教师培训项目以及指导专家的助力，鼓励教研团队成员每次上完课后都进行反思和总结，并形成习惯，在反思中明确研究点，不断深化，然后基于实践经验进行提炼和总结。以下是团队中一位教师的心得：

为落实“双减政策”，教师急需转变作业观念，提升作业设计能力，循着这个思路，我像发现新大陆一般，钻进去进行了文献学习和思考，认识到作业即过程，是学生发展语言能力、形成正确价值观念、锻炼思维品质、提升学习能力中不可或缺的一环。因此，作业作为课程和教学的延伸，应该成为单元整体教学中课时之间的黏合剂，起到承上启下的作用。这个观点在我们学习共同体内部得到认可后，我放心大胆地进行作业设计，充分发挥作业的诊断、评价和促学作用，并通过团队的交流、课堂观察以及研究学生的作品，总结出作业设计的一些原则，诸如单元视角、目标引领、分层设计、线上线下融合等，把课时作业、单元作业与课堂教学融为一体，让学生在巩固知识的同时，提升能力，形成素养。在单元教学实践中取得了很好的效果后，我及时反思并进行提炼，撰写了论文，并发表在全国中文核心期刊《中小学英语教学与研究》上，这对于一个入职刚刚一年多的新手老师而言是莫大的鼓励。现在，我依然在通过这种方式寻找新的空白或疑惑、纠结之处(比如单元整体教学中的词汇和语法教学)，然后期待着新的学习、实践和成果提炼机会。

论文发表不仅提升了团队的专业能力，坚定了专业信念，涵养了专业情怀，同时更是提升了团队士气。正如下面这位新手老师所说：

我认为论文写作是一个不断总结、反思、学习的过程，而这个过程所围绕的核心就是教学。总结原则和实践策略的过程本身就是一种对教学过程的总结和思考，而反思自己的教学过程就能发现自己在教学中的有效实践和不足之处，从而为下一步教学带来指导经验，最后在论文写作中会遇到的疑惑之处或好奇之处则是新的学习文献的机会，也是新的教学实践和成果凝练的机会。如此循环往复、螺旋上升，就是论文写作对于教育教学或者说教师成长最大的助力吧。

随着共同体团队单元教学能力的提升，队员们纷纷崭露头角，在各级各类教学设计大赛中都取得了出色的成绩，也逐渐能够发挥辐射影响作用，在更大范围内与其他同行进行主题交流，如参与"国培计划"，与全国英语教师分享、交流。这样的经验反过来又提升了教研团队的教学能力和研究能力，形成了良性循环，团队成员充分体会到了成就感和全方位成长带来的幸福感。

四、教学建议

以单元教学促进教师专业发展的教研学习共同体建设不仅形成了单元教学的理念和实践框架，建立了教研组单元整体教学素材库，促进了教师的多元成长，营造了和谐共进的文化氛围，还使得 H 中学高中英语课堂展现出生机和活力，学生积极参与课堂互动，通过语言、文化和思维的融合发展，促进了核心素养的培育，从"学科教学"到"学科育人"的变化在悄然发生。

从教师个体发展来看，教师入职后需要持续的在职学习才能成为专业教师。尽管近年来新入职教师的学历普遍提升，但"无论多么理想的职前教育，都无法直接向中小学输送合格教师，优秀的、称职的教师必须也只能在实践中产生"(丛立新，2011：42)。另外，当前无论是国内还是国外，持续教育变革已是常态，即使成熟阶段的教师也面临着教学观念与行为更新的需求。在 H 中学基于单元整体教学的教研共同体建设过程中，学习共同体为成员在各自原有基础上取得长足进步创设了有利的条件，呈现出大量以学生发展为本的理念、丰富多彩且个性鲜活的教师发展案例，以及具有辐射性和引领性的教学研究论文。

当然，教育教学改革没有止境，教师还要以成为适应性专家为目标，不断超越自我(张志祯等，2022)。教师在重视个人经验、将其作为重要的专业发展资源的同时，也要认识到自身经验的局限性，保持开放的心态，接受理论知识和他人经验的启发，在教研组集体中开展合作学习和个体反思，不断追求卓越。此外，面对发展学生核心素养的教育需求，除了本教研组打破年级界限组建学习共同体的方式以外，学校还可以鼓励跨学科学习共同体的建设，让越来越多的教师形成科学的“课程观”、“学生观”和“教材观”，让越来越多的学生在课程的滋养中稳步提升核心素养，持续实现全面发展。

第三节　基于跨界课例研究促进教师的拓展性学习与发展

除了学校内部学科教研组共同体建设这一有效方式外，高校专家与中小学教师建立伙伴关系(university-school partnership)也是一种促进教师学习的有效探索(汪甜甜等，2021)。2018 年，《教育部关于实施卓越教师培养计划 2.0 的意见》中指出，要完善全方位协同培养机制，推动高等学校与中小学协同开展培养培训。2022 年 4 月，《新时代基础教育强师计划》颁布，提出鼓励高校、教师发展机构、中小学校等协同，开展区域教师队伍建设改革试点。可见，我国重视教师专业发展，强调教师培训的专业性，强化高校与中小学的协同。这无疑将成为提升教师专业发展水平、实现“强师计划”的重要举措。当前高校专家与中小学教师基于共同体合作的形式很多，无论哪种合作形式都重视在跨界基础上教师的充分参与，并以专业发展为目标。

一、拓展性学习的理论基础

基于恩格斯托姆提出的拓展性学习理论(expansive learning)(见图 5-4)，跨界是“专业人员必须跨越边界寻求可提供帮助的横向专业知识，以在碰巧可用的地方找到信息和工具。……跨界实现的是创造性的价值，有利于集体概念的形成”(Engeström，2016)。“跨界学习”则是指位于不同活动系统的参与者跨越自己所属领域的边界，通过与其他活动系统的参与者互动，在形成集体概念的过程中发生积极变化(张进宝，2022)。两个活动系统之间可能是生产者与用户的关系、伙伴的关系、协作的关系等。两个活动系统分别有自己的主体、(内部)共同体、劳动分工、规则、工具和客体(Nummijoki &

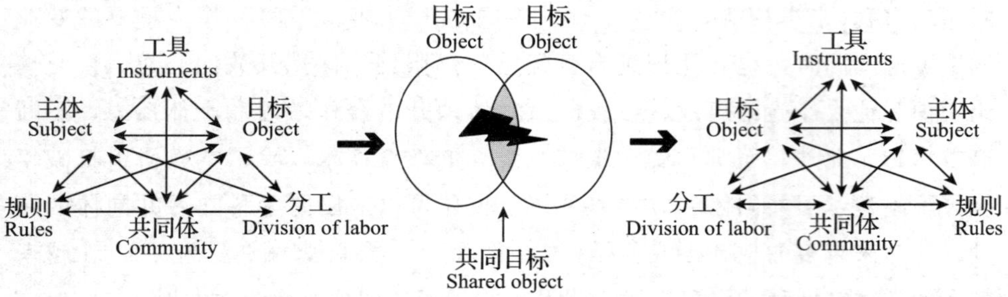

图 5-4　恩格斯托姆提出的拓展性学习示意图

Engeström，2009）。

20 世纪 90 年代，谢利·霍德提出基于教师发展的“专业学习共同体”（professional learning community）的概念，强调共同体对学习的意义。温格指出：“一个实践共同体包括了一系列个体共享的、相互明确的实践和信念以及对长时间追求共同利益的理解”（温格，2007）。高校专家与一线教师之间存在着无法避免的差异，为了保证跨界学习共同体的合作更加有效且真正促进教师专业发展，需要克服多方面的挑战。

王晓芳（2015）提出，跨界的大学与学校伙伴关系基于开放的边界、包容性强、多元话语和实践，给予各方对话的空间，更有利于教师专业发展。何霞（2020）提出，跨界学习对教师专业发展的影响主要表现在：促进学习共同体重构、丰富教师的学习资源、提升问题解决能力、形成教师可持续发展路径。教师学习过程中的“跨界”更多的是跨越学校、教研、学段、学科等边界，打破可能阻碍学习效果的“界”，真正实现知识共享。跨界必然出现的结果就是学习共同体的形成，“学习共同体模式与教师学习类型的匹配关系被认为是协助和激发教师跨界合作学习的重要中介因素”。

二、基于拓展性学习促进教师育人能力提升的实践逻辑

基于拓展性学习理论，两个活动系统通过在各自共同体的运行基础上实现互动关系，从而生成共享的客体，保证跨界学习共同体的知识创生，促生集体的积极变化。跨界学习共同体下的教师专业发展主要是追求教师成为知识主体并实现专业发展这种最高境界。下面结合案例，借鉴拓展性学习理论，从内容客体、专家主体、教师主体、共同体环境以及组织系统的发展这几个

方面来分析跨界学习共同体促进教师育人能力提升的实践逻辑，分析教师在跨界课例研究中通过拓展性学习获得的专业发展，尤其是教师育人理念与行为方式的转变，旨在为课程改革背景下推进教研方式转型与创新提供新的视角、启发和借鉴。

L专家工作室以英语学科合作课例研究为主要形式，由2名指导专家与7名核心成员构成。指导专家团队既有资深教授也有青年博士，实现了知识与能力的优势互补，工作室与一线教师的合作时长为2年。核心成员包括来自北京市不同学校的高中英语市级骨干教师或学科带头人。基于目的性抽样，作者对该工作室的7名核心成员和长期参与工作室活动的4名中青年教师(见表5-2)进行了深度访谈，目的是从学员有效发展的视角探究跨界学习如何从内容客体、专家主体、教师主体、共同体环境以及组织系统等方面促进教师提升学科育人能力。每位受访者的访谈时长约为60分钟，访谈提纲内容主要包括跨界学习的感受与收获、如何看待自己的学习效果及背后的原因、学习方法、未来规划、跨界学习中团队成员之间的关系、在学校发挥的影响力等。除此之外，还通过课堂观察了解每位教师的教学特点和发展挑战，并深入分析教师的反思日志。

表5-2　受访对象基本特征

序号	姓名	性别	职称/职务	成员类别
1	A老师	女	中学高级/教学主任	核心成员
2	B老师	女	中学高级/教师发展中心主任	核心成员
3	C老师	女	中学高级/副校长	核心成员
4	D老师	女	中学高级	核心成员
5	E老师	女	中学高级	核心成员
6	F老师	女	中学高级/备课组长	核心成员
7	G老师	女	正高级教师/教研组长	核心成员
8	H老师	女	中级	团队研修成员
9	I老师	男	中学高级	团队研修成员
10	J老师	女	中级	团队研修成员
11	K老师	女	初级	团队研修成员

三、跨界课例研究中教师学科育人能力的提升

L专家工作室作为北京某高校的高水平教师培训项目，在前期多年与一线教师合作经验基础上发展而成，指导专家与成员之间也是基于前期坚实的合作基础作双向选择，逐渐形成了高效、协同发展、平等、高质量的合作模式。通过两年的跨界学习，工作室教师实现了多维度专业发展，在教学理念更新，教学能力、科研能力联系、教学领导力提升，职称晋升等方面都取得了显著成效，以下将具体呈现教师在跨界课例研究共同体中提升学科育人的关键策略。

(一)立足学习内容认同：实现从冲突向融合的转化

拓展性学习理论认为，两个活动系统之间的互动交流必须基于双方活动系统的客体之间的互动，从而形成一个“共享客体(shared object)”，这个“共享客体”将成为两个活动系统之间合作的中介和基础，只有这样双方才可以互相理解，从而实现新知识的产生，而学习内容就属于“边界客体(boundary object)”的范畴(Leigh Star，2010)。

L专家工作室的研究主题是“在单元整体教学中培养中学生英语学科核心素养”。首先，该工作室首席L专家基于以往的研究和工作经验，确定了“英语单元整体教学”的主题方向；其次，对所有拟参加该工作室的一线教师进行调研和座谈，了解她们的想法，并结合教师的意向修订和细化主题；再次，工作室将修订的主题研究实施计划发给核心成员，各位教师再经过协商，探讨围绕该主题的个人具体研究计划。这个过程中也出现了很多冲突和分歧，例如，关于“单元整体教学”的研究视角出现了不同的声音，有的教师关注“教师发展视角”，有的教师关注“教学创新的视角”，有的教师关注“学生发展视角”。工作室的研究主题本来是希望教师关注如何把单元不同课时之间的关联性和整体性凸显出来，从而促进学生的持续学习和发展。双方经过不断的意义协商，确定了共同的研究主题，核心成员在这一主题下分别确定了自己的研究侧重点及个人研究计划。

在访谈过程中，专家与一线教师对该主题内容有着高度的认同，专家的需求与一线教师的发展需求高度匹配，在满足双方共同发展需要的基础上，实现具有创新性的“单元整体教学”深入研究。在访谈中，多数教师提到，“对

单元整体教学的了解和认识更加深入了”“参加工作室之后，才发现单元整体教学不是以前想象的样子，以前我认为整体教学就是‘排序’，现在更多地关注语篇之间的联系，甚至有可能是语篇内部的联系等，不再是简单地把语篇排列，理解加深了。”

(二)强化教师的自我认知：坚持内驱与反思并行

高校专家与教师之间的跨界合作学习与教师在学校内部的学习不同，因此跨界学习共同体中，教师自我形象认知、工作动机、未来规划、自我评价、任务知觉(即教师规范完成工作任务的认知)等方面的自我认知存在着差异(张昕、罗增让，2016)。根据访谈编码结果，跨界学习共同体中教师的自我认知主要体现在自我形象认知、工作动机和自我评价方面，跨界学习实现了内部动机和行为改进的相互促进，有利于强化教师的自我认知。

1. 形成清晰的自我认知

在自我认知上，教师对自己的年龄、个性特点、工作经验等方面具有一定的认识。“我觉得跟年龄有关系，随着年龄的增长，对于教学文本的理解程度会发生变化……放到我二十多岁的话，我不会去找这么多文献，不会多问为什么。原来对于事情的认识、对于生活的认识肯定不会是现在这样。”年龄的增长也促使教师寻求改变。“像我现在四十几岁，其实对于教学、上课基本上是能够游刃有余的，但是如何有效地促进自身的发展？我觉得必须走出来，要不然就永远停在那里。”教师自己对待事情的认真负责的态度也更有利于教师在跨界学习共同体中实现发展。“我这个人就这点，甭管谁给我哪一个任务，我都特别认真对待，不会糊弄。”

2. 追求自我突破的内在动机

在跨界学习共同体中，教师的专业发展需要内驱力的支撑。专业发展较好的教师往往是能够实现自我突破的，“我老想改进……我目前的状态就是想学习，因为我特别想解决教学上的一件事”“我自己还是想成长，必须得成长”“我觉得发展最重要的是内驱力，动力要非常强，非常渴望发展，像H老师发展这么好，是她自己的内驱力驱使她不断地成长学习”。访谈中发现，诸如发表成果、团队发展需要、任务驱动等外部驱动因素，在参与学习共同体之初会发挥一定作用，但随着跨界学习的深入以及共同体学习氛围的影响，教师的内部驱动力会逐渐增强。“我之前参加工作室的学习时，是很被动的，满脸写着不想来，写的反思也更多的是感想，所以那时候自己不是一个积极的学习者……但是现在我对自己的专业发展是有要求和想法的，我期待让自己的课堂充满吸引力，所以我需要新鲜的视角。”

3. 实现批判性反思基础上的融合互动

学习能力是教师专业发展过程中的关键能力之一，开展有效且积极的反思至关重要。当前，教师普遍存在自我反思与教学反思矛盾多、元反思较少、知行冲突高、认知结构不科学等问题(张婉莉，2015)。跨界学习的真正发生需要教师对专家建议进行批判性思考，并通过实践反思创生新的知识，而不是被动地全盘接受。

访谈发现，所有教师在学习过程中都会主动撰写反思日志。“我在教学中有一些困惑，我很好奇学生究竟有没有意识到我们在做什么。我们的成长很明显，但是学生的学习效果我还不能确定。”“每次团队活动结束以后，我会记录下自己的反思，基于一个主要的点，进行深度反思。”教师们在与专家互动过程中，不是全盘接受专家意见，而是一直保持批判性思考。“我不会说人家说什么我就怎么做”“这个学习过程也不是说全盘接受，也有一些质疑，当时就在想怎么能够把它更好地融合起来。毕竟我们是在一线，可能跟学生接触最多，也有自己的一些思考。”

(三)提升专家的跨界素养

专家作为其中一个活动系统的主体，在跨界学习中与教师之间是平等的，需要与教师共同解决教学研究中遇到的问题。因此，专家角色的发挥是需要真正实现“跨界”的，专家要了解一线教师的实际需求，给予更加具有针对性和可操作性的指导，并启发一线教师的思考。同时，专家在面对新的实践问题时，需要跨越组织边界和知识边界，提升与不同参与者进行交流的能力(王晓芳，2022)。

访谈发现，一线教师认为工作室专家做到了“理论与实践相结合”，在交流过程中引领方向、启发思考，不仅为他们提供资源和机会平台，更能够共同解决实践问题，发挥了榜样激励作用，促成了教师更加积极高效地参与。我们基于访谈资料的编码，将这一类归属为“专家的跨界素养”。“素养”常用来表示在运用知识解决实践问题时表现出来的关键能力和必备品格；“跨界能力是指跨越社会边界管理和整合多种不同话语和实践的能力”(Walker & Nocon，2007)；而这里提出的“专家的跨界素养”是指专家在跨越知识和组织边界时通过整合多种不同话语和实践的知识、能力和情感等来与教师合作交流。

1. 基于知识：理论传播与实践指导的有效融合

专家传递的理论观点如何有效指导实践，教师如何避免只停留在实践中具体问题的解决上，一直是长期困扰高校专家和一线教师的难题。L专家工作室的模式真正做到了“理论与实践相结合”，满足了教师的实际需求，并非是完全理论性知识的传播，而是指向解决实践问题的理论学习。通过理论与实践的有效融合，将理论变为可以指导实践的理论，同时助力教师提升对理论的认识，而不是“唯理论为中心”，只关注理论的不断创生。教师需要通过学习理论来说明实践的合理性和有效性，深入思考行动中的变化以及变化的原因，不断创生知识，实现实践理论的提升(李宝荣，2017)。

访谈过程中，多位骨干教师反映，自己之前欠缺理论知识，工作室指导专家常常提供有效的理论对接，帮助教师学会自主学习和探究。“我之前一直困惑的就是不知道怎么提升，也不知道看什么书、怎么看书，不愿意看那么枯燥的理论书籍。在参与工作室学习的过程中，我最大的收获就是学会自主学习了，导师带着我们学文献和理论，我在工作中也逐渐发现了学习效果。”

2. 基于能力：跨界沟通能力的推动

专家的跨界沟通能力首先体现在以一种合理共情的方式与教师沟通。在多次工作室活动的观察中可以发现，专家总是强调：“我们是合作研究，尊重大家的意愿和需求，课程内容安排可以根据需要调整”，这给予了一线教师充分的自主权。其次，跨界沟通需要掌握沟通技巧，在进行指导时需要凸显对教师的启发，而不只是知识的传达。在观察工作室合作研究的过程中，专家与教师总是采用“对话式”的交流模式，专家不是利用知识权威去强制性给予建议，而是采用启发式问答的方式，“指导老师在这个过程中一直是提问题，启发我去思考要怎么做，为什么这样做，我觉得收获很大，而不是直接告诉我就这么修改，那样的话我自己不一定知道为什么那样修改”。最后，专家的跨界沟通能力表现在专家与教师之间建立了共享的知识空间，这成为有效跨界交流的基础。工作室的课程实施模式是一轮轮的研讨和复盘，过程中专家和教师可以即时了解双方在相关问题上的思考和发现，更有利于推动新知识的获得、理解和应用。

3．基于情感：榜样作用的积极影响

Hargreaves 和 Fullan(2012)在研究学校教学变革时提出，在注重合作和专业的学习共同体中，信任和关系是第一位的，这强调了专家在与一线教师合作过程中情感基础的重要性。尽管创建平台自然会形成一定的协作关系，但是以信任和尊重为基础才能进行更加深度的合作，否则就变得生硬和强迫。

本案例中，专家在跨界指导过程中成为一线教师成员的学习榜样，“两位老师(指的是工作室专家)对我的课例反复打磨，我们多次线上研讨，私下也给了我很多反馈，对我的教案也进行了批注，触发我非常多的思考”。访谈中发现，专家多方面的优秀品质和能力带给教师更大的学习动力。“教授用她严谨的治学态度、扎实的学术功底、精益求精的工作作风和诲人不倦的高尚师德，深深地影响了我们。”

(四)创建“让学习成为享受”的共同体氛围

来自两个活动系统的合作容易产生冲突，如果处理不好双方的关系，会出现教师消极应对或者对专家失去信任的局面。因此，在跨界学习中创建“让学习成为享受”的共同体文化氛围，对于教师的专业发展至关重要。

1．规则约束下的跨界学习

本案例中，“工作室”属于双方合作实现的“中介人”(王晓芳，2015)，这样的中介保证了高校专家与一线教师之间合作交流的规范、频率和效率。每隔一周的星期五，工作室都会召集全体成员开展为期一天的合作研究，包括文献学习、单元备课指导、单元教学课例实施、研究成果提炼等，这成为了双方合作学习的固定日程。一线教师在学期初就将周五的时间调整好，保证工作室活动的出勤率，这就成为了跨界学习的规则基础。当然，规则只是作为一种互动交流的机制，并不能作为真正保证教师实现专业发展的方式，更重要的是共同体内相互学习、合作分享、互动质疑、批判反思的学习氛围。

2．共同体文化氛围下的同伴互助与情感激励

工作室核心成员来自六个不同的区域、七所不同的学校，他们有着不同的性格，带着不同的研究计划。工作室的研讨活动需要跨越多个(来自不同教师的)边界，才能形成一个共同体，这就导致了在共享、潜在的可扩展对象的驱动下，相互交流并采纳观点，从而实现发展(Engeström，2016)。

访谈中发现，教师高度赞扬工作室的学习氛围，认为学习氛围为教师的

发展提供了学习动力和“学习享受”，多名受访者在分享过程中提到，“虽然学习过程有挑战，但很享受这个过程”。“我觉得我们工作室的学习氛围特别好，这种情感的交流和氛围更接地气一些”“通过理论的学习、实践经验的交流，我们这个团队形成了学习的共同体，助力我不断发展变化，现在的我更加愿意去学新知，更愿意去迎接挑战，有了干劲和不畏难的精神。”工作室成员之间成立了互相加油打气的小分队微信群，大家互相鼓励和督促，平时也互相分享学习资源。学习共同体中每位成员的个性特点也促成了碰撞与创新。“我觉得每个人身上都带有学术的底蕴，每个老师都会有自己的特色，都值得我学习。”

(五)以发挥组织影响力为目标的专业发展

跨界学习共同体下的教师专业发展，是嵌套于历史演变和具体情境中的，恩格斯托姆提出：“不同活动系统之间构成的跨界学习共同体最终结果是各自回到工作场所的情境中，并在学校共同体和教师学习能动性方面发挥作用”(Wong & Edwards，2009)。前面分析教师自我认知因素时提到，教师在跨界学习共同体学习之后，有责任将这些收获传递给所在学校的其他教师，在回到自己学校的活动系统之后更好地发挥组织影响力。

1. 带动本校其他教师积极开展学习活动

工作室教师会将学习收获传递给学校其他教师，促进其专业发展。“我曾经汇报分享了单元整体教学的设计，汇报完之后有个老师说特别好，并把我的案例拷走了。后来很多老师自发都在周末来我们家备课，我也是尽自己最大努力去帮着他们梳理……我觉得大家信任我，我一定要帮助他们，促进大家共同成长。”受到同事的认可和追随而产生的成就感，强化了该教师持续在工作室深入学习发展的信心和动力。“参加说课指导，我能够提出建设性的意见，其他人在旁边插不上话，这是因为我在咱们工作室学习后挺有进步的，就像导师给我建议一样，我能给别人很多建议。”

2. 带动学校学科建设、教师队伍建设、文化建设等

除了教师个人层面，教师的组织影响力还在其他方面发挥着辐射作用。在学科建设方面，“我带动了我们学校英语单元整体教学的课题研究，现在已经发展到了七个学科教研组都在进行深度学习和单元整体教学设计案例的研究。……同时已经潜移默化地影响到了学校课堂教学的实践，也受到了区教

研员各方面的认可。”

在教师队伍建设方面，“结合工作室的计划，我制订了所在学校的人才培养计划，同时结合学校的校情，最终设计出每一位教师的个人计划。这对学校制度产生了影响，同时辐射更多的是一种理念和思维方式。”“工作室的学习也对我们教师队伍建设产生影响，比如我们每个学科都建立了一个梯队，包括成熟型教师、成长型教师和新教师，通过学校内部的教研组，形成了一个成长阶梯。”在学校文化建设方面，“我们学校形成了一种教师文化，就是学习的风气和做事的风气，大家的心思都会用在个人学习和如何与别人分享上，形成了一个比较良性的学术生态，这是我和团队教师在工作室学习之后所传递和影响到学校教师的。”

四、影响教师专业发展的主要因素及启示

教师学习理论当前主要存在三种视角，分别是认知学习视角、参与学习视角和扩展学习视角(朱梦华，2019)。陈向明(2020)在研究本土教师跨界学习案例时，总结了引导教师跨界学习的三个机制，分别是意义协商、视角再造和实践重构，认为跨越边界的学习需要高校专家与教师之间通过妥协或让步实现跨界过程中的协商，并在此基础上形成双方共同认同的视角进行实践。在现实过程中，专家与一线教师之间并不是总能实现理想的跨界合作，大多数情况下，两者之间只是存在基于跨界学习共同体的点或线的交集，并不是基于群体或团队生成的共享客体而实现的互为主体的合作。

本案例中，跨界学习共同体包融了基于点的获取、基于线的参与和基于面的拓展三种样态。工作室作为跨界学习共同体，在促进教师专业发展的过程中不断优化做法，在不同样态下专家跨界素养、教师自我认知、学习内容认同、共同体氛围和组织影响力都会表现出不同的特点(见表 5-3)。

表 5-3 三种样态下跨界学习共同体促进教师专业发展的影响因素表现

样态	基于点的获取	基于线的参与	基于面的拓展
专家跨界素养	提供理论知识	理论知识与实践指导能力相结合	知识、能力与情感的多方合力
教师自我认知	外部驱动	内外部驱动相结合	内部驱动
学习内容认同	不重视认同	认同，但不深入	认同且实现创新
共同体氛围	遵守制度规则	成员间互相帮助	基于批判质疑的合作协同
组织影响力	停留于个人发展	影响组织中的教师	影响组织制度和文化

以下从教师专业发展的项目设计机构、高校专家、中小学教师三个方面提出启示或建议。

(一)精准定位，增强教师学习培训项目设计的合理性

不同发展阶段的教师具有不同的专业发展需求，基于不同教师群体的跨界学习共同体所发挥的作用也会不同。因此，跨界学习共同体需要明确定位，精准确定跨界学习共同体促进教师专业发展的目标，确保上述三种学习样态下的跨界学习共同体能够对适合的教师群体发挥有效作用。基于点的获取学习样态下，新教师可以迅速实现知识与技能的获得，并且实现个人的专业成长。基于线的参与样态中，针对中青年骨干教师加强基于实践参与的指导，促进教师基于共同体的学习成果及时改进教学实践。基于面的拓展样态中，应突出面向较高水平且内驱力较强的卓越教师群体，通过集体合作促成新知识的生成和未知实践的探索，并发挥对组织系统的影响力。同时，在基于面的拓展学习样态中，要鼓励卓越教师群体将自己学校组织内部的青年教师融入跨界学习共同体中来，与学校内部的学科教研组统一起来，发挥教学领导力，发挥跨界学习共同体的辐射影响作用。因此，教师跨界学习项目的设计要追求融合和带动不同层次和发展水平的教师，设计 1＋1＋N 模式的教师跨界学习项目，即一名专家与一名成员开展合作研究，再由成员带动组织内 N 名教师共同参与学习。

(二)强化共同体概念，提升情感因素主导下的专家跨界素养

高校与中小学合作长期存在的问题就是理论与实践的对接存在困难。高校专家的“知识权威”和“中心地位”往往导致专家与教师并未在一个平等交流的关系中进行有效沟通，无法真正促进教师的专业发展。因此，提升专家的跨界素养，有利于专家“去中心”和“去权威”。一是要建立信任和尊重的情感关系，真正将合作的中心从“知识传递”转到“扩展学习”，提升教师的参与度，在追求知识生产和变革的基础上促进教师专业发展；二是专家要提升与教师的跨界沟通能力，掌握沟通技巧，在指导教师专业发展时要做到理论传播与实践指导相结合；三是要及时了解和跟进教师专业发展的真实需求，从教师的实际需求出发，建立跨界学习共同体的共享知识空间，实现创新基础上的教师专业发展。

(三)促成教师自我革新，实现教师的拓展性学习

跨界学习共同体中最佳的学习效果是基于面的拓展学习，应激励教师开拓思维，通过在跨界学习共同体中实现真正的合作交流，促成教师自我变革，与专家在不断协商中促成实践创新。

首先，教师要不断发展个人认知，及时更新专业知识，提升与专家对话交流的能力。学校中“制度化的活动安排并不能保证学校持续改进”(Stoll & Louis，2007)，以教师学习为目标的共同体必须跨越学科、教研组、学校的边界，积极参与多种类型的跨界学习，开阔思想和眼界，打破思维定式，在参与和拓展中实现专业发展。

其次，教师要正确看待与专家的合作关系。发挥基于拓展学习的跨界学习共同体的作用至关重要，跨界的拓展学习大多是在冲突和矛盾中发生的，教师需要充分认识到矛盾中包含的积极作用。矛盾是两个活动系统内部以及活动系统之间变革和发展的首要动力。教师要转变意识，开展深度协作，在相互的知识和思维碰撞中生成新的知识。教师不能为了“和谐文化”“面子文化”，而刻意避免跨界和冲突(郑鑫、张佳，2015)。

最后，教师要提升循证教学能力，为创新发展奠定基础。“循证教学是基于证据的教学，是教师主体基于经验、智慧与证据引导学生学习，并在师生交往互动中促进学生掌握知识、习得技能、锤炼思维和提高品行的实践活动”(崔友兴，2021)。教师要有意识地提升循证能力，做到有依据地与专家沟通，促使双方的合作建立在基于研究、科学的批判的基础上，从而在思维碰撞甚至是冲突过程中生成更多新的知识，实现深度发展。

第二部分 英语学科育人的实践案例

本书第一部分基于文献研究梳理与实践经验提炼，明确了英语学科育人的理论内涵，建构了基于单元整体教学实现英语学科育人的实践路径，并提出了“基于多维度分析确定单元育人价值及逻辑主线——围绕用英语解决问题的能力总体刻画单元育人目标——通过关联性学科实践活动确保单元育人过程——基于学生核心素养综合表现评价单元育人效果”等相互关联、层层递进、互为保障的单元教学设计与实施策略，旨在引导英语教师综合审视单元多模态语篇中承载的主题内容及育人价值，整合确定单元中不同语篇主题意义的关联逻辑及探究主线，基于问题情境创设综合性任务，融合设计学习理解、应用实践和迁移创新等活动，促进学生在与文本、与同伴、与教师之间多形式、多轮次的对话互动中碰撞思维，体验情感触动和冲击，在自我反思中循序渐进地建构主题新认知，生成正确的价值判断，提高分析和解决问题的能力。

为使读者了解单元整体教学设计与实施的全过程，体验学科育人实践的系统性与有效性，本部分将聚焦第一部分涉及的五个单元育人案例，分别从基于多维度分析确定育人目标、基于问题解决的整合性输出活动设计、促进主题意义探究的单元主要学习活动设计和体现教、学、评一体化的持续性评价设计等四个方面详细描述单元整体教学的设计与实施过程，旨在为一线教学实践提供可参考、可操作的案例，助力学科育人目标的有效落实。

在阅读案例的过程中，可以围绕以下问题进行探讨。

1. 日常教学中，您如何分析教材单元中各个语篇之间的关联？如何基于单元语篇的关联分析确定单元语篇的育人价值及整合利用的策略？

2. 单元教学往往需要经历一个较长的过程，您会设计什么样的整合性输出活动来保证学生核心素养的综合发展？

3. 单元教学中，您通常设计哪些具有关联性和连续性的学习活动来保障单元育人目标的实现？

4. 单元学习过程中和结束时，您通过什么样的方式评价学生在核心素养方面的表现？

案例1　Celebrations单元育人案例

【案例导读】

本案例基于北京师范大学出版社出版的《普通高中教科书 英语 必修 第一册》第3单元Celebrations设计，下面从学科育人的三个关键问题解析其路径特点及育人效果。

1. 育什么的问题

本单元属于“人与社会”主题范畴，共包含8个语篇，围绕“庆祝”的主题，从介绍“传统节日”和“特殊场合”的庆祝活动展开，引导学生体验不同类型的庆祝活动，关注庆祝活动中的礼仪、得体的语言表达及相关注意事项，表达庆祝后的心情与感悟等。同时，本单元语篇中蕴含着丰富的文化意涵，能够引发学生思考举办庆祝活动的深层原因，探究庆祝活动的意义和其背后的文化、情感传承等。教师以主题意义探究为主线，依据英语课程中单元主题下的语言知识以及文化知识学习范围，深入研读语篇，整合语境中的情感态度和价值观，结合学情分析确定了本单元从节日名称、庆祝方式和活动、庆祝的文化意义等方面建构结构化知识，阐释庆祝活动中体现的文化意涵，对比文化异同，增强对文化多样性的尊重与包容以及文化自信等具体的育人目标。

2. 如何育的问题

为落实学科育人的课程目标，教师在单元整体教学中践行英语学习活动观，设计整合性、关联性和实践性的活动。首先，教师对具有关联性的教学内容进行整合和重组，搭建了相对完整的三个学习小单元：小单元1“知晓庆祝的主要场合及方式”，小单元2“感悟中外庆祝活动中传达的情感和文化意义”，小单元3“理解其他庆祝形式及其文化含义”。其次，教师通过设计单元关联性学习活动及工具确保育人过程，包括项目式主题学习活动、单元主题可视化语言积累表等，引导学生从多视角、多维度探究庆祝的意义。此外，教师根据学生在课堂活动、课后作业以及在解决真实问题的过程中展现出的核心素养的进阶发展，开展持续性、多样化的评价，促进学生正确的价值观、必备品格和关键能力的融合发展，确保单元育人效果。

3. 育得怎么样的问题

在本单元教学过程中，教师立足教、学、评一体化的理念，注意收集学生学习真正发生的证据，充分运用问卷调查、课堂观察、口头和笔头任务、项目成果等方式，观察学生参与学习活动的过程中在主题认知和语言发展等方面的行为表现。教师通过数据分析，对比学生在单元学习前或学习之初参与诊断性评价的情况，根据学生发展的实际需求及时调整教学目标和进度安排。此外，教师引导学生学会评价，在单元学习过程中持续进行自评、互评，通过单元学习过程中的语言积累表、每个课时的 Exit Ticket、单元结束时的 Unit Diary 等方式，引导学生反思自己的收获、发展、困惑和不足并确定改进的策略，提升其学习能力。

本单元学习后，教师结合问卷和访谈结果了解到，学生逐步构建了有关庆祝主题的结构化知识，感悟到节日庆祝背后的文化意涵，进一步关注了节日装饰、节日饮食等文化元素，比较中西方文化，增强了文化自信。学生通过积极参与活动，内化了主题相关的核心语言知识，不断提升综合语言运用能力，实现了问题解决能力、自主学习能力和批判思维、创新思维的进阶式发展，单元育人目标的达成度很高。

【案例设计与实施过程】

一、基于多维度分析确定育人目标

Celebrations 单元的主题属于“人与社会”主题语境下“历史、社会与文化”主题群，涉及“不同民族文化习俗与传统节日”子主题内容。单元包括对话与访谈等口头语篇、视频语篇和应用文、记叙文等书面语篇。教师首先整合分析单元各语篇的类型、主题内容及育人价值(见表 6-1)，发现本单元有利于促进学生获取有关节日庆祝等方面的中外优秀文化知识，理解文化内涵，比较文化异同，汲取文化精华，尊重和包容文化的多元性，树立文化自信，并增强传承和传播中华优秀文化的意识与能力。

表 6-1　Celebrations 单元语篇主题内容及育人价值分析

语篇题目	语篇类型/语言技能	主题内容	育人价值
Topic Talk	两段对话（听力）	对话一讨论中秋节的庆祝活动；对话二讨论如何为 Jenny 举办生日派对，给她一个惊喜。	了解节日及特殊场合的庆祝活动及其文化意涵； 掌握参加正式聚会以及非正式聚会的前期准备和得体表达祝贺和谢意的方式。
Lesson 2 Special Occasions	访谈、对话与独白（听力）	采访通过主持人与两位英国年轻人的问答对话，讨论参加派对的注意事项；第二段听力包括两则对话和一则独白，介绍如何在毕业典礼等不同的场合表达祝贺。	
Lesson 1 Spring Festival	新闻报道（阅读）	本文选自某杂志文章，包括编辑的注解和三位读者叙述的庆祝春节的经历与感受，从三个不同的视角感悟春节家庭团圆的文化内涵及节日庆祝的意义。	用被动语态和生动形象的描述性语言讲述春节经历、主要庆祝活动及其文化意涵； 完成一篇记叙文写作，讲述自己参与庆祝活动的经历及感受。
Lesson 3 Memories of Christmas	记叙文（阅读）	按照时间顺序描述了和祖母度过的最后一个圣诞节及节日里主要的庆祝活动，表达对祖母的怀念，体现了家人共同庆祝节日的内涵。	
Writing Workshop An Event Description	记叙文（阅读与写作）	描写了家人共同为爷爷庆祝七十大寿的经历以及精心准备的庆祝活动。	
Reading Club 1 Festival Menu	应用文（阅读）	介绍除夕晚宴菜单上的四道中国传统新年菜肴及其文化寓意。	口头介绍中国传统节日美食、剪纸艺术及其文化意涵； 分析特殊节日礼物的内涵。
Reading Club 2 The Un-birthday Gift	记叙文（阅读）	改编自路易斯·卡罗尔《爱丽丝梦游仙境 2：镜中奇遇记》第六章，两个主人公的生日礼物及其意义。	
Viewing Workshop Paper-Cutting	视频讲座（听看）	介绍了剪纸的起源、在不同场合的用途，现代社会剪纸的多元形式及其背后传递的文化意义。	

为了使学生循序渐进地拓展和深化对主题的认识，进一步体会其中的文化内涵和情感因素，构建本单元的主题意义，教师对具有关联性的教学内容

进行整合和重组，搭建了相对完整的三个学习小单元：小单元1“知晓庆祝的主要场合及方式”，包括 Topic Talk 和 Lesson 2 Special Occasions；小单元2“感悟中外庆祝活动中传达的情感和文化意义”，包括 Lesson 1 Spring Festival、Lesson 3 Memories of Christmas 和 Writing Workshop An Event Description；小单元3“理解其他庆祝形式及其文化含义”，包括 Reading Club 1 Festival Menu、Reading Club 2 The Un-birthday Gift 和 Viewing Workshop Paper-Cutting。

教师基于调查发现，从主题意义建构方面，学生对传统节日的知识储备不足，尤其是对春节、圣诞节等节日庆祝的已有认知只停留在具体的活动层面，忽视了节日庆祝活动背后传递的家人情谊及文化意涵；从语言表达层面，学生描述节日及其庆祝方式的英语表达不准确，且描述的内容之间缺乏逻辑关联，没有利用被动语态描述客观情况的意识。针对以上学情特点，教师在本单元教学过程中，通过设计有梯度的问题引导学生从浅入深理解文本，设置从梳理到分析再到评价等指向不同认知层次的问题，引导学生获取梳理春节、圣诞节等庆典活动的事实性信息，分析判断节日或特殊场合庆祝活动背后传递的情感态度，评价不同庆祝活动体现的文化意义，从而深入探究文本的主题意义，关注活动、节日的深刻内涵及语篇的写作意图。

此外，教师引导学生从获取节日及特殊场合的庆祝活动和方式，到感悟庆祝活动中传达的情感、态度，进而深入理解庆祝活动、礼物的意义和内涵，通过层层递进的活动促进学生实现语言、思维和文化的融合发展。依据本单元依托主题的顶层设计逻辑，教师整体刻画了本单元的育人目标，使学生能够：(1)获取、梳理不同国家及民族的传统节日及庆祝活动的文化习俗，概括、整合介绍节日及庆祝活动的词块、被动语态的用法等语言表达方式，从多角度建构并表达对单元主题 Celebrations 内涵的认识；(2)基于节日名称、庆祝方式和活动、庆祝的文化意义等方面建构结构化知识，描述不同国家的庆祝活动，阐释文化意涵，对比文化异同，尊重和包容文化的多样性；(3)结合自己的经历介绍中国传统节日、庆祝活动以及其中蕴含的中华优秀传统文化，提升跨文化交际能力，增强文化自信。

二、基于问题解决的整合性输出活动设计

本单元教学中实现学科育人的落脚点是学生能够将主题内容的学习与自

身全面发展之间建立起意义关联，从而深度思考“庆祝”的文化内涵，在对比中发现不同文化庆祝活动的意义相通之处，在跨文化交际中积极传播中华优秀传统文化。因此，教师围绕单元主题与学情分析，结合学生实际创设了问题解决情境，设计了以下单元整合性输出活动：“学校英文校报正在以‘我最难忘的庆祝经历’为题向同学们征稿，请你给校报投稿，描述你参加过的一次节日或特殊场合的庆祝经历，可以用图文并茂的形式。”学生需要运用单元所学，描述该节日或特殊场合、庆祝的活动及其文化意涵、参与活动的感受，阐明对“庆祝”内涵的认识。该活动要求学生从多维度阐释对主题的理解，充分调动在单元各文本中建构的结构化知识以及自身生活经验，发挥想象力和创造力，体现出情境表达能力。

为了保障学生能够顺利完成该任务，首先，教师提出以下问题链：“What celebration impressed you the most? What are the basic aspects of it (date, reasons for celebration, celebrating activities…)? What are the most important/special aspects of this celebration (e.g. food, decorations, celebrating activities)? How did you feel and why do you think this celebration was so important to you?”，引导学生全面构思投稿内容。其次，教师基于期待的学生外显行为和语言表现，制定了评价要点，帮助学生明确该任务的主要目标(见表 6-2)。

表 6-2 Celebrations 单元整合性输出活动评价要点

维度	具体要求
Content(内容)	covering topic-related key aspects and information (basic information of the celebration); preparations before and activities during the celebration; cultural meanings of the celebration; feelings and emotions, etc.
Language(语言)	using as many expressions learned in this unit as possible; using at least one passive-voice sentence properly.
Logic(逻辑)	using linking words to organize the timeline of your event description.
Design(设计)	having a meaningful and attractive title; using pictures appropriately.

三、促进主题意义探究的学习活动设计

教师以主题意义探究为引领，基于学习活动观设计具体的学习活动，首先激发学生参与活动的兴趣，调动他们已有的经验和知识，再引导他们在循环复现的语篇学习中逐步建构、完善新的知识结构，深化对主题的理解和认识，内化主题意义表达中所需的核心语言，在此基础上引导学生对主题背后的深层意义进行合理的判断与评价，并在新的情境中迁移创新，切实推动学生的深度学习。

(一)依托主题，明确单元学习活动及作业的设计逻辑

表 6-3 具体呈现整合单元各课时后的主要学习活动和相应的课后作业设计。

表 6-3　Celebrations 单元各课时主要学习活动与作业设计

课时	语篇	各课时主要学习活动	主要作业设计
1	Topic Talk	获取节日庆祝和特殊活动庆祝的相关信息； 建构介绍节日或者庆典的基本内容框架； 初步描述自己参加特殊庆典或者传统节日的经历。	向同伴介绍自己度过的特殊庆典或者传统节日。
2	Lesson 2 Special Occasions	梳理听力语篇中特殊场合的庆祝活动以及表达感谢和祝福时的注意事项，形成结构化新知； 借助导图，描述参与特殊场合(生日派对、毕业典礼等)需要注意的事项及礼仪。	想象若干年后好朋友在某国际论坛上获奖，创编对话表达祝福及感谢等。
3～4	Lesson 1 Spring Festival	利用表格提取春节庆祝活动的主要信息(如春节前的准备、春节的活动)； 根据语篇对于春节庆祝活动中声音、动作等方面的描述，分析其背后传达的情感； 对比、推断三个背景、身份、年龄不同的人物对于春节的感受，评价春节的文化意涵。	写一段文字或者录制一段 2 分钟左右的短视频，表达自己的春节体验及感悟。

续表

课时	语篇	各课时主要学习活动	主要作业设计
5～6	Lesson 3 Memories of Christmas	利用鱼骨图，梳理作者与奶奶一起度过最后一个圣诞节的过程； 分析奶奶和作者之间的情感，讨论字母G的涵义； 比较与评价圣诞节和春节的异同。	完成一篇微写作，阐释中外传统节日庆祝活动及文化意义的异同，反思对春节的理解。
7～8	Writing Workshop An Event Description	梳理描述庆祝活动的文章的主要内容和语篇结构； 归纳文中所使用的形容词、副词及其对表达人物情感的作用； 描写自己印象深刻的一次庆祝活动。	根据同伴和老师的建议，完善写作。
9	Reading Club 1 Festival Menu	获取节日庆祝中的传统美食及其象征意义； 介绍中国的四种传统节日美食及其文化意义。	录制一段1分钟的短视频，推介中国传统美食及其文化意义。
10	Reading Club 2 The Un-birthday Gift	梳理故事情节，基于对话分析与评价Alice和Humpty Dumpty的性格； 谈论礼物的内涵及意义。	描写自己收到的礼物及感受。
11	Viewing Workshop Paper-Cutting	梳理中国剪纸的历史、象征意义等； 介绍剪纸的历史、意义，不同场合剪纸的用途以及现代社会剪纸的多元形式。	录制一段1分钟的短视频，向外国友人介绍中国剪纸艺术。
12	Project 分享与展示	回顾单元中不同节日或特殊场合庆祝活动的内容及语言； 从庆祝活动、传统美食等方面完善给校报的征稿，配上标题及图片； 聆听他人的分享并互评，反思本单元所学。	本单元学习收获与反思Unit Diary。

(二)设计关联性学习活动，确保单元育人过程

为了确保育人过程的连续性和进阶性，教师要注重设计贯穿单元各课时的关联性学习活动。本单元中，教师利用语言与文化知识可视化积累表(见表6-4)，在注重育人方式转型的同时，重点关注学生语言和文化基础知识的内化与复现，引导学生借助表格获取、梳理文本主题内容的关键语言知识和文

化知识，不断积累表达主题的词块、衔接词等核心语言。可视化活动贯穿单元学习的始终，能够使学生在循环复现中实现语言能力的螺旋上升，使学习的增值发展显性化。学生通过自主整合和内化运用，既能为单元整合性输出活动的有效迁移做好铺垫，又能进一步提升自主学习能力。

表 6-4　单元结构化语言知识和文化知识积累表

Unit 3 Celebrations	**Content**	**Topic Talk**	**Lesson 1**	**Lesson 3**	**Writing Workshop**
What to celebrate	Noun phrases of celebrations				
When (sequencing)	Adverbs of time				
How to celebrate	Preparations (before the celebration)				
	During the celebration				
	Expressions of feelings				
What I've learned	Meaning of celebrating festivals or special occasions				
	Other expressions I have learned (topic sentences, impressive sentences, etc.)				

学生利用梳理好的语言、思维、文化融合的表格(见图 6-1)，可以结构化地表达主题内容，使用的语言更加丰富，逻辑性更强。学生觉得完成单元整合性输出任务的挑战不那么大了。有的学生说："分类积累的方法最让我受益。我之前觉得一个单元的词汇总是较为零散，形成不了体系。现在的单元表格使我理清了单词之间的联系。"也有的学生说："这个表写作时很有用，借助表格提取信息便可按照逻辑成文。"还有的学生说："以前我写作时用的句型都是简单句，现在会尝试运用新学的句型，也会有意识地模仿造句，有时还会琢磨句子之间使用什么连词更精准。"

Unit 3 Celebrations　Language-development Chart

Unit 3	Content	Topic Talk	Lesson 1	Lesson 3	Writing Workshop
What to celebrate	Noun phrases of celebrations	festival: Spring Festivals, Lantern Festivals, Mid-autumn Festival, Dragon-Boat Festival; occasion, birthday…	Spring Festival, best wishes, family gathering, unique meaning	memories of Christmas, Christmas preparations/decorations	Grandpa's birthday
When (sequencing)	Adverbs of time	before, after, during the festival; on the 15th day of the 8th lunar month at the start of the lunar year	Spring Festival Eve	on Christmas Eve, in the middle of November; Christmas day; first, then, later, after that, at the end	early in the morning, just before lunch, as soon as, towards the end of the party
How to celebrate	Preparations (Before the celebration)	make some decorations, prepare some delicious food, decorate … with …, make preparations for window decoration, sweep, clean up	the house was cleaned from top to bottom, sweep away the dirt of the past year and get ready for the new year	make pudding, put up Christmas tree, decorate the house, hang a stocking, make sugar biscuits,…	The whole family had been preparing for it for quite some time. prepare birthday gifts, prepare for Grandpa's special lunch
	During the celebration	have a family dinner/party, make dumplings, eat mooncakes, watch fireworks, eat dessert/turkey, give cards/presents	have a family gathering, get together, chatting with parents, children running, shouting, playing	give/open gifts, sing Christmas songs, family gather, express wishes	collect photos from family album, music fill the room with memories of the old days
	Expressions of feelings	be surprised, enjoyable, relaxed, have a good time, feel surrounded by love, feel happy and excited	The fireworks were a lot of fun! the greatest excitement began… It is believed that when *Fu* is put upside down, happiness arrives.	joy, experience, excitement, be excited; Our excitement grew each day.	I woke up excited. It took quite a long time for them to calm down.
Feedback	Why to celebrate festivals or special occasions	to offer people some happiness, be highly valued, be a lot off, the joy of family gathering	Spring Festival is highly valued by every Chinese family.	Granny made great efforts to spend a happy Christmas with her family.	Dad came in with some guests.
	Other expressions I have learned	We usually celebrate it by having a family dinner. Children play with lanterns while the adults sit together chatting and enjoying the moon.	The spirit of the festival—the spirit of family—has largely been kept.	When I think what makes Christmas so magical, not only gifts and Father Christmas come to mind, also my memory of Granny.	There was a lot of laughter in the room.

图 6-1　学生单元积累示例

四、体现教、学、评一体化的持续性评价设计

为了保障单元整体教学的顺利实施，评价育人目标的达成度，确保育人效果，教师根据单元整体教学目标以及学生在单元学习过程中的发展需求，围绕核心素养综合表现进行持续性评价设计，组织实施针对单元学习过程和学习结果的多种评价，并对评价结果进行科学、深入的分析，以此为依据不断调整和改进教学，提高学生学习成效，落实教、学、评一体化。

单元教学之初，教师通过调查问卷了解学生对 Celebrations 主题的已知和希望学习的内容，包括三个问题：(1) Which festival or special occasion do you like most? When and how do you celebrate it? (2)你在回答上述问题时有什么困难？(3)本单元你想学到什么？分析发现，学生选择春节这一传统节日是因为他们对这个节日相对熟悉，但是描写过程中存在语言表达不够准确、逻辑比较混乱等问题。基于学情诊断，教师明确了本单元持续性评价的整体设计(见表 6-5)。

表 6-5　单元持续性评价活动设计

诊断性评价	形成性评价	终结性评价
Topic Talk 说出最喜欢的节日或时刻及原因	小单元 1 课堂观察与反馈； 输出活动：给外国笔友写一封信介绍中国传统节日	整合性输出活动：完成校报征稿的终稿，介绍庆祝活动及其内涵； 单元反思总结 Unit Diary
学习前 描述印象深刻的庆祝活动及其原因	小单元 2 课堂观察与反馈； 输出活动：描写一次令人难忘的节日或特殊场合的庆祝活动(学生自评与互评)	
课后作业 (见前文表 6-1 中的作业内容)	小单元 3 课堂观察与反馈； 单元语言和文化知识积累表	

以小单元 1 的输出活动为例，学生需要给外国笔友写一封信，介绍中国传统节日，情境要求如下："你的英国笔友 Tom 对中国的传统节日很感兴趣。他想了解你最喜欢的一个节日，如中秋节、端午节、春节等。请你写信给他，

介绍你最喜欢的中国传统节日。信件内容包括：(1)节日的名称；(2)庆祝的方式；(3)该节日的文化意义。”有学生写道：

Spring Festival is awesome. Early in January, the whole family usually make a detailed plan in advance. We clean the house in order to sweep away the bad luck. What's more, red paper cards (couplets) are used to decorate the house. On the eve of the festival, children set off fireworks and they light up the sky. The whole family have a big family gathering with delicious food. The highlight of the event is eating *jiaozi*, which means good fortune. I love Spring Festival best because it is not only a meaningful festival but also a symbol of Chinese culture.

与最初的学情调查相比，学生基于第一个小单元所学的文化知识、语言知识，能比较清楚、有条理地介绍中国传统节日的名称、时间、准备活动、庆祝、意义等。学生在访谈中特别提到，在完成这个任务时他借助语言积累表复习了小单元的主要内容，这对他迁移运用所学、合理表达观点有很大帮助。在单元最后的展示环节，学生阐释庆祝活动的意义时更加全面、得体，还总结了不同文化的相似性。例如，有学生说：“Although the ways to celebrate different festivals or occasions are different, the inner meaning of family gathering is the same.”也有学生说：“Beyond all the fun and the happiness that the festival brings to us is the deeper meaning of family reunion, which should be cherished by each of us.”

在单元最后的整合性输出活动中，教师鼓励学生结合生活实际，例如丰富多彩的校园活动，介绍体现中国优秀传统文化的一次庆祝活动，向报刊投稿。学校文化墙等为学生展示自我、互相学习搭建了平台。在本单元的学习中，教师还建议学生阅读意大利相关节日的介绍，一方面丰富学生的文化知识，加深文化理解，另一方面以此为契机，号召学生写一写中国的传统节日活动，真正向报刊投稿。令人惊喜的是，在师生、生生多轮次互动下，最后学生的作品(见图6-2)得以在报刊上发表，全班都为此感到自豪，增强了讲述中国传统文化故事的热情。

除了借助上述小单元输出活动、整合性输出活动及学生的作品等形式评价学生的学习效果以外，教师在单元学习后还结合学生访谈、问卷调查他们

PROVIDED TO TEENS

Devoted to the lion dance

Shaking its head and tail, *tweaking* (拧) its ears and *scratching* (抓挠) its cheeks, two students performed a lion dance. To the *rhythm* (节奏) of gongs and drums, they performed a dance. It had martial arts movements as well as *acrobatic stunts* (杂技表演).

This was a performance for the opening ceremony of the sports meet in our school last year. In order to give the best performance possible, students devoted much of their spare time *rehearsing* (排练). Though they faced many challenges and failures, they never gave up.

At last, their efforts paid off. When they performed on the sports ground, the audience burst into excited *applause* (掌声).

How excellent they were! I felt so proud of them!

BY SHI WEIXUAN, BEIJING HEPINGJIE NO 1 MIDDLE SCHOOL

图 6-2　学生作品在报刊上发表

的学习收获，综合评价本单元的育人效果，即学生核心素养的形成与发展。结果发现学生在以下三个方面的成长变化。

第一，学生能够建构结构化知识，深入分析语篇。无论是听说课、阅读课，还是写作课，学生利用思维可视化图形等，串联、分析、利用文本信息，关注学习过程，学生也感受到了自己学习的生长点。有学生说："老师上课设计的结构化板书和学案中的图形对阅读文本梳理信息、理解和探究意义很有帮助。鱼骨图很适合时间轴，山形图适合描述事情的发展。这些有助于我更好地深入理解语篇，以及借助板书复述课文、内化语言。"

第二，学生深度探究了主题意义。例如，在第 3 课的阅读语篇中，尤其是最后用字母 G 开头的单词总结祖孙情及代际交流收获时，学生能回文重读，依据证据分析人物，谈奶奶对"我"的影响。学生创造性地提出，G 代表 guide、guard、gravity、growth、gathering、generation、gift 等，并进行循证解释，很好地将文本的主题意义和自己的理解深度结合起来。

第三，学生文化意识得到提升。教师在课堂教学中引导学生关注文化元素，比较中西方文化，加强文化认同。例如，第3课Memories of Christmas中教师引导学生归纳、概括了圣诞节前的准备、节日庆祝活动、节日气氛、家人的情感等信息，并和第1课Spring Festival中有关庆祝中国春节的描述进行比较，学生不仅深刻理解不同文化的传统节日庆祝可能都涉及与家人的相聚，“庆祝”的主题隐含着与家人分享快乐、祝愿未来美好生活的共通性文化意涵，还能够总结出有效学习文化知识的策略。例如，有学生在单元学习结束时这样谈道：“在获得文化知识时，可以由宏观到微观去体验、感悟、欣赏，如先通过整体阅读了解文化氛围以及习俗，再从词句中体会不同的文化特点，最后，结合这些经验总结出中外不同的思想观念及其特点，从而掌握丰富的文化知识，加深我们对中华优秀文化的理解，增强文化自信。”

案例2　Green Living 单元育人案例

【案例导读】

本案例基于北京师范大学出版社出版的《普通高中教科书 英语 必修 第三册》第8单元 Green Living 设计，下面从学科育人的三个关键问题解析其路径特点及育人效果。

1. 育什么的问题

本单元属于“人与自然”主题范畴，共包含8个语篇，分别从环境污染问题、环保组织意义及绿色生活方式等不同角度阐述了“绿色生活”主题的内涵，旨在引导学生树立绿色生活责任意识，主动投身绿色生活行动，积极向他人传播绿色生活理念。教师以主题为引领，参照英语课程中该主题下语言知识及文化知识的内容要求，深入研读语篇，结合学情分析，明确本单元促进核心素养综合发展的育人价值：了解环境保护面临的主要问题及其成因、影响及解决办法；阐述该主题的“Cause-Effect-Solution”语篇逻辑框架；了解环保组织及其为营造绿色生活作出的贡献，树立人类命运共同体意识；增强责任意识，反思实际生活中浪费能源等不良行为；通过调查报告宣传践行绿色生活、解决环境问题的重要性，倡导绿色生活理念。

2. 如何育的问题

为落实育人目标，教师实施具有整合性、关联性、实践性的单元整体教学。首先，教师对具有关联性的教学内容进行整合和重组，按照 Problem-Solution 脉络，搭建了相对完整的两个学习小单元：小单元1“树立绿色生活意识”，小单元2“践行绿色生活行动”。教师围绕 Reading Club 2 中提及的大气污染、全球变暖和垃圾填埋泛滥三大环境问题，细化了微项目活动。其次，教师通过设计单元关联性学习活动确保育人过程，通过单元问题链引导学生建构主题结构化认知，通过贯穿单元始终的一课一升华的“三句话概括对绿色生活的新认识”的作业活动设计和项目式主题活动，引导学生从自我、社会、人类命运共同体等多层次、多视角内化和运用语言和文化知识。此外，教师根据学生在真实情境中解决问题、在课堂活动及课后作业中所展现出的核心素养的进阶发展，持续开展多样化评价，促进学生关键能力和社会责任感的提升，形成正确的人生观和价值观。

3. 育得怎么样的问题

在单元教学过程中，教师注意收集学生学习真正发生的证据，充分运用问卷调查、互动问答、课堂观察、作品分析等方式，关注学生完成活动过程中体现主题认知和语言发展等方面的数据信息，对比分析学生在单元学习前及学习之初的主题诊断情况，根据学生发展的实际需求及时调整。此外，教师还引导学生学会评价，在单元学习过程中参与自评、互评，从主题语言知识、文化知识、对主题概念的新认知、学习策略、交际能力、自我发展、问题解决能力等方面，反思收获，发现不足与问题，提升自我规划、自我反思、自我调整的意识能力。

在单元学习过程中，学生积极参与描述、阐释等学科实践活动，内化语言，不断提升综合语言运用能力，实现问题解决能力、自主学习能力和思维品质的融合、进阶发展。在谈论解决全球面临的环境问题时，学生使用不同的图形梳理信息，积累常用的表达因果关系的短语、环境问题相关的词块等表达方式。在表达观点、参与讨论的过程中，学生了解国家、社会、个人为解决环境问题、践行绿色生活的付出，感悟个人对践行绿色生活的重要作用。最后，学生通过小组合作完成整合性输出活动，将绿色生活理念转化为切实可行的实践方法，对单元所学内容进行了再创造，综合发展了逻辑性、批判性和创新性思维。

【案例设计与实施过程】

一、基于多维度分析确定育人目标

Green Living 单元属于“人与自然”主题语境下“环境保护”主题群，涉及“人与环境”和“人类生存、社会发展与环境的关系”子主题内容，包括对话、采访等听力语篇、视频语篇和分析问题的说明文、调查报告等书面语篇。教师在整合分析单元各语篇的类型、主题内容及育人价值(见表 7-1)的过程中发

表 7-1　Green Living 单元语篇主题内容及育人价值分析

语篇题目	语篇类型/语言技能	主题内容	育人价值
Topic Talk	独白与对话（听力）	初步探讨环保问题、解决办法以及生活方式对环境的影响，呼吁人们关注环境问题，传递环保价值观。	了解绿色生活理念；学习非谓语动词；掌握提出建议的修辞手法；初步建构有关“绿色生活”的内涵以及个人行为、环保组织在营造绿色生活中的必要性。
Lesson 1 Roots and Shoots	说明文（阅读）	介绍珍·古道尔建立的环保组织 Roots & Shoots，通过对比自我中心主义带来的巨大损害，说明每一个人点滴的贡献都会改变世界。	
Reading Club 2 The Environment: A Local and Global Issue	说明文（阅读）	介绍地球面临的三大环境问题，即大气污染、全球变暖和泛滥的垃圾填埋场，及其成因和造成的危害。	感知“描述事实—分析原因—探讨危害—提出建议”的说明文语篇结构；掌握解决三大环保问题的对策及其语言表达方式；对比各国环境保护的举措，综合提升语言能力和文化自信；形成绿色生活需要每一个人都努力的责任意识和人类命运共同体意识；调查实际生活中绿色生活的现状、问题，通过报告的形式号召人们参与到绿色生活行动中。
Reading Club 1 Recycling	说明文（阅读）	介绍瑞典的清洁能源焚烧工厂和非洲一些国家垃圾回收再利用的方式及优势。	
Lesson 3 “White Bikes” on the Road	说明文（阅读）	介绍阿姆斯特丹白色单车的起源和发展。讨论绿色出行面临的挑战，呼吁绿色出行需要每一个人的行动。	
Writing Workshop A Survey Report	说明文（阅读与写作）	讲解一份市民环保意识和行动的调查报告，了解人们在环保方面存在的不足，号召人们加入绿色生活行动，贡献自己的力量。	
Lesson 2 Greening the Desert	演讲与问答（听力）	描述易解放投身沙漠植树环保事业的故事，呈现一位母亲将对儿子的爱转变为对自然更宏大的爱，个人通过创建绿色生命组织而迸发出巨大的能量。	
Viewing Workshop Solar Energy	说明文（听看）	介绍太阳能的意义、用途和功能。	

现，本单元不仅能够帮助学生了解和拓展中外环境保护措施的文化知识和语言知识，还能够帮助学生归纳“问题—解决”语篇结构，逐步建构“全球面临的三大环境问题的成因”“保护环境的重要意义”“多主体、多形式践行绿色生活方式的举措及效果”等主题观念，提升学生的责任意识，号召学生为营造绿色生活和保护环境作出应有的贡献，增强文化自信和人类命运共同体意识。

为了使学生循序渐进地拓展和深化对主题的认识，教师对具有关联性的教学内容进行整合和重组，搭建了相对完整的两个学习小单元：小单元 1“树立绿色生活意识”，包括 Topic Talk 和 Lesson 1 Roots and Shoots 两部分；小单元 2“践行绿色生活行动”，教师进而按照 Problem-Solution 脉络，将其细化为由 Reading Club 2 中三个环境问题引领的三个微项目：Project 1“完善垃圾处理方式”，包括 Reading Club 2 和 Reading Club 1 Recycling；Project 2“减轻大气污染”，包括 Reading Club 2 Air Pollution、Lesson 3 “White Bikes” on the Road 和 Writing Workshop；Project 3 “缓解全球变暖问题”，包括 Reading Club 2 Global Warming、Lesson 2 Greening the Desert 和 Viewing Workshop。

教师基于调查发现，学生虽有环保意识，但对绿色生活的内涵缺乏全面的认识，对人类行为及其影响缺乏辩证的认识，存在意识和行动脱节的现象。此外，虽然学生掌握了一定的有关绿色生活的语言知识和技能、策略与方法，但在主题表达中缺乏系统性认知和逻辑性。

鉴于此，教师从帮助学生了解绿色生活的内涵出发，按照“全球面临的三大环境问题——探索个人、组织及国家的相关问题解决策略——用英语协助解决现实生活中的环境问题”的逻辑顺序，总体刻画了本单元的育人目标：(1)梳理、描述三大环境问题的成因、影响及解决办法(垃圾合理处理、绿色出行、利用太阳能等)，分析语篇之间主题内容表达的逻辑框架，归纳 Cause-Effect-Solution 的结构化知识；(2)评价珍・古道尔、易解放等通过建立绿色环保组织为营造绿色生活作出的贡献，形成人类命运共同体意识，进一步思考自己如何践行绿色生活理念，号召他人增强责任意识；(3)联系实际，运用所学写一篇有关营造绿色生活、解决环境问题的报告，宣传绿色生活。目标 1 和目标 2 指向学生关于绿色生活主题相关的知识建构、认知更新、国际视野拓展等维度的发展目标；目标 3 落脚在与现实生活的连接上，学生通过用英语做事情实现知行合一，促进文化意识、思维品质和语言能力融合发展，进而带动情感、态度、价值观的提升。

二、基于问题解决的整合性输出活动设计

单元教学中实现学科育人的落脚点是学生能够将主题内容的学习与自身全面发展之间建立起意义关联，从而深度思考自己能够为营造绿色生活贡献的力量。因此，教师围绕单元主题与学情分析，合理创设真实的问题情境，设计了以下单元整合性输出活动：师生共同发起"缓解校园环境负担"的倡议与行动，引导学生运用单元所学开展小组合作，针对校园中快递盒问题的调研写一份调查报告，并根据调查结果录制宣传绿色生活的视频，提出共建绿色校园的倡议和举措，发起校园绿色生活行动。学生在完成本活动时需要经历从发现问题、探究问题到解决问题的全过程，充分调动单元各文本中建构的结构化知识以及自身生活经验，发挥想象力和创造力，从而提升思维品质和情境表达能力。

为了保障学生顺利完成该任务，教师基于学生外显的学习行为和语言行为，制定评价要点(见表 7-2)。

表 7-2　Green Living 单元整合性输出活动评价要点

维度	具体要求
Content	covering topic-related key aspects and information，具体包括： 调查快递盒带来的问题； 分析快递盒浪费和造成污染的成因； 结合生活实际提出可行性建议。
Language	using as many expressions learned in this unit as possible.
Structure	presenting with "Cause-Effect-Solution" structure; using necessary linking words to organize the report in a logical way.
Video Presentation	speaking loudly and clearly; interacting with the audience properly with eye contact and body language.

三、促进主题意义探究的学习活动设计

教师以主题意义探究为引领，基于学习活动观设计具体的学习活动，首

先激发学生参与活动的兴趣，调动他们已有的经验和知识，再引导他们在循环复现的语篇学习中逐步建构、完善新的知识结构，深化对主题的理解和认识，内化主题意义表达中所需的核心语言，在此基础上引导学生对主题背后的深层意义进行合理的判断与评价，并在新的情境中迁移创新，切实推动学生的深度学习。

(一)依托主题，明确单元学习活动及作业的设计逻辑

设计单元关联性学习活动的前提是教师深入研读语篇，确定主题意义，合理确定单元内容的整合思路。下表具体呈现单元各课时整合后的主要学习活动和相应的课后作业设置(见表 7-3)。

表 7-3 Green Living 单元各课时主要学习活动与作业设计

课时	语篇	各课时主要学习活动	主要作业设计
1	Topic Talk	获取、记录听力语篇中的关键信息，运用 Problem-Solution、Cause-Effect 的衔接与连贯手段表达自己对绿色生活方式重要性的认识； 描述环境问题及解决办法，谈论自己能为营造绿色生活作出的努力和贡献； 联系实际，表达自己对绿色生活的看法。	文段写作：描述你对“绿色生活”的认识。
2～3	Lesson 1 Roots and Shoots	梳理有关 Just-me-ism 的细节信息，阐释 Just-me-ism 的危害； 提取并概括“Roots & Shoots”组织的创始人、创建日期、创建目的、名称意义和社会贡献等基本信息，梳理思维导图，并能够逻辑清晰地向他人介绍该组织； 讨论这一组织的象征意义，联系自我，结合实际生活列举身边可以做的小事，参与环保行动； 找出文中具有说服性的语言(排比句等)，感受语言的力量，运用所学修辞手法号召他人一起加入环保行动； 用主题汇报的形式介绍“Roots & Shoots”组织； 综合运用动词－*ing* 和－*ed* 形式完成活动。	学生以“Roots & Shoots”组织志愿者的身份，准备有关该组织的 2 分钟介绍视频，号召他人加入环保行动； 为自己的社团制作一张海报，并附上宣传口号。

续表

课时	语篇	各课时主要学习活动	主要作业设计
4	Reading Club 2 Overflowing Landfills 部分 & Reading Club 1 Recycling	获取、梳理并转述三种垃圾处理方式及其特点，借助可视化图形呈现语篇的结构化知识； 运用所学，分析三种不同的垃圾处理方式的优缺点； 联系实际，表达自己对于“垃圾”和“垃圾处理”的看法，以及个人对“垃圾处理，人人有责”的新认知。	上网查阅资料，了解“China's Zero Waste to Landfill”的相关内容，基于200字写作任务描述这项行动计划。
5～6	Reading Club 2 Air Pollution 部分 & Lesson 3 “White Bikes” on the Road	获取、梳理并转述大气污染的成因、影响和解决办法； 获取、梳理并转述阿姆斯特丹“白色单车”的发展（每个阶段的基本特点）及其影响，借助表格呈现语篇的结构化知识； 描述、阐释推广“白色单车”的意义，分析影响其发展的因素； 推断作者态度，联系实际，表达自己对绿色出行的看法； 分析“白色单车”获得成功的原因，并从多角度提出促进共享单车在北京发展的建议； 总结名词和动词同形现象及其发音特点，使用其正确形式完成句子； 录制视频介绍北京共享单车的情况，提出文明使用共享单车的建议。	上网查阅有关北京共享单车的起源、发展等资料，以小组形式录制视频，提出文明使用共享单车的建议（不少于3条）。
7～8	Writing Workshop A Survey Report（2课时完成）	获取、归纳调查报告的基本信息，提炼报告写作的框架，判断作者组织素材的特征及意图； 分析、总结调查报告需要使用的语言（时态、数量表达、句式）； 构建共享单车使用情况调查报告的大纲，模仿范文完成初稿； 开展自评、互评，进一步完善共享单车的调查报告。	打磨并完成终稿。

续表

课时	语篇	各课时主要学习活动	主要作业设计
9～10	Reading Club 2 Global Warming & Lesson 2 Greening the Desert	获取、梳理并转述全球变暖问题及其带来的灾难性影响，借助可视化图形呈现语篇的结构化知识； 在听力活动中利用符号记录信息，梳理易解放创立环保组织的事实性信息； 运用所学，描述、阐释易解放创立组织的起因、遇到的困难和解决方式； 评价易解放事迹，分享个人对于营造绿色生活作用的新认知； 运用对话中的相关功能句型介绍易解放及其环保组织； 分析易解放种树过程中的情感及驱动力变化以及原因； 评价易解放献出一切、投身环保事业的意义。	查阅有关易解放的背景信息，反思自己所学，准备一些想问易解放的问题； 小组制作对易解放的访谈视频。
11	Viewing Workshop Solar Energy	获取、梳理视频中关于太阳能的事实性信息，回答相关问题； 借助流程图，呈现太阳能转化为其他能源及影响地球上物质转化的过程； 阐释太阳能和风能的异同，对可再生能源利用进行评价。	文段写作，介绍太阳能的利与弊。
12	单元整合性输出活动	整理各课时的思维导图，复习单元所学； 完善有关校园快递盒问题的调研报告； 分享与评价。	完成单元反思 Unit Diary。

(二)设计关联性学习活动，确保单元育人过程

具有关联性、连续性和多样化的学习活动是确保单元育人过程的必要条件。本单元中，教师利用“三阶段”单元项目式学习活动设计和贯穿单元的“问题链”设计，引导学生发现问题、分析问题和解决问题，融合发展语言能力、文化意识、思维品质和学习能力。首先，教师围绕问题解决，依据“提出问题—分析问题—解决问题”三个阶段，循环设计了单元项目式学习活动主线(见表7-4)，引导学生从发现实际问题出发，在单元语篇学习过程中持续、深入地探究主题内容，整合所学知识、技能和策略，分析并解决问题，提升对

“践行绿色生活的责任意识”的认知与实践能力。

表 7-4 “三阶段”问题解决统整的单元学习活动循环设计

<table>
<tr><td rowspan="2">单元语篇</td><td colspan="3">问题解决的三个阶段</td></tr>
<tr><td>阶段一（提出问题）：师生对话，发现问题</td><td>阶段二（分析问题）：整合语篇中的结构化知识</td><td>阶段三（解决问题）：应用实践、迁移所学</td></tr>
<tr><td colspan="4">小单元 1 初步了解环保问题</td></tr>
<tr><td>Topic Talk</td><td rowspan="2">自己能为营造绿色生活做哪些贡献？</td><td>列举环境问题以及造成环境问题的原因。</td><td rowspan="2">设计“绿色生活”社团的宣传海报；表达自己在生活中如何践行绿色生活理念。</td></tr>
<tr><td>Lesson 1
Roots and Shoots</td><td>具体列出阻碍绿色生活的事例(Just-me-ism)；
谈论“根与芽”这一组织对自己的启发；
运用所学说服性语言（排比句等），提出建议。</td></tr>
<tr><td colspan="4">小单元 2 项目 1 Waste Management</td></tr>
<tr><td>Reading Club 2 Overflowing Landfills 部分和 Reading Club 1 Recycling</td><td>如何解决垃圾填埋场泛滥的问题？</td><td>讨论垃圾填埋场泛滥带来的隐患；
比较三种垃圾处理方式及其特点。</td><td>口头描述瑞典、中国等国家比较完善的垃圾处理举措。</td></tr>
<tr><td colspan="4">小单元 2 项目 2 Reducing Air Pollution</td></tr>
<tr><td>Reading Club 2 Air Pollution 部分和 Lesson 3 “White Bikes” on the Road</td><td rowspan="2">如何缓解大气污染问题？</td><td>提出大气污染的成因、影响和解决办法；
阐释推广“白色单车”的意义。</td><td>联系实际，评价绿色出行的意义。</td></tr>
<tr><td>Writing Workshop
A Survey Report</td><td>归纳报告的结构和具体内容等写作注意事项；
写出北京共享单车使用情况调查报告的大纲。</td><td>小组合作完成共享单车的调查报告。</td></tr>
</table>

续表

单元语篇	问题解决三个阶段		
	阶段一（提出问题）：师生对话，发现问题	阶段二（分析问题）：整合语篇中的结构化知识	阶段三（解决问题）：应用实践、迁移所学
小单元 2 项目 3 Alleviating Global Warming			
Reading Club 2 Global Warming 部分和 Lesson 2 Greening the Desert	如何缓解全球变暖问题？	列出全球变暖及其带来的灾难性影响； 学习易解放创立环保组织的事迹。	对比易解放、Jane Goodall，反思自己应如何践行绿色生活理念。
Viewing Workshop Solar Energy		记录太阳能和风能的相关知识，评价可再生能源利用情况。	录制介绍太阳能的小视频。

本单元中，教师还围绕育人目标和主线设计了贯穿单元教学的问题链：(1) What is green living?（追问：What are current environmental problems? What solutions can you think of?）(2) What have you learned from the problem-solving process of protecting the environment and how do you think of Yi Jiefang and Jane Goodall? (3) What can we do to help build a green world? 以上三个问题分别指向单元的三个育人目标。在教学实施过程中，教师结合具体的文本，进行问题的微调、追问，并基于问答生成真实的课堂互动。以小单元 2 中解决垃圾填埋场泛滥的教学片段为例，教师基于问题链，遵循教、学、评一体化原则，设计单元关联性学习活动，帮助学生建构主题结构化知识(见表 7-5)。

表 7-5　垃圾填埋场泛滥问题子项目中“目标—问题—活动—评价”一体化设计

教学目标	核心问题	学习活动	评价要点
1. 获取、梳理并概括三种垃圾处理方式及特点，借助可视化图形建立信息间的关联	How do different countries dispose of waste?	结合图片头脑风暴，激活已知； 阅读 Overflowing Landfills 语篇，借助信息结构图获取、梳理、整合垃圾填埋的处理方式及可能面临的问题； 阅读 Recycling 两个语篇，梳理、概括瑞典和非洲国家的垃圾处理方式及其特点。 (学习理解类活动)	观察结构化图形，评价学生能否提取文本主题信息，即三种垃圾处理方式及特点相关的语言知识和文化知识。

续表

教学目标	核心问题	学习活动	评价要点
2. 运用结构化知识，描述、分析、判断三种垃圾处理方式的优缺点	What are better ways to dispose of waste?	借助信息结构图描述三种垃圾处理方式，分析其优缺点； 通过对比，判断哪种垃圾处理方式更好及原因。 （应用实践类活动）	倾听学生对垃圾处理方式的转述，评价他们对文本文化意涵的理解及结构化知识的内化。
3. 联系学校社团实际发表演讲，理性表达对垃圾危害和处理方式的态度，提出创新解决策略	How could you do to dispose of waste in your daily life?	结合我国垃圾不断增加且填埋场容量已满的现状，在3R的基础上推断第4个R所代表的内涵，并加以论证； 为响应建设绿色校园的号召，参与“绿色生活社团”组织的宣讲活动，小组合作，从垃圾问题对环境的危害、当前主要处理方式及其优缺点、可行的新方案等多角度表达观点。 （迁移创新类活动）	观察学生在集体分享及小组合作中的表现，评价他们能否深度理解主题意义并结合生活实际，提出妥善处理垃圾的方式。

教师在针对缓解大气污染问题的教学中，同样借助相似的问题框架和评价要点组织教学（见表7-6）。这样一来，学生不仅内化了针对不同环境污染问题的结构化知识，也能够形成问题解决的思维框架，有利于他们在关联生活实际的问题解决新情境中迁移运用。

表7-6　小单元2子项目问题链设计及评价要点

单元问题链	项目一 解决垃圾填埋场泛滥的问题	项目二 缓解大气污染问题	评价要点
问题1	How do different countries dispose of waste?	How do different countries deal with air pollution?	观察结构化图形，评价学生能否提取文本主题信息。
问题2	What are better ways to dispose of waste?	What are better ways to reduce air pollution?	倾听学生回答，评价他们对文本文化意涵的理解及结构化知识的内化。

续表

单元问题链	项目一 解决垃圾填埋场泛滥的问题	项目二 缓解大气污染问题	评价要点
问题 3	How could you do to dispose of waste in your daily life?	How could you do to reduce air pollution in your daily life?	观察学生在集体分享及小组合作中的表现，评价他们能否深度理解主题意义并结合生活实际，有效组织逻辑连贯的语段，合理提出妥善处理垃圾、缓解空气污染的方式。

四、体现教、学、评一体化的持续性评价设计

在单元整体教学过程中，教师围绕育人目标中核心素养的综合表现进行持续性评价设计。在评价设计中，教师要坚持评价方式多样、评价主体多元、评价标准科学的原则保证育人效果评价的有效性(见表 7-7)，给予学生积极反馈，提高学生学习效果，满足学生在学习发展方面的个性化需求，以评价结果为依据反思预设教学目标的达成度，进一步调整教学，切实做到以评促学，以评促教。

表 7-7　单元持续性评价设计原则与策略

单元教学过程	评价方式	具体评价工具	评价功能
单元学习前和学习中	诊断性评价	有关绿色生活认知的学前调研、前测、课前导入活动以及作业。	确定学生实际情况与单元预设目标之间的偏差，根据真实的学情调整教学目标和活动设计。
单元学习中	形成性评价	以口头、书面和肢体语言等反馈方式，运用评价量表在问题应答、观点阐述、自主表达、小组讨论、单元输出活动等环节进行评价。	综合考量学生的课堂参与和作业表现，把握学生各个目标的达成度及后续发展需注意的关键问题，及时调整教学。
单元学习后	终结性评价	演讲展示、对话、采访等基于真实情境的综合实践活动。	考查学生运用单元所学解决复杂问题的能力水平、学生的核心素养发展情况。
注：在单元教学评价过程中，教师要充分发挥学生的主体作用，引导学生开展自我评价和相互评价，主动反思和评价自我表现，促进自我监督性学习，并在相互评价中取长补短，总结经验，规划学习。			

基于上述原则，教师对本单元持续性评价活动进行了整体设计(见表 7-8)，兼顾了评价任务的多样性及不同的评价功能。

表 7-8　单元持续性评价活动设计

诊断性评价	形成性评价	终结性评价
Topic Talk (关于绿色生活的讨论)	输出活动 1：Create a Poster 学生在小单元 1 的 Lesson 1 Roots and Shoots 课后，设计“绿色生活”社团的宣传海报。	单元整合性输出活动：学生调研校园快递盒带来的问题，写调查报告、录制宣传视频，发起校园“绿色生活”行动。
每节课前的导入环节	输出活动 2：Do a Presentation 学生在小单元 2 的完善垃圾处理方式的学习后，介绍妥善处理垃圾的办法。	
课后作业 (见第三部分)	输出活动 3：Write a Report 学生在小单元 2 的缓解环境污染问题的学习后，写一份社区共享单车使用情况的报告。	

基于输出活动 1 的作品(见图 7-1)可以看出，学生运用文本中的说服性语言(排比句等)，感受和运用语言的力量，号召他人一起加入环保行动。

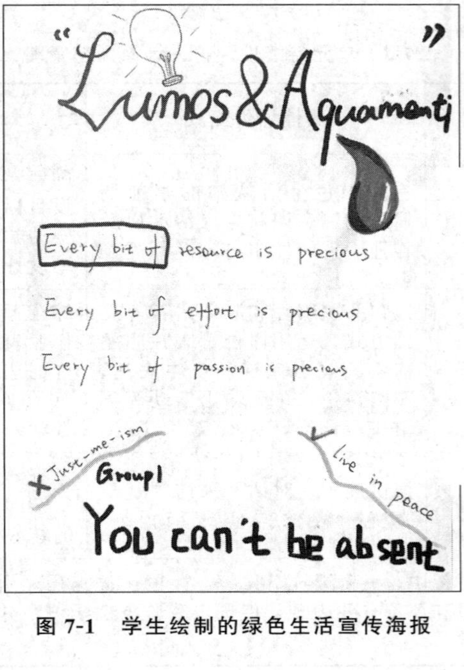

图 7-1　学生绘制的绿色生活宣传海报

基于输出活动 3 的作品(见图 7-2)可以看出，虽然作品中存在一定的语法错误，但其分段合理，学生能够得体运用报告需要使用的语言(时态、数量表达、句式)，并恰到好处地运用量词。

Preference and Reasons for Using Shared Bikes

The "last kilometer" of public transport is not only the main obstacle for urban residents to travel by public transport, but also the main challenge in the process of building a green city and low-carbon city. Choose shared bikes as a transportation tool is a way to solve this issue. Nevertheless, according to the survey, around 70% would like to use shared bikes in daily.

As the diagram shows, almost all (96%) use shared bikes for its convenient. More than two thirds (67%) use shared bicycles because of its lower price. Therefore, it can be easily observed that shred bikes have two compared advantages that is cheap, and it can avoid traffic jams. Around 30% (31%) believe that it is a good exercise way. This property might attract adults who aged in 40-60 to use shared bicycles, who is especially focus on personal health. Very few (19%) choose to use shared bikes in order to reduce pollution.

Unfortunately, there are 30% people don't use shared bikes. The majority of this result is unsafety of the bicycles since some bad weather happened irregularly. Also, about 30% dislike it since it is too hot in summer and too cold in winter. Nevertheless, shared bikes cannot change these properties. But people can truly take actions to protect themselves, such as wearing protecting clothes when a person firstly learns to ride bicycles. Since the temperature is settled, what the crowds can do is to wear adaptive clothes.

In conclusion, it seems that most people consider whether to use shared bicycles just because of normal bikes advantages and disadvantages. However, it is significant to let citizens have the awareness of environment protection. This indicates government need to propagate more environmental friendly ideas.

图 7-2 学生作品：共享单车使用情况的报告

在最后的单元整合性输出活动的产出中，学生也表现出了多方面的提升。起初接触“缓解校园环境负担”这一新问题时，学生想法不一、各执己见，但在小组讨论后逐渐达成共识。他们认为，发起“缓解校园快递盒带来的环境问题”的行动具有现实意义，在解决问题的过程中能够拓展思路，尽可能多地提出可行的解决办法。在展示环节，学生呈现的报告结构、逻辑清晰，学生运用合适的量词进行数据分析，选择恰当的图表进行数据的可视化表达；学生提出的解决方案合理且有创意，如每日限时回收快递盒、设计快递盒跳蚤市场等；视频制作活动中，学生灵活运用音视频、图片等形式，将报告结论以及朗朗上口的“绿色生活”宣传口号创新性地呈现出来。

除了用上述的课堂活动、作业、小单元输出活动以及单元整合性输出活动检验学生学习效果，在单元学习后，教师结合访谈、问卷调查，梳理出学习本单元后学生最大的收获、印象最深刻的环节和内容以及对未来单元学习的建议。学生指出，最大的收获是"在每一次小组合作中，我担任不同的角色，我感触最深、收获最大的就是组内每位同学都积极努力作出自己的贡献，我觉得沟通合作最重要"；"针对课文中的信息，我能通过多读、多听理解基本内容，再分析结构，学习语言，积累单词和句型""我的写作更加得法了，知道怎么选词、怎么分段"。学生认为印象最深刻的环节和内容是"和同学一起制作宣传绿色生活视频的环节""和我的 partner 采访易解放女士的环节"等。

通过学生的反馈，教师欣喜地看到学生们在做中学、在学中做，学生在学习内容、学习方法、学习策略、思维水平上都有不同程度的提升，英语学习得以真正发生。此外，学生对未来单元教学也提出了反馈建议："喜欢上 Viewing 课，希望这样模式的课可以再增加些""给我们练习的时间再多些"。可以看出，学生不仅在深刻反思自己的收获和发展，也对教师整体设计课程提出了建设性的反馈意见，这种自评、互评的氛围能够有效促进师生的共同成长。

案例3　Education 单元育人案例

【案例导读】

本案例基于北京师范大学出版社出版的《普通高中教科书 英语 选择性必修 第二册》第5单元 Education 设计，下面从学科育人的三个关键问题解析其路径特点及育人效果。

1. 育什么的问题

本单元属于“人与社会”和“人与自我”主题范畴，教师基于单元中4个主要语篇，通过听、说、读、看、写等学习活动，从“教育的内涵及目的”和“教育的方式”两大维度，引导学生理解单元主题承载的育人价值：教育不仅推动个人在身体、心理、学术及道德方面的发展，也在推动社会进步中起重要作用。教师以主题意义探究为主线，深入研读语篇，提取服务于主题意义的语言类核心知识，整合语境中传达的情感态度和价值观。单元教学过程中，教师基于真实的学情分析，将主要育人目标确定为阐释并说明教育的内涵、目的及意义，归纳能够达到启智目的的教学方式及求知方式，运用所学在教育论坛上阐述自己对教育的见解，促进学生核心素养的进阶、融合发展。

2. 如何育的问题

为落实学科育人的课程目标，教师实施具有整合性、关联性、实践性的单元整体教学。在分析单元各语篇主题意义后，教师对教材语篇进行了必要的重组和整合，搭建了两个学习小单元。小单元1“教育的内涵及目的”旨在丰富学生对教育的意义的理解，反思接受教育的目的；小单元2“教育的方式”旨在引导学生深入思考实现教育目标过程中师生应承担的责任，归纳优秀的学习品质，认识批判性思维的重要性，反思自己的学习方式。教师设计单元关联性学习活动以确保育人目标达成，包括建构服务于主题意义的结构化认知、设计符合英语学习活动观的主题探究性及合作性学习活动及作业链、项目式主题活动等。学生在活动中，通过个体学习与小组合作学习的方式积极参与对主题及语言的理解、内化与表达，逐步掌握语言类知识和价值类知识，在子主题的输出活动中循序渐进地加入自己对教育目的、意义及方法的反思，并通过解释、例证、引言、调查等方式支撑自己的观点。

3. 育得怎么样的问题

在单元教学过程中，教师通过调查问卷、师生问答、课堂观察与课后作品分析、出门条、反思日志等多种方式，收集并追踪每位学生在单元学习过程、作业活动及单元整合性输出活动实施过程中主题认知及语言发展等方面的信息与证据，根据学生的表现及发展需求做相应的调整。此外，教师组织学生积极参与自评和互评，从核心知识（主题及语言层面）、关键品质（审辨思维及合作能力）以及情感态度等维度，反思自己的收获与不足，进行自我调整。

教师在学生单元整体学习及项目实施中进行全过程评价，以核心知识、关键能力及必备的情感态度为目标维度，持续开展连续性、多样化的教学评价，为学生拓宽视野、涵养正确的价值观、培养高阶思维能力、交际能力及学习责任感等方面提供前提保障和及时反馈，确保单元育人效果。学生通过循环复现的单元学习，最终达成在单元整体输出活动中有理有据地发表个人对教育看法的学习目标，完成对单元所学内容的再创造，促成了语言能力、文化意识、思维品质及学习能力的综合发展。

【案例设计与实施过程】

一、基于多维度分析确定育人目标

Education 单元属于“人与自我”与“人与社会”主题范畴，涉及“人与自我”主题语境下“生活与学习”主题群中“乐于学习、善于学习、终身学习”子主题内容及“人与社会”主题语境下“历史、社会与文化”主题群中“社会进步与人类文明”子主题内容。本单元包括访谈、讲演、记叙文、议论文等语篇类型。教师在整合分析单元各语篇类型、主题内容及育人价值的过程中（见表 8-1）发现，本单元从“教育的内涵及目的”“教育的方式”两大维度引导学生理解单元主题育人价值：教育不仅推动个人在身体、心理、学术及道德方面的发展，也在推动社会进步中起重要作用。

表 8-1　Education 单元语篇主题内容及育人价值分析

<table>
<tr><th>语篇题目</th><th>语篇类型/
语言技能</th><th>主题内容</th><th>育人价值</th></tr>
<tr><td>Topic Talk</td><td>对话
（听力）</td><td>第一段对话谈论教育的重要性、内涵及目标；第二段对话阐述不同层次的学习方法。</td><td rowspan="2">初步建构有关教育的目的、内涵及意义子主题的内容结构和语言知识；
掌握说服他人的语言表达方式。</td></tr>
<tr><td>Lesson 2
The Objectives of Education</td><td>独白、对话
（听力）</td><td>第一段独白解读教育的内涵和三个主要目的；第二段师生对话介绍为了实现教育的主要目的，师生应该承担的责任。</td></tr>
<tr><td>Lesson 1
Enlightening a Mind</td><td>记叙文
（阅读）</td><td>文章讲述了丧失视觉和听觉的 Helen Keller 在老师 Anne Sullivan 的帮助下，学习语言和启迪心灵的过程。在此过程中，师生都经历了难以想象的困难，也表现出很多优秀的品质。</td><td rowspan="2">了解教育方式中的启智方式及求知方式；
通过列举、对比等方法介绍教学和学习方式，归纳教师及学生应承担的责任；
形成“教育不仅推动个人在身体、心理、学术及道德方面的发展，也在推动社会进步中起重要作用”的意识，表达自己对教育的见解。</td></tr>
<tr><td>Lesson 3
Understanding</td><td>论说文
（阅读）</td><td>文章介绍如何获取知识并实现理解的方法。通过列举 Francis Bacon 和 Galileo Galilei 在科学探索、追求真理的道路上排除困难，以科学的精神、态度和方法去探索世界的故事，论证只有秉持质疑精神、突破传统观念，才能在不断发展与变化的世界中寻求真知、达成理解。</td></tr>
</table>

为了引导学生循序渐进地拓展及深化对主题的认识，内化服务于主题理解和表达的语言知识和文化知识，教师对语篇进行了重组和整合，构建了两个学习小单元。小单元 1“教育的内涵及目的”包括语篇 Topic Talk 和 Lesson 2 The Objectives of Education，旨在丰富学生对教育的意义的理解，并反思自己接受教育的目的。小单元 2“教育的方式”又分为“启智方式”及“认知方式”两个维度，包括 Lesson 1 Enlightening a Mind 及 Lesson 3 Understanding，学生通过阅读 Helen Keller 的启智故事及伽利略、培根等科学家求知的故事，深入思考在实现教育目标中学生和教师应承担的责任，归纳优秀的学习品质，认识批判性思维的重要性，反思自己的学习方式。最终，学生在单元整体输

出活动即教育论坛中结合所学谈论自己对教育的理解。

教师围绕本单元价值类知识和语言类知识进行学情分析后发现，学生能够说出教育的意义、目的及方法，但是对教育的内涵及目的认知较为浅显，对于教育对个人全面发展及社会的推动作用认识不足；在教育方法上，学生能够基于经验说出学生及教师应承担的责任，但对于学习方式的理解主要局限于学习课本、网络搜索等常用的方式，缺乏批判性思维。在初步发表对教育的理解时，学生的语言表达浅显且单一，欠缺用例证、描述、分析等手段有逻辑地论证观点的能力。

基于以上了解，教师根据单元核心知识框架设计了问题情境，制定单元整体教学步骤及相应的评价方式。本单元围绕对教育的理解展开，教师从“认识教育的目标、内涵及意义”到“探究教育的方式”两个维度，总体刻画了单元育人目标：(1)阐释并说明教育的内涵、目的及意义；(2)归纳教育的方式，列举启迪智慧的有效教学方式及探寻真理的求知方式；(3)联系实际，运用所学在教育论坛上阐述自己对教育意义及教育方式的见解。目标 1 和 2 指向学生对教育目的、意义及方式的深入理解及准确、丰富的语言表达；目标 3 落脚在与现实生活的连接，学生通过所学表达自己对教育的认知的变化，实现语言知识、文化意识、思维品质和语言能力融合发展，进而带动情感、态度、价值观的全面发展。

二、基于问题解决的整合性输出活动设计

单元整合性输出活动是指在真实的语用情境中，学生整合运用单元中所蕴含的多重知识结构解决问题的综合性学习活动。在整合性输出活动中，学生要将主题内容学习与自我发展建立意义关联，发挥单元育人价值，培养素养。因此，教师要围绕单元主题与学情分析，合理创设真实的问题情境，设计整合性输出活动，引导学生基于文本所学联系现实、表达观点，实现素养目标的达成。

本单元中，教师结合高中生的认知特点和真实学情，与学生共同协商并设计了单元整合性输出活动情境，即“高中生教育论坛”。此论坛面向对教育感兴趣的学生、家长及教师，旨在引导学生反思教育的内涵及目的，交流并探寻科学有效的学习、求知及教学方法。学生将作为发言人进行 5 分钟的演

讲，分享对教育的看法，内容包含受教育的目的及意义、为了实现教育目的需要的学习方式和教学方式、令人印象深刻的教育故事。

为了使学生更好地明确任务目标，能够有据可依地评价、修改，顺利完成输出活动，教师设计评价量表(见表 8-2)，从内容、语言、结构、表达、反思五个维度帮助学生在学习过程中自评及互评。

表 8-2　Education 单元整合性输出活动评价要点

维度	具体要点	是	否
内容	1. 我的发言是否涵盖了教育目的、教育方法、教育意义等要点?		
语言	2. 我的发言是否语言准确，表达丰富?		
结构	3. 我的发言是否观点明确?		
	4. 我的发言是否结合自身思考提供了具体案例?		
	5. 我的发言是否有说服力?		
表达	6. 我的发言是否一开始就吸引了听众的注意?		
	7. 我是否与听众有眼神交流?		
	8. 我发言的声音是否清晰、洪亮?		
	9. 我是否在规定的时间内完成了我的发言?		
反思	10. 我认为自己表现最好的地方有哪些?		
	11. 我参加此次教育论坛最大的三个收获是?		

三、促进主题意义探究的学习活动设计

单元内各语篇主要学习活动的设计可以通过对整合性输出活动进行分解的方式完成，以统筹安排教学，确保单元教学的连续性和逻辑关联。在分解子项目任务时，教师不仅需要帮助学生跨越最近发展区，也需要为学生提供与整合性输出活动相对应的学习支架，以促进每个子项目的有效实施，推动主题探究及结构化语言的整体构建。

(一)依托主题，明确该单元学习活动及作业的设计逻辑

为了在单元教学中循序渐进地搭建整合输出活动所需的价值类知识及语言类知识，教师将整合输出活动分解为系列有序的单元子任务，并设计核心

学习活动及作业链，帮助学生探究单元主题意义。下表具体呈现单元各课时整合后的主要学习活动和相应的课后作业设置(见表 8-3)。

表 8-3　Education 单元各课时主要学习活动与作业设计

课时	语篇	各课时主要学习活动	主要作业设计
1	Topic Talk	从听力中获取有关教育意义及目的的信息及学习方式的有效度； 复述教育的意义及目的； 初步谈论自己对教育的理解。	朗读 Text Builder 中涉及 significance、meaning 及 aims 的短语； 写一写自己对教育目的的理解。
2～3	Lesson 2 The Objectives of Education	从听力中获取有关教育目的、教师及学生责任的信息； 复述讲座中提到的三个教育的目的； 用自己的例子评价教育的目的； 获取用于说服别人的表达方式； 阐释并分析教师或学生最重要的三项责任，并加以论证。	教材第 35 页活动 4、第 46 页活动 2(教育的目的短文填空)； 教材第 83 页活动 1(教师如何教残疾学生)； 写一写自己为了实现某一项教育目的应该做些什么，录制一段视频，时长 1 分钟，内容包含教育的目的、教师及学生应承担的责任。
4～6	Lesson 1 Enlightening a Mind	假设自己听不到也看不见，想象该如何学习； 获取、梳理 Anne 讲授 doll、water、love、think 等词汇以及 Helen 学会这四个词汇的过程； 选择一个词，描述 Anne 的教学过程、Helen 的学习过程； 概括 Anne 的教学方式及 Helen 的学习方式； 归纳、分析 Anne 和 Helen 在教学或学习中的品质； 评价 Anne 和 Helen 是否是好老师、好学生，并提供例证； 关注、总结 have/get something done 的形式、用法及意义； 内化应用 have/get something done，讨论学习前及学习后 Helen 的变化。	教材第 33 页活动 9(梳理 Helen 的学习过程)； 教材第 46 页活动 1(梳理 Helen 学习的过程)； 书面评价 Anne 的教学方式、Helen 的学习方式及人物品质； 教材第 47 页活动 4(用 have something done 描述 Sam 被一位教师影响的故事)； 录制一段视频，时长 3 分钟，内容包含教育的目的、教师及学生应承担的责任以及教育的意义，并用 Helen 或 Anne 的事迹做支撑。

续表

课时	语篇	各课时主要学习活动	主要作业设计
7 ~ 8	Lesson 3 Underst-anding	头脑风暴获得知识的方式； 梳理 Francis Bacon 和 Galilei 科学的认知方式； 获取、梳理 17 世纪多数人的认知方法； 对比现代科学认知与 17 世纪认知的不同； 跨时空模仿对话展示； 分析不同认知路径对世界科学探索的影响； 总结、评价 Galilei 和 Bacon 等人对人类发展的重要贡献； 结合例子论证自己对 Understand-ing 的看法。	教材第 84 页活动 3(表达对认知方式看法的对话)； 跨时空模仿 Galilei 及 17 世纪的人们之间的对话：Galilei 谈论自己的认知方式；17 世纪的多数人谈论自己的认知方式； 教材第 47 页活动 3(表达自己对理解的看法)； 书面表达对求知方式及影响的看法，录制一段视频，时长 5 分钟，内容包含教育的目的、教师及学生应承担的责任以及教育的意义，并用个人经验或例子进行佐证。
9	单元整合性输出活动	复习单元所学； 做关于教育见解的演讲并给出评价。	完成单元反思 Unit Diary。

(二)设计关联性学习活动，确保单元育人过程

本单元中，教师围绕单元育人目标和主线，设计了贯穿单元教学始终的核心问题链："(1)What are the objectives and significance of receiving education? (2)What are the responsibilities of teachers and students? Have you met some teachers or students that impressed you a lot? What are their teaching/learning methods? What are their qualities? What are the right ways to understand the world?"教师在此基础上，遵循英语学习活动观设计了促进主题意义探究及合作的学习活动(见表 8-4)，并提供必要的结构化与可视化语言学习与思维支架，如 KWL 表格、词汇库、信息结构图、句型框架、词典、提问框架、作品样例、阅读圈角色单等。在评价要点中，教师以整合性输出活动的要求为依据，关注学生在语言、文化和思维等方面的发展，并适时提供反馈，搭建学习支架。

表 8-4 主题引领的“目标—问题—活动—评价”一体化设计

子主题	学习目标	核心问题	主要学习活动	评价要点
教育的目的及意义	能够阐释并说明教育的内涵与目的。	What are the objectives and significance of receiving education?	通过听力材料获取教育的目的及意义。 (学习理解类活动) 选择最认同的一个教育的目的并复述。 (应用实践类活动) 表达自己接受教育的目的，及对教育目的理解的变化。 (迁移创新类活动)	能否写出对教育目的理解的变化(完成教育论坛发言第一稿)。
教育的方式	能够列举、例证教育的方法并讲述身边优秀教师或同学的教育故事。	What are the responsibilities of teachers and learners?	获取梳理 Helen 的学习过程及 Anne 的教学过程。 (学习理解类活动) 采访 Anne 的教学心路，并总结 Helen 的学习方式、Anne 的教学方式及人物品质。 (应用实践类活动) 回顾教育过程中遇到的教师及一起学习的同伴，讲述他们的故事。 (迁移创新类活动)	能否写出教师及学生的责任，并用具体事例佐证(完成教育论坛发言第二稿)。
	能够列举历史上为了真理而奋斗的名人及他们的求知方式，并反思自己的求知方式是否应该改变。	What are the right ways to understand the world?	梳理 17 世纪的大多数人和 Galilei 及 Bacon 认识世界的方式。 (学习理解类活动) 对比两种认知方式并分析不同认知路径下探索世界的结果。 (应用实践类活动) 列举正确的认识世界的方式，谈论自己认识世界方式的变化。 (迁移创新类活动)	能否列举历史上为了真理而奋斗的名人及其求知方式，反思自己的求知方式是否应该改变(完成教育论坛发言第三稿)。

通过将单元整合输出活动分解为一系列有序的子主题输出任务，引导学生在单元学习的过程中逐步搭建语言学习类知识和价值类知识，循序渐进地加入自己对教育目的、意义及方法的反思，并通过解释、例证、引言、调查等方式逐步让自己的观点更加可信，最终达成在教育论坛中有理有据地发表

个人看法的语用目的。由于本单元教材没有涉及演讲技巧及方法的内容，教师补充 TED 演讲视频，引导学生尝试用设问、讲述故事等方式吸引听众，厘清演讲逻辑，顺利完成最终作品，落实单元育人目标。

四、体现教、学、评一体化的持续性评价设计

在单元整体教学过程中，教师通过对学习情况的过程性观察、监控、记录和评估，持续、全面地了解和评价学生的学习发展过程及学习效果。教师以英语学科核心素养为导向，根据活动内容，与学生共同设计形式多样的评价活动。在本单元中，教师依据诊断性评价、形成性评价及终结性评价等不同的方式和目的，明确了单元持续性评价整体设计（见表 8-5）。

表 8-5　单元持续性评价活动设计

诊断性评价	形成性评价	终结性评价
Topic Talk（就教育理解、认识的讨论）	输出活动 1：教育论坛发言第一稿 学生在学习小单元 1 后，准确运用语言表达对教育目的的理解的变化。	单元整合性输出活动：学生在教育论坛中作为发言人进行 5 分钟的演讲，分享对教育的看法，内容包含受教育的目的及意义，为了实现目的需要的学习、求知和教学方式，及令人印象深刻的教育故事。
每节课前的导入环节	输出活动 2：教育论坛发言第二稿 学生在学习小单元 2 的启智方式后，书写教师和学生的责任，叙述具体事例进行佐证。	
课后作业	输出活动 3：教育论坛发言第三稿 学生在学习小单元 2 的求知方式后，列举历史上为了真理而奋斗的名人及他们的求知方式，反思自己的求知方式是否应该改变。	

在具体的实施过程中，学生在完成输出活动 1 时，在内容方面能够涵盖教育的目的，并用准确丰富的词块表达，如 establish core values、prepare people for social life 等。在结构方面，学生观点明确，能清晰表达自己对教育目的认知的变化，并用例子进行阐释。但在表达方面，其演讲稿缺乏吸引读者或听众的手法，如在开头进行个人经历回顾或设问等。

结合输出活动 2 的学生作品来看，学生在内容方面涵盖了教育的目的、意义及方法；在语言方面可以利用与教育目的相关的主题词块，如 a tool to help you find your own path、promote future development，以及与教育方式有关的主题词块，如 provide rich resources、learn to use the right strategy、 be autonomous learners 等，准确地表达自己对教育目的理解的变化，并阐释在实现教育目的的过程中教师和学生应该承担的责任。在结构和表达方面，学生开始有读者意识，尝试运用个人经历、设问等方式吸引读者或听众的注意力，并有例证意识，但在行文逻辑上还不够流畅，且设问方式有些生硬。

在学生作品第三稿中，学生在内容及语言方面，可以用准确的语言及丰富的词块涵盖教育的目的、教育的意义及教育的方式等内容，并加入教育的方式中认知方式的内容，如 prevent myself from being influenced by the author and other people's opinions、analyze the facts and seek the truth 等。在结构方面，学生能够明确表达观点，并引用张桂梅致力于教育事业的事迹，佐证教育可以推动个体及社会发展的观点，同时通过描述自己参与模拟职场的活动经历，佐证教育方式可以多元化，也需要学生自主探索。学生还谈及自己对误导性新闻标题的批判，并反思了自己的求知方式。在表达方面，相比于第二稿的生硬，学生用调查问卷引入话题，并与听众进行互动，获得共情，进而更好地表达观点。

【学生演讲稿第三稿作品示例】

Hello everyone! Today I will talk about education. Do you know our students actively or passively receive education every day, and education has become a part of our lives? Compared with entering society with earn money, most of us choose to receive education, so why we should accept education?

I created two survey questionnaires and sent it to my classmates in recent days. The results are as follows. We can see 50% of classmates believe that the purpose of education is to get into a good university and 70% of classmates believe that the purpose of education is to find a good job. The present situation is that if you think education is to go to college or find a good job, that is too far away, so you may not feel accomplished. This will reduce your enthusiasm for learning. Think about it. Is education just about finding jobs and going to college? To my surprise, 30% of classmates gave their ideas, believing that education can also enrich themselves and make them better.

In my opinion, the objectives of education is to develop social skills, establish core values and find your own path. Set Zhang Guimei and her students as an example. If children in remote mountainous areas do not receive education, they will spend their entire lives as farmers in the mountains, completely unaware of the outside world. With education, they can gain opportunities and become better selves. For us, we need to find our own path. When receiving education, we can discover what we like and what we don't like and choose a path that suits us.

Now, let's come back to the problems students raised in the questionnaire. What do you see through the picture? (One student answers anxiety.) Yes, we can see pressure, competition and negative emotions. Some of you may think, I have the same situation. So how to solve them? What should we do as a student?

Now, I want to tell you the solution is divided into two parts, cognition and behavior. In terms of cognition, we need to know the purpose of education is to acquire knowledge and enable us to develop critical and logical thinking, problem solving abilities and creativity and prepare ourselves for a well-round life. In terms of behavior, we need to be an autonomous learner, never stop exploring the truth and enjoy the process. Here is an example. Last week, we had a simulated job fair. This is my CV. The simulated job fair taught me how to write a CV, clarified my goals, and showed me what direction I should strive towards in the future. Although I didn't win the prize, I gained a lot during this process.

With education, I also know how to observe the world and explore the truth. When I watch the news, I often get angry or excited easily. These emotions give impacts on how I understand news. However, with what education empowers me, I know that I should be rational instead of being covered by emotions. Also, I will prevent myself to be influenced by the author and other people's opinions. Some authors write impressive titles to lead the direction of comments. I shall analyze the facts and seek the truth that I need to know and learn and lessons it gives to me.

What I want to say is that the process is important. We need to learn from those details and make progress. Education enables us to pursue our dreams. Let us work together to create a bright future for ourselves.

综上，学生在单元学习过程中不仅对教育主题有了更深层、更多维的思考和认知，也充分学习并内化了与主题相关的结构化知识，并有意识地关联自身受教育的经历，将知识转化为素养，实现单元育人目标。在学习过程中，学生从对教育的目的局限于肤浅的认知及单一的表达，到通过主题与语言的学习与内化，可以充分表达出自己对教育认知的变化，并通过反思自己受教育经历中教师及学生的事迹，例证值得倡导的启智方式及求知方式。在准备演讲的过程中，学生能够积极运用和主动调试学习策略，利用搜索、调查、查阅资料等多种渠道，提升学习效率，培养分析和解决问题的能力。在展示的过程中，学生可以自信地运用举例、对比、引言、调查等方式阐述对教育的见解，最终达成对教育作出正确的价值判断，并能采取积极的态度和行为取向的素养发展目标。

除了通过上述的课堂活动、作业、小单元输出活动以及单元整合性输出活动检验学生学习效果以外，教师在单元学习后从最喜欢的学习活动、演讲经验、个人成长、团队合作及对未来的影响等几个方面对学生进行了采访。其中一位学生提到，最喜欢的教学活动是“用批注符号进行语篇分析，这样使文章条理清晰，能快速厘清故事线；还有‘如坐针毡’活动，能够更好地揣摩人物心理，对人物行为进行延伸和扩展”。在演讲经验方面，学生表示自己还有很大的进步空间，应增强演讲的逻辑，但也很欣喜于自己做调查问卷及查阅资料过程中的学习表现，演讲的形式极大地提升了语言表达能力。在个人成长方面，学生总结道：“Education 这个单元让我意识到教育可以推动个人不仅是学术上，更是身体、心理、道德方面的发展，也在推进社会的进步。我真正意识到了教育的重要性，并学习到认识世界的方法，培养了批判性思维，改善了自己焦虑的心态，我觉得今后应享受教育的过程，而非总关注结果。”在团队合作方面，学生认为小组内相互修改稿件、设计问卷并实施问卷的过程提高了他的自信心及表达能力。在对未来的影响方面，学生表示在学习 Education 单元后，他更明确了教育的意义，要认真考虑自己的目标，并根据目标规划学习。

不难发现，在单元学习过程及单元整合性输出活动实施过程中，学生在核心素养的四个维度上都有所增值。在语言能力方面，学生能够理解和表达与教育主题相关的意义；在学习能力方面，学生能够积极运用和主动调适学习策略，利用多种方式提升学习效率；在文化意识上，学生能够对教育有更加深刻的认知，并能采取积极的态度和行为取向，转变学习方式；在思维品质上，学生提升了运用举例、对比、引用、调查等不同手法合理论证的批判性思维，也在合作中培养了分析和解决问题的能力，逐渐对教育形成了正确的价值判断。

由此可见，多元的自评和互评成为学习过程的有机组成部分和促进学习真正发生的有效途径。教师要在评价中客观分析，认真研究，及时调整教学计划和教学方法，并针对具体情况与学生进行不同形式的交流，及时提出建议，给予指导。应通过评价，使学生在英语学习过程中不断体验进步与成功，认识自我，建立自信，调整学习策略，促进学生核心素养的全面发展。

案例 4　Careers 单元育人案例

【案例导读】

本案例基于北京师范大学出版社出版的《普通高中教科书 英语 选择性必修 第三册》第 7 单元 Careers 设计，下面从学科育人的三个关键问题解析其路径特点及育人效果。

1. 育什么的问题

本单元属于“人与自我”主题范畴，涉及听、说、读、看、写等多个语篇，聚焦“学习与生活”“做人与做事”主题群，旨在帮助学生探索未来职业发展的趋势，明确个人职业倾向，合理进行规划。教师以主题意义探究为主线，依据该主题下语言知识及文化知识的内容要求，深入研读语篇，整合其中蕴含的情感态度和价值观。教师结合学情分析，确定本单元的育人价值，引导学生梳理关于职业选择的信息，概括影响职业选择的综合因素，分析、归纳语篇之间主题内容表达的逻辑框架，建构“影响职业选择的个人因素—外部因素—制订合理职业规划”的结构化知识，形成制订未来职业规划时要综合考虑自身情商等个性化条件及就业环境发展变化的观念，合理制定并介绍个人职业规划，形成正确认识自我、悦纳自我及终身学习的意识，不断提升自己的关键能力和必备品格。

2. 如何育的问题

为落实学科育人目标，教师实施具有整合性、关联性、实践性的单元整体教学。首先，教师对具有关联性的教学内容进行整合和重组，确立“职业规划体验营”的单元项目式学习情境，并以此为基础细化了相对完整的五个学习小单元：小单元 1“诊断计划”，小单元 2“核心提升计划”，小单元 3“脱颖而出计划”，小单元 4“完善规划计划”，小单元 5“畅谈未来计划”。其次，教师通过设计单元关联性学习活动确保育人过程，主要包括“Career Planning 初探索”“EQ 等级打分”“就业观访谈”“我的 Plan B”“再谈就业闭营仪式”等具有关联性和系列性的输出活动，引导学生对自身兴趣、性格、能力、价值观、学科潜能进行内部探索，对理想专业、职业的真实面貌和发展趋势进行外部探索，进而对未来职业和目标进行深度思考。此外，教师设计了赋予小组成员不同角色的分层式、差异化学习活动，帮助学生获得同伴支持，增强学习动机、自信心与成就感。结合学生的前测，教师还补充了与就业相关的英文绘本与中文视频指导等资料，构建学生与职业规划之间的桥梁，确保单元育人效果。

3. 育得怎么样的问题

在单元学习之初，教师借助前测问卷与口头汇报视频作业，诊断学生用英语描述职业规划方面的已有基础及问题，组织学生创建小组，认领不同的学习任务和角色，从而使他们以较高的积极性参与到学习过程中。在单元学习过程中，学生以内部因素探索、外部因素探索及内外结合的多种模式开展学科实践活动，在体验中循序渐进地汲取与职业规划相关的语言及内容知识，学会为自己制订符合自身与市场需求的具有实践性的职业规划。教师将表现性评价的设计自始至终地嵌入教学活动中，以教师点评、生生互评、学生自评的形式帮助学生强化对自我与外界的综合认知，发现真实问题，反思不足，见证职业规划的逐步完善。在这一过程中，学生不仅对教材内容进行了系统化的学习，强化了各项语言技能，还结合课堂外的补充资源扩展了知识面，提升了与他人有意义交流的技巧。

在单元学习的最后，学生以小组为单位，齐心协力、各具特色，完成了“回归现实，再谈规划”的职业规划体验营闭营汇报。学生的汇报与单元初的作品形成了鲜明对比，学生对于职业规划不再迷茫，增强了对就业的期待与自信，实现了生涯规划从混沌到清晰、考虑的因素从片面到全面、英语表达能力从说不出到说得出的增值，体现了本单元育人目标的有效达成。

【案例设计与实施过程】

一、基于多维度分析确定育人目标

Careers 单元属于“人与自我”主题范畴，围绕“学习与生活”“做人与做事”主题群中“未来职业发展趋势”“个人职业倾向”“未来规划”等的子主题内容组织展开。本单元的语篇涉及说明文、议论文、应用文、访谈等多种文本类型。

教师在整合分析单元各语篇的类型、主题内容及育人价值(见表 9-1)的过程中发现，本单元不仅能够帮助学生了解如何在不断变化、竞争激烈的就业市场中争做佼佼者，还能提升学生对自身综合素质的全面探索与反思，促进他们对未来职业生涯进行现实、合理的规划，并进一步形成为实现职业理想努力进步、终身学习的积极向上的价值观。

表 9-1　Careers 单元语篇主题内容及育人价值分析

<table>
<tr><th>语篇题目</th><th>语篇类型/
语言技能</th><th>主题内容</th><th>育人价值</th></tr>
<tr><td>Topic Talk</td><td>独白与
对话
(听口)</td><td>探讨职业种类、工作地点、选择原因及所需技能。</td><td>关注职业选择、个人兴趣和能力品质之间的关系；
建立职业规划的底层逻辑——综合考虑自身与外部因素。</td></tr>
<tr><td>Lesson 1
EQ：IQ</td><td>说明文
(阅读)</td><td>介绍情商的定义及高情商的好处，阐述情商的特点。</td><td rowspan="2">认识情商的重要性及其特点，学会高情商处世，为未来职业成功奠定基础；
联系实际，寻找自己内在的能力优势，提升核心竞争力。</td></tr>
<tr><td>Reading Club 1
How to Be Successful in a New Environment</td><td>说明文
(阅读)</td><td>介绍在新环境中取得成功的五个建议。</td></tr>
<tr><td>Lesson 2
Career Skills</td><td>访谈
(听口)</td><td>语篇 1 通过学生咨询就业专家的对话，介绍当前就业趋势；
语篇 2 通过青少年与长辈的对话，探讨积极的就业观念。</td><td rowspan="2">认识和理解未来职业的发展趋势；
思考自身需要哪些技能及理由，有条理、有逻辑地表达如何让自己在就业市场脱颖而出。</td></tr>
<tr><td>Viewing Workshop
What Jobs Will Survive the Robot Economy</td><td>说明文
(听看)</td><td>介绍机器人经济对未来就业的影响。</td></tr>
</table>

续表

语篇题目	语篇类型/语言技能	主题内容	育人价值
Lesson 3 Meet the New Boss：You	议论文（阅读）	围绕“如何在变化着的就业形势下成为主动方”这一话题展开讨论，指出主动性是成功的关键。	形成内外结合的就业观念，完善自己的就业规划：要在充满挑战的职业生涯中取得成功，必须掌握核心能力并不断学习新技能；思考不同工作的利弊，对未来职业形成更成熟的看法。
Reading Club 2 Working in the Dark	访谈（阅读）	几位需要上夜班的工作者谈论自己的工作实况及内心想法。	
Writing Workshop A Letter of Application	应用文（写作）	学生为应聘校刊兼职记者而投递的求职信。	结合自身素质和技能，学会在就业市场上推荐自己。

为了帮助学生围绕单元主题稳步有序地开展学习，教师根据各语篇主旨和特点对本单元教材进行了必要的整合与重组，补充相关内容，组成相互关联、由易至难的五个小单元。小单元 1“诊断计划(职业规划体验营开营)”，包括 Topic Talk；小单元 2“核心提升计划(内部探索)”，包括 Lesson 1 EQ：IQ 和 Reading Club 1；小单元 3“脱颖而出计划(外部探索)”，包括 Lesson 2 Career Skills 和 Viewing Workshop；小单元 4“完善规划计划(内外结合探索)”，包括 Lesson 3 Meet the New Boss：You 和 Reading Club 2；小单元 5“畅谈未来计划(职业规划体验营闭营)”，包括 Writing Workshop。

除调整教材语篇顺序外，教师在单元学习前为学生布置了口头汇报的视频作业，旨在摸排、诊断学生用英语描述职业规划的现有基础。该作业被命名为单元学习前的 Project 0，具体要求如下：“What is your future career plan? Introduce it with an oral presentation around 10 minutes. Use a PPT if you think it is necessary. Your presentation should be：a) a draft based on a mind-map or outline；b) delivered as a speech. Please SPEAK WITHOUT A SCRIPT.”

随后，教师又设计了“Career Planning 初探索”的前测问卷(见图 9-1)，调查学生的职业规划情况。

Career Planning 初探索

班级______________ 姓名______________

1. 你目前的理想职业是（如尚未规划好，可写待定，或某一相关领域方向，尽量具体）：
2. 做出上述选择是因为你受到了哪些影响 （多选）？
 ① □ 自身的兴趣或爱好
 ② □ 自己在性格、天赋或能力上的限制
 ③ □ 已确定的高考科目选考组合
 ④ □ 亲朋好友（具体是__________）的建议或引导
 ⑤ □ 偶像\KOL（具体是__________）的引导
 ⑥ □ 社会因素 （就业趋势、政策的变化）
 ⑦ □ 其他__________
 如多选，请按照他们对你的影响大小排序。如勾选②>④>①
 ____
3. 你在 Project 0 中所规划的职业与题目 1 中的职业是同一个吗？
 如果不是，请给出理由：
 □ 没有经过充分考虑，随便挑了一个做
 □ 觉得这个职业好表达，有得说，就直接拿来做了
 □ 我的理想职业用英语说出来不容易，于是换了个好说的
 □ 我对理想的职业不是很坚定，拿不准我到底想从事的是什么
 □ 其他理由______________________________
 □ 我没有按时做完 Project 0，因为____________________
4. 为了规划未来职业，你曾做过哪些努力？
 □ 与身边人沟通，获取他们的看法或意见
 □ 试图从真实的从业者处了解该职业的真实面貌
 □ 做性格或心理测试
 □ 了解相关的大学及专业：
 ____
 □ 了解所需的资格证、经验经历等细节信息：
 ____
 □ 其他____________
 □ 以上都没有，我目前只是自己设想
5. Project 0 让你在以下哪方面感到有压力？
□ 脑中空空，没有内容（用中文也无法说好）
□ 有一些想说的东西，但是不能自信地用英语说出来
□ 口语流畅度不够高
□ 词汇量低
□ 发音不准确
□ 无法脱稿
□ 以上问题不至于让我有压力，可以按要求完成
□ 没有压力，我喜欢做这种口语作业
6. 从内容与表达两方面看，你对自己的 Project 0 是否满意？请写出你满意或不满意的方面。
7. 你认为你的理想职业需要达到怎样的学历和能力？
8. 你对将来能从事理想职业的信心有多高（低-中-高）？如果是低或者中，请给出具体理由。
9. 除了从事目前的理想职业以外，你是否有 Plan B/C/D？如有，请列出。

图 9-1 Careers 单元前测问卷题目

综合上述两项学前诊断，教师发现学生虽然能够用英语说出自己对未来职业的规划，但内容与语言都存在着一些问题。内容方面，学生对职业规划不够重视，认识不到职业规划的意义，对职业的认知面较窄，规划脱离实际或想法不够充分。语言方面，大多数学生英语表达的流利性、逻辑性和准确

性都不够理想，缺乏相关主题的语言积累，不会作有效的口头汇报。这也导致学生在职业规划上无话可说，或规划浮于表面、不够深刻。

于是，教师根据文本分析和学情分析，确定了本单元的育人目标：(1)基于单元学习前的诊断，了解自己在职业规划方面存在的主要问题，通过对情商和智商各自意义及相互关系的学习，对自己的就业能力作出评价分析；(2)通过与他人交流，认识到发展核心素养和终身学习的重要性，分析自己需要努力的方向及原因；(3)辩证评析各行业工作环境的优缺点，综合评价自身条件，制订具有可行性的就业计划；(4)综合单元所学，完成求职信写作及畅谈未来就业规划的口头汇报。

二、基于问题解决的整合性输出活动设计

单元育人要关注主题内容学习与学生自我成长的关联，教师要通过指向真实语用情境的整合性输出活动引导学生基于文本所学联系现实、表达观点，实现素养目标的达成。在职业规划这一主题上，学生不只存在共性问题，还存在着明显的差异性表现。下面三个例子选自学生上交的诊断视频作业：

【学生 A】Hello everyone. Today I want to share something to you about my career plan. So for now, finding a job is actually important for many people. To be honest, I think it will also be a problem for me in the future. So I think it's necessary to make a career plan now. And first, let's talk about career plan itself. Career planning is something that you need to do before you graduate from university and which can help you find a more proper job. And I think it can also clear your objective and help you study more harder in the future. And so for me, if I want to find a good job, I must have a clear understanding of myself. So the first thing is to do a self-analysis. And there are three branches. They are my interests, my personality and my ability. And I will go my interests first…

【学生 B】Hello. Today I will make a presentation about my career plan. In the future, I want to be a biology teacher because I think this work is very secret, and I want to make my students, um, understand the charm of the living world. And then I made some plans about how to achieve this dream and how to do in the future. At the first, I think the very important part is study hardly right now, I think I should get enough knowledge to pass the task and join in the normal college, and in the future, I think I should set some goals and such as improve my capacity and learn more and more professional knowledge.

【学生 C】This is a presentation on my career plant. Firstly, um, I like free and interesting career. Like pilot, candy test, um, so many. Maybe guide is the nice career. And, and then, I like it. I think my personality and ability to, to communication with other is very nice. And suitable of this job. And I think if I want to do this job best, I need to have many knowledge, and background, background about, en, scenic sport.

从以上三例可以看出，学生在主题意义表达和语言能力方面均有较大差别。交上来的视频大多时长较短，说明大部分学生在职业规划方面没有太多可说的内容，只有少数学生的视频内容比较丰富。例如，学生 A 的作品体现了对职业规划较高的重视度和积极度，她精心准备，用 PPT、漫画插图和展示提纲等方式清晰展示了自己的职业规划。口头汇报包含问候语及结束词，内容有层次，有意识地与观众互动，口语流畅得体，语法问题极少，并能引用 MBTI 性格分析等工具充实自己的表达，使其具有说服力。学生 B 的作品中规中矩，与口头汇报相比更像是一段独白，不能做到完全脱稿，表情不够自然，职业规划内容比较浅显，有一些词汇和语法问题，但不影响整体意义的理解。从学生 C 的作品中能看出，他对用英语描述自己职业规划的任务十分纠结挣扎，无话可说，几乎每一句里都有词汇或语法问题，只能断断续续说出一些模板式的套话，不能真正表达出自己的职业规划。

除此之外，前测问卷的调查结果显示，除了少数几位学生表现出清晰的职业规划意识以外，大多数学生的职业规划不够完善。学生都认为口头汇报任务是有挑战性的，并能说出自己具体在哪一个方面存在不足。教师在统计问卷结果时发现，学生的语言能力不一定与职业规划完善度成正比。很多平时英语成绩好或口语出色的学生，在规划职业时仍然存在没有思路、不知所云的问题。部分学生只是为了完成口头汇报的任务，并没有选择自己真正喜欢的理想职业作为口语表达任务的主题。部分学生则没有明确的职业规划，只有粗略的方向，没有落实到具体的大学专业及资质考试等实践层次，因此所作的职业规划显得并不客观可行。学生的职业规划大多受个人兴趣、天赋等内部因素的影响，缺乏对社会就业形势等外部因素的全面观察与考量，就业观念比较主观，与家人、长者等他人的探讨交流不够充分。同时，大部分学生的职业规划都是单一的，很少有人思考过 Plan B。

为了解决学生在生涯规划上所体现出的实际问题，让不同水平的学生都能在本单元学习中有所收获与成长，教师设计了单元整体性输出活动，让学生围绕“职业规划体验营”的输出活动情境完成一系列相互关联、层层递进的子任务：子任务一，解决学生对自我内部探索不够充分问题的“EQ 报告”；子任务二，解决学生对外部就业环境了解不够充分问题的“迷你访谈”；子任务三，解决学生职业规划缺乏实践性问题的“Plan B 报告”；子任务四，解决学生职业规划模糊、简陋、表达不佳问题的“职业规划体验营闭营口头汇报”。与此同时，教师基于一系列相互关联的量表(参见表 9-4 和表 9-5)，帮助学生明确不同子任务的目标要求及评价标准。

三、促进主题意义探究的学习活动设计

为促进学生对职业规划主题的意义探究，教师遵循英语学习活动观，有逻辑地设计了具有关联性的单元学习活动，确保单元育人目标的有效落实。学习过程中，学生的积极性被充分调动，不仅能够循序渐进地深化对主题意义的理解与思考，建构结构化知识，学习和内化核心的语言表达方式，更能够关联自身的内部因素及外部实际情况，全面、合理地制订职业规划，深刻地认识到树立职业规划意识及终身学习意识的重要性，形成正确的职业观。

(一)依托主题，明确单元学习活动及作业的设计逻辑

经过对教材语篇的细致研读，教师整合单元内容，合理安排课时，并明确了单元学习活动以及与单元教学目标相匹配的主要作业的设计逻辑(见表 9-2)，引导学生深入探究主题，通过课内外整合性学习达成学习目标。

表 9-2　Careers 单元各课时主要学习活动与作业设计

课时	语篇/内容	各课时主要学习活动	主要作业设计
1	Topic Talk	获取、记录听力语篇中的关键信息； 运用 Text Builder 中 Jobs/Workplaces and Reasons/Skills and Personal Qualities 三段式结构，初步描述自己的职业规划； 评价同伴的规划，给出理由与建议； 讨论职业规划的意义，发表自己的看法。	运用本课所学，以职业规划为主题写一个文段，阐述你想要进入哪个行业，具体的工作、原因，以及如何为此做准备。
2～3	Lesson 1 EQ：IQ	获取 EQ 的定义，梳理相关社会现象； 分析上述现象背后的本质，概括低情商者的问题和高情商者的性格特征； 根据 EQ 的评价维度完成自评打分； 结合实际，讨论自己的理想职业规划中 EQ 发挥的作用。	结合小单元所学，以小组为单位，制作“我组成员情商分析”Poster（子任务一）。
4	Reading Club 1 How to Be Successful in a New Environment	获取新环境中能够取得成功的五个“高情商做法”； 小组口语交流，评价作者的建议，分析这些建议对自己理想职业生涯的价值； 考虑实际情况，增加可行、有效的建议。	
5	Viewing Workshop What Jobs Will Survive the Robot Economy	看视频，获取、梳理智能时代能适应未来发展需求的职业，概括其主要特点； 阐述人类应以何种态度对待智能时代的就业环境； 小组口语交流，判断自己的理想职业能否在智能时代中幸存，并给出理由及应对策略。	设计并执行迷你采访（子任务二）：结合小单元所学，设计五个开放问题，从身边已有工作经验的“职场过来人”中挑选采访对象，获取职业技能、职业选择方面的建议，并将采访过程记录下来。
6～7	Lesson 2 Career Skills	听青少年与就业顾问的对话，获取五个未来就业的必备技能，转述它们的重要性； 听青少年与叔叔的对话，获取、梳理未来就业的趋势，总结就业市场将如何变化，以及求职者应该怎样应对； 利用 Skill Builder 和 Talk Builder 中提供的 signal words 和表达同意/反对的句型，与组员讨论需要为求职锻炼哪些技能。	

续表

课时	语篇/内容	各课时主要学习活动	主要作业设计
8～9	Lesson 3 Meet the New Boss: You	获取文中提到的现代社会需要更新的求职观念； 分析这些观念应被淘汰的原因； 整合文章信息，概括出求职者应当建设自己的事业，才能取得职业成功的主旨。	对比自己理想工作的 Pros and Cons，探索除了理想工作以外的 Career Plan B，并给出理由。完成一份有关自己理想工作可能遇到的问题的简报（子任务三）。
10	Reading Club 2 Working in the Dark	利用泛读梳理夜班工作的优缺点； 迁移文章所学，讨论工作时间以外影响工作体验的因素（如通勤距离、休息时长、晋升压力、价值观冲突等）。	
11～12	Writing Workshop A Letter of Application	阅读范文，获取求职信应用文的内容要素及语篇结构； 运用范文结构，以应聘人口吻向自己理想职业的 HR 写一封求职信； 小组成员互评作文，分析改进建议。	根据小组成员的改进建议，重新打磨自己的求职信（子任务四），并在电子邮箱里设置适宜时间，定时发送给几年后求职的自己。
13～14	单元 Project 汇报分享	以小组为单位总结本单元学习成果，用自己喜欢的方式企划并拍摄以“回归现实，再谈理想”为主题的口头报告视频； 观看所有小组上交的视频，小组间互评，投票选出职业规划体验营最佳团队。	将口头报告视频发布到班级微信公众号上，邀请家长观看、评阅；撰写单元反思。

(二)设计关联性学习活动，确保单元育人过程

为了确保单元整体教学的育人效果，本单元在关联性学习活动设计的基础上又结合个性化角色分组及学习日程等具有连续性的活动设计，在单元教学过程中持续动态诊断学生素养的发展，及时调整教学目标和教学计划。

为了使每个学生的学习参与度最大化，职业规划体验营以小组活动的方式展开（见表 9-3）。每组 4～5 人，共有三个角色：Tutor，Candidate 以及 Assistant。教师先根据学生前测问卷结果和口头汇报作业挑选出几位表现出色的学生作为小组中的 Tutor，负责各输出子任务中最具挑战性的考查综合素质的任务。其余学生则自愿选择 Tutor 组队。经过小组成员的讨论，组内职业生涯规划提升空间最大的学生被赋予 Assistant 的角色，任务相对较轻，能

够在小组学习过程中逐渐清晰自己的职业规划；其余人则是 Candidates，在小组成员的帮助下不断完善已有的职业规划，任务难度居中。这样的角色分工规则不仅尊重了学生的意愿，有利于激发学生的学习动机，而且通过分层输出要求为学生搭建了差异性学习平台，使有不同基础的学习者都能在团队活动中找到提升自己能力的空间。

表 9-3 各小单元小组任务及分角色任务

实施阶段	小组任务	Tutor 任务	Candidate 任务	Assistant 任务
诊断计划(开营)	评价职业规划表现，认领角色，建立团队。			
核心提升计划(内部探索)	思考各角色问题并讨论职业规划中与情商相关的内容；产出小组成员情商分析海报。	How to help your candidate positively develop his/her EQ for the ideal career? Offer suggestions as specific and detailed as possible.	Do your EQ need to be increased or is it already high enough for your ideal career? Why?	用 3～5 句话概述所学文章；收集有关情商分析的英语表达方式，并提供给组员。
脱颖而出计划(外部探索)	讨论各组员为实现职业理想，应具备怎样的 Career skills。	根据听力访谈材料，总结 mind map，为组员提供讨论提纲。	在 Tutor 和 Assistant 的帮助下进行微演讲：To be a/an ____, I'm going to ____, because ______.	积累关于 Agreeing or Disagreeing 的语块。
完善规划计划(内外结合探索)	针对自己目前对职业规划的疑惑，采访身边人获取建议，产出采访稿；讨论理想职业之外的 Plan B，并给出具体原因。			
畅谈未来计划(闭营)	小组成员全员出镜，共同制作以“再谈职业规划”为主题的口头汇报视频。			

此外，教师基于单元育人目标，将“说出职业规划”特点的“Think for 5 minutes and chat for 10 minutes(思考五分钟、聊天十分钟)”讨论活动嵌入各输出子任务中，从而有效激发学生口头表达的热情。通过这种方式，水平较高的学生可以作出决策、提出建议、实施个性化辅导，水平居中的学生可以体验实践、反思、改进的学习过程，水平欠佳的学生也可以积累基础知识、增强对职业规划的重视、逐步明确自身的个性化发展需求、提出切实可行的职业规划。

在单元教学实施中，教师还通过作业反馈及课堂观察支持和帮助学生的学习。例如，教师在审阅全班学生的诊断性视频作业后，发现大多数学生的职业规划不够清晰可行，并且在语言表达上存在不足。因此，教师设计探讨展示的课堂活动，挑选不同层次学生的视频节选进行播放，并提出以下问题："什么才是好的职业规划口头汇报？PPT 辅助是必要的吗？是时间足够长就足够好吗？'念'与'说'的区别是什么？与他人相比，我哪里做得比较好？我的 presentation 要是能做到他人的某一点或者某些点，是不是就更好了？"借此引导学生点评这些个例的优点或不足，以同伴的真实作品启发职业规划灵感，反思自己的视频值得改进的方面，并培养参与表现性评价的意识和能力。

另外，教师发现学生的理想职业较集中，想当教师的最多，其次是警察、医生等人们耳熟能详的职业。推测很有可能是因为学生对于职业规划的认知较为浅层，他们日常能观察到的职业中接触得最多的就是教师，而不知道还存在更多符合自身特点的有意思的或新兴的职业。因此在后续课时中，教师引入有关职业规划的专业指导视频，为学生补充就业知识，拓宽他们的眼界。为了减轻学生的认知负担，教师选用了中文视频，这样就能引导大部分学生积极地根据自己的实际情况跟着视频了解适合自己的职业选择，提高单元学习活动的推进效率。

再如，在小单元 3 的学习活动中，教师观察到学生对于机器人时代(AI 时代)的了解很少，在视听说的过程中只能机械地做到听写和转述，对 AI 时代与就业规划的深刻联系无法产生共鸣。因此，教师为学生补充了中文视频，帮助学生针对如下三个问题进行知识储备："AI 产业都有哪些？如何判断一个工作会不会被 AI 替代？在 AI 时代，求职者应该如何应对技术的快速发展？"学生获得这些更真实、更易理解的背景知识后，对本阶段的学习内容有了更为深刻的感触，对职业规划的热情与专注力都有所提高，在课堂交流中能主动思考自己的理想职业与 AI 时代的关系。

同理，在后续的听力课上，教师在帮助学生梳理五个未来就业的必备技能及其原因时，并没有只侧重信息的获取，而是花一些时间让学生思考，为他们解读相关的专业名词，如批判性思维、创造力等，帮助他们感知未来的就业形势如何变化以及自己应当如何应对。为了解决前测诊断中反映出的口语表达逻辑性差、缺乏交际性等问题，教师为学生设计了小组讨论活动，鼓励他们运用从听力材料中获取的衔接词与表达同意/反对的句式，探讨自己为了胜任理想职业应培养哪些具体技能。

四、体现教、学、评一体化的持续性评价设计

本单元教学中，教师基于教、学、评一体化的设计与实施原则，结合具有关联性的输出子任务设计了表现性评价，并为学生提供了相对一致但又体现进阶发展的评价量表，从而很好地开展了持续性评价，实现了监控学习效果、反思教学目标及调整教学计划的评价促学、评价促教的效果。

在小单元1中，“情商”作为职场核心竞争力，是学生对职业规划进行内部探索的关键词。为了使学生对自己的情商水平产生具象认知，教师根据教材语篇内容设计了情商打分自评表(见表9-4)。

表 9-4 情商打分自评表

Elements	Assessment	Reasons or Actions
people skills	☆☆☆☆☆	
being positive	☆☆☆☆☆	
empathy	☆☆☆☆☆	
ability to deal with pressure	☆☆☆☆☆	
emotional management	☆☆☆☆☆	

教师还设计了对应的情商技能量规表(见表9-5)，引导学生对每项职业技能下列举的五个具体行为进行反思与评价。学生可以根据自己的真实情况勾选，最后对应自评表中的五颗星填涂分数。除了量规表中的行为外，学生也可以在自评表中用自己的描述有逻辑地呈现自评结果。

表 9-5 情商技能量规表

维度/符合情况		是	否
人际交往	1. 我很少因为人际关系感到苦恼		
	2. 我喜欢团队合作多于个人任务		
	3. 我与周围大多数人的关系比较融洽		
	4. 我擅长安慰、赞赏、感谢他人		
	5. 我善于沟通，理解和表达能力较强		

续表

维度/符合情况		是	否
乐观	1. 遇到困难时，我总能往好处想		
	2. 我善于自我激励和自我提升		
	3. 我总是充满活力，喜欢尝试新事物		
	4. 一件小事也能给我带来持久的快乐		
	5. 我经常设定目标并努力实现		
共情	1. 我懂得怎样尊重与接纳他人		
	2. 我擅长安慰他人		
	3. 我容易与影视文学作品中的人物产生共鸣		
	4. 我善于观察他人情绪		
	5. 我是个出色的倾听者		
抗压	1. 我能冷静应对压力		
	2. 我会有效管理时间		
	3. 我有良好的自我照顾能力		
	4. 我善于保持专注和集中力		
	5. 我善于反思和总结		
情绪管理	1. 我能够清晰地识别并理解自己的情绪		
	2. 我更愿意与他人吐露烦恼，而不是自我化解		
	3. 我会有意识地避免冲动决策		
	4. 计划的突然变更不会令我产生情绪波动		
	5. 我懂得如何以恰当的方式表达自己的情绪		

这项自评可以使情商水平可视化，有利于培养批判性思维。学生作品示例见图 9-2。

图 9-2　学生单元输出子任务一情商海报示例

在小单元 5 中，学生经过职业规划体验营的培训，对心目中的理想职业有了新的思考与规划，成为具备科学求职观念的“准职场人”。教师设计了用英语书写求职信的任务，不仅能锻炼学生的语言技能，也为他们未来职业规划和人生发展做好重要准备。教师仿照高考应用文的评分标准，设计了求职信评价量规(见表 9-6)，引导学生开展互评活动，从内容、语言、结构三方面进行表现性评价，并提出修改建议。其中，内容、语言满分各 8 分，结构满分 4 分。学生可以邀请两位同组成员进行双判，如有 4 分以上差异，可邀请第三位同组成员仲裁。在此过程中，学生不仅明确了写作目标、增强了学习动力，还能培养批判性思维及合作、评价等学习能力，明确看到自己的求职信的优缺点，找到努力改进的方向。

表 9-6　求职信评价量规

维度	6～8 分	3～5 分	1～2 分	1 判	2 判	仲裁
内容(8 分)	包含求职职位、求职原因、个人品质、资质技能四方面内容，表述与求职主题相关。	内容有些许不全，但与求职主题基本相关。	内容不完整，与求职主题不太相关或完全无关。			

续表

维度	6～8 分	3～5 分	1～2 分	1 判	2 判	仲裁
语言（8 分）	语言准确，基本无语言错误；句式多样。运用正式语气，语言表达基本得体。	语言有一些错误，但不影响理解；句式有一定变化。语气不太正式，语言表达不太得体。	语言有大量错误，影响理解。出现不适用于求职场合的用语，语言表达不得体。			
维度	**3～4 分**	**2～3 分**	**1～2 分**	**1 判**	**2 判**	**仲裁**
结构（4 分）	求职信条理清晰，详略结构合理。衔接自然，行文连贯。	求职信条理基本清晰，详略结构基本合理。有一定衔接手段，行文基本连贯。	求职信条理不清晰，结构支离破碎。			
整体建议						

本单元的学习以小组完成职业规划体验营闭营口头汇报收尾。在任务布置上，除时长以外，教师未向学生提出口头汇报的形式限制，旨在鼓励学生自由地谈论自己对职业规划的理解。在各组上交口头汇报视频后，全班学生一起观摩所有作品，评选最佳小组及最佳营员。教师与学生共同讨论出评价维度，制作闭营汇报评分表（见表 9-7），激励学生见贤思齐，感受自己在本单元的成长与进步，并思考未来继续努力的方向。

表 9-7　闭营汇报评分表

第______组打分表				
维度	**具体指标**	**赋分**	**打分**	**总分**
内容	是否有明确的目标和主题？ 是否有逻辑性、条理性、连贯性？ 有没有用到本单元所学内容？	4		
语言	是否做到全员出镜？ 发音是否清晰准确？语调是否自然？ 语法准确度、口语流畅度高不高？	3		
形式	表现形式是否具有创意？ 是否有组员间的互动以及与观众的互动？	3		
我认为本组的 MVP 是________，因为他/她____________________				

通过单元学习过程中系列的输出活动和丰富多样的活动形式，学生对于未来职业规划这个主题的认知逐渐拓展、加深。教师注重收集学生成长过程中的证据(见图 9-3、图 9-4)，基于学生的增值发展观测素养的提升情况。

Product 2 : External Exploration a mini-interview

Ask people close to you for career-planning suggestions, collect and summarize the content of your interview in English in the following table. You should:

① decide who is the interviewee (they can be your parents, elderly friends or families, a person who has already worked in your ideal career… anyone with relevent experience and can help you).

② according to the content learned in this stage, design five open questions which focus on career skills and connect with your actual ideal career.

My interviewee: My mother, My cousin

① Computer skills necessary? My mother and my cousin all agree with computer skills ~~is~~ may not necessary for me if I want to work in the newspaper office, but I need to learn a little.
② Social skills important? I think I have social phobia, but my families think newspaper office workers need help each other and cooperate each other, so social skills ~~is~~ are important.
③ What skills are necessary? My cousin is working in People's Political Consultative Conference Newspaper. She think works of the same type need language expressic ability, ability to use words, learning ability, ability of search materials.
④ My ideal career will be replaced by AI or robots? My families think the situation won't happen, words is created by human, it needs humans' emotion to express and give people strength and leading the times.
⑤ What other abilities I think important? Empathy ability, correct 3 views, love for the motherland and people.

图 9-3　输出子任务二“迷你访谈”示例

Product 3 : Internal and external exploration

Pros & cons of my ideal career (which is vet)

①Think about your ideal career from practical aspect on the following aspects: workplace, work time, commuting time, stability, salary, promotion, KPI, socilizing stress, potential health problem, conflict of values…(you can add new aspects on your own considering your situation) to list its pros and cons in the following columns.

aspects	Pros 优点	Cons 缺点
workplace	It's cool to have an operating room	Animals have a lot of hair that is difficult to care for
worktime	Normal commute time	Must be there whenever there is an emergency
salary / stability	Generally higher income	Can't work with an epidemic.
promotion	I can move up if I want to	I have to study hard. It takes time
socilizing stress	Open my eyes to meeting all kinds of pet owners.	But it's possible to meet people who don't have the quality

② Write several sentences to state your Plan B of career planning based on the above analysis with your reasons.

My plan B is to become a surgeon. The working place is in the hospital. The income is stable every month. The working hours are fixed. If I want to get promoted, I have to take the grade examination. I will meet different patients and patients' families.

The reason I have plan B is because the job of a vet and a doctor is the same: to save lives.

图 9-4　输出子任务三梦想职业“Plan B”报告示例

结合学生学习过程中的作品以及整合性项目输出活动中提交的视频作品，可以看出学生本单元学习态度积极、创意无限。学生用自己小组喜欢的方式分享了各自的职业规划，有的用模拟街头访问的方式呈现，有的则用座谈会或演讲的方式呈现。在组员的互助下，每个人都尽己所能，无论是语言流畅度还是内容充实度都有所提升。教师欣喜地发现，职业规划对学生来说不再是只能寥寥几句陈述的话题，而是经过多方面打磨、扩充后能自信地与他人交流的主题。学生的必备品格及关键能力都得到了提升，达成了本单元初预设的育人目标，切实实现了核心素养落地课堂的课程目标。

案例5　Literature单元育人案例

【案例导读】

本案例基于北京师范大学出版社出版的《普通高中教科书 英语 选择性必修 第三册》第8单元Literature设计，下面从学科育人的三个关键问题解析其路径特点及育人效果。

1. 育什么的问题

本单元属于“人与社会”主题范畴，包含小说、诗歌等多种文学作品类型，旨在引导学生走近文学作品，感知作品中抒发的情感，提升理解并欣赏不同文学作品所传达的意蕴美的能力，并获取积极的人生态度和价值观启示。教师以主题意义探究为主线，依据该单元主题涉及的语言知识及文化知识的内容要求，深入研读文本，整合其中蕴含的情感态度和价值观。教师结合学情分析，树立了本单元促进核心素养综合发展的育人价值，引导学生分析诗歌的主题、基本特点、语言特征、情感表达方式，感知诗歌表达的意蕴美；梳理小说人物和情节，阐述正面、侧面刻画人物形象的写作手法，模仿并运用所学完成小说续写；描述戏剧和童话内容，对作品中传递的人生观和价值观进行推理与论证；综合分析和评价各类文学作品，从类型、特点、语言、人物等多个维度推荐自己喜爱的文学作品并阐释原因，借助对文学作品的赏析提升对优秀文化的认同与鉴赏水平，促进自身世界观、人生观和价值观的养成，学习优秀文学作品中人物的精神品质。

2. 如何育的问题

为落实学科育人目标，教师实施具有整合性、关联性、实践性的单元整体教学。首先，教师对具有关联性的教学内容进行整合和重组，搭建了相对完整的三个学习小单元：小单元1“汲取诗歌自然之美激发的生活勇气”，小单元2“探索小说人物对生命意义的追求”，小单元3“探究童话和戏剧揭露的为人之道”。其次，教师通过设计单元关联性学习活动确保育人过程，主要包括利用单元问题链引导学生建构主题结构化认知；借助单元主题可视化语言积累表和“我最喜爱的文学作品”项目式主题活动等帮助学生建构新概念，丰富人生阅历和思维方式；从类型、人物、语言等多个维度分析评价文学作品，树立正确的价值观念。此外，结合本单元内容在文化差异、语言难度、复杂主题、历史背景、文学风格等方面对学生的挑战，教师注意搭建多重学习支架，如提供相关的背景资料、引导学生讨论和分析文学作品、提供词汇和语言支持等，确保单元育人效果。

3. 育得怎么样的问题

为了保障单元学习的实效性，教师设计了持续性评价连续体，将评价嵌入教学的各个环节之中，课后及时反思调整，以发挥评价促学和促教的作用，引导学生在学习过程中持续对接学习目标，发展自主规划、自主监控、自主调整的学习能力。此外，教师还注重培养学生的评价能力，在单元学习过程中通过自评、互评等形式鼓励学生参与评价，反思自己的收获与发展、发现自己的不足与问题，提升自我反思等方面的意识与能力。

教师在单元学习之初设计了学生自由谈论自己喜爱的文学类型和作品的诊断性评价任务，观测学生的已有基础和真实需求，并在此基础上引导他们进入诗歌、小说、戏剧、童话的学习过程中，从内容、特点等方面逐渐加深对文学作品意义的理解。单元学习结束后，教师组织学生召开“我最喜爱的文学作品”推介会，从作品类型、主题内容、语言风格、推荐原因等方面向同伴推荐本单元学习过或者自己平时喜欢阅读的诗歌、小说、戏剧、童话等作品。通过单元学习前后的对比，让学生体会学习的乐趣、见证自己的进步。同时，教学过程自始至终贯穿喜爱的文学作品这一主线，也降低了文学学习的难度。学生通过诗歌、小说、戏剧、童话学习过程中对类型、语言风格、内容的多轮次复现性学习，夯实了表达基础，有效复习了相关语言，有机融合了主题与语言观念，培养了运用诗歌、小说、戏剧、童话等不同文学体裁特色的语言表达能力；通过描述自然之美、深入刻画人物形象之美，感受人物关系背后的冲突和张力，探索人物内心世界，学习为人之道，充分实现了文学作品的育人价值。

【案例设计与实施过程】

一、基于多维度分析确定育人目标

Literature 单元围绕“人与社会”主题范畴“文学、艺术与体育”主题群中小说、戏剧、诗歌、文学名著等子主题内容组织展开。教师在整合分析单元各文学作品类型、主题内容及育人价值(见表 10-1)的过程中发现，本单元不仅能够帮助学生了解小说、诗歌、戏剧等文学作品的文化背景知识和语言知识，感知其抒发的情感及语言魅力，还能提升学生理解并欣赏不同文学作品所传达的文化意蕴美的能力，从中获取积极的人生态度和价值观启示。

表 10-1　Literature 单元语篇主题内容及育人价值分析

小单元	语篇	主题内容	育人价值
小单元 1 诗歌篇	Lesson 2 Poetry (Stopping by Woods on a Snowy Evening; The Daffodils)	分别描述夜间行路偶遇树林，驻足欣赏雪花、静谧小屋、冰封湖面的场景及优美生动的自然景色和回忆水仙花的感受。	感知在人们面对生活责任与困境时大自然带来的力量； 赏析中西方诗歌异同； 了解押韵和节奏； 掌握比喻、拟人、象征等修辞手法，表达丰富意境和情感。
	Reading Club 1 Romanticism in Poetry	华兹华斯和李白两位著名浪漫主义诗人的成就和诗歌特色。	
小单元 2 小说篇	Lesson 1 The Last Leaf	老画家不顾自身安危，为患上肺炎而奄奄一息的年轻画家画最后一片叶子，给其带来生命的希望。	感悟人性的真、善、美与主人公坚韧而不惧困难的品质； 分析小说的语篇结构、作家不同的语言风格； 掌握小说中的正面描写和侧面描写手法，突出人物形象。
	Lesson 3 20，000 Leagues Under the Sea	博物学和生物学家 Pierre Aronnax、仆人 Conseil 和渔叉手 Ned 落海后登上潜水艇的故事。	
	Writing Workshop A Continuation of a Story	《海底两万里》的续写。	

续表

<table>
<tr><th>小单元</th><th>语篇</th><th>主题内容</th><th>育人价值</th></tr>
<tr><td rowspan="2">小单元3
童话与
戏剧篇</td><td>Viewing Workshop
Fairy Tales</td><td>《皇帝的新衣》《青蛙王子》《乞丐和守财奴》等童话中体现的人物道德品质。</td><td rowspan="2">感悟童话魅力及其道德内涵；
通过角色之间的对话分析人物关系，感受戏剧的冲突和张力；
了解幻想和奇幻元素，以吸引读者兴趣和注意力。</td></tr>
<tr><td>Reading Club 2
The Prince of
Denmark's Death</td><td>《哈姆雷特》中 Hamlet 和 Laertes 决斗的片段。</td></tr>
</table>

为了使学生循序渐进地拓展和深化对主题的认识，教师按照文学作品的类型，对具有关联性的教学内容进行整合和重组，搭建了相对完整的三个学习小单元：小单元1“诗歌篇(汲取诗歌自然之美，激发生活勇气)”，包括 Lesson 2 Poetry 和 Reading Club 1 Romanticism in Poetry；小单元2“小说篇(体会小说人物对生命意义的追求)”，包括 Lesson 1 The Last Leaf、Lesson 3 20，000 Leagues Under the Sea 和 Writing Workshop A Continuation of a Story；小单元3“童话与戏剧篇(探究童话和戏剧揭露的为人之道)”，包括 Viewing Workshop Fairy Tales 和 Reading Club 2 The Prince of Denmark's Death。

在文本分析的基础上，教师利用 Topic Talk 听、说、写的活动开展诊断性评价，进行学情调研，聚焦谈论学生个人喜爱的文学类型及其原因，围绕文学作品、人物和情节设置、写作风格评价及情感体验等方面激活学生已有基础和语言储备，明确学生在本单元的学习发展点。通过学生对喜爱的文学作品的描述性写作可以看出，学生了解文学作品的基本分类如小说、诗歌等，认为文学作品通过作者对社会的反思、对人生的思考及对理想的追求表达意义。但学生缺乏对文学作品特点及内涵的理解，在描述文学作品的分类及功能时缺乏相应的英语语言知识和文化知识，缺乏对诗歌语言韵律美的赏析意识。

基于文本分析和学情诊断，教师设计了本单元的总体育人目标：(1)通过对诗歌主题和语言的分析和讨论，从诗歌的基本特点、语言特征、情感表达方式等维度感知诗歌表达的意蕴美；(2)通过对小说人物和情节的梳理，阐述正面、侧面刻画人物形象的写作手法，模仿并运用所学完成小说续写；(3)通过对戏剧和童话内容的描述，对作品中传递的人生观和价值观进行推理与论证；(4)综合对各类文学作品的分析与评价，从类型、特点、语言、人物等多个维度推荐自己喜爱的文学作品并阐释原因。基于以上目标，教师引导学生通过本单元的学习深化对不同文学类型及其语言、修辞特点的认知，感受诗歌语言的韵律美，并进一步体会不同文学作品反映的人生态度及价值观。

二、基于问题解决的整合性输出活动设计

单元育人的落脚点是学生在主题内容学习与自我成长间建立起意义关联，从而深度思考自己从文学作品中得到的启示。因此，教师围绕单元主题与学情分析，通过对比单元学习前"描述最喜爱的文学作品"的诊断性评价，发现学生存在介绍角度有限、语言相对匮乏的问题；单元学习结束时，教师结合学生真实的生活、学习实际，设计了单元整合性输出活动，即再次"推荐自己最喜欢的文学作品"。该设计既有利于教师检测单元教学目标的达成情况，也有利于学生通过前后对比感受到自己在语言、思维、学习能力等方面的增值成长，体会学习的成就感，增强学习动机和信心。

单元整合性输出活动具体设计如下："请你在班级文学作品推介会上推荐自己最喜爱的文学作品，借助海报的形式，结合本单元所学以及自己平时的阅读感悟，从作品主要内容、作者/诗人介绍、艺术表达方式、喜爱的原因等方面进行描述，根据所写的推荐理由，录制一段1分钟左右的'共读一部文学作品'的推介视频。"为了保障学生能够顺利完成该任务，教师基于任务要求的学生外显行为和语言要点制定了评价要点(见表10-2)。

表10-2 Literature单元整合性输出活动评价要点

维度	具体要求
Content	covering main content of the literature; the author's or poet's brief introduction; the main reasons for choosing the literature
Language	using as many content-related and figurative speech learned in this unit as possible
Structure	using necessary linking words to organize the poster in a logical way

续表

维度	具体要求
Manner	speaking loudly and clearly; interacting with the audience properly with eye contact and body language

三、促进主题意义探究的学习活动设计

在主题探究活动的设计上，教师注重激发学生参与活动的兴趣，在调动他们基于该主题已有经验的同时帮助他们逐渐完善新的知识结构，深化对主题的理解和认识，促进对该主题的深度学习。

(一)依托主题，明确单元学习活动及作业的设计逻辑

设计单元关联性学习活动的前提是教师深入研读语篇，明确主题意义，对单元内容进行合理的整合。本单元中，教师首先依托文学主题，明确了单元各课时主要学习活动与作业设计的逻辑(见表 10-3)。

表 10-3　Literature 单元各课时主要学习活动与作业设计

课时	语篇	各课时主要学习活动	主要作业设计
1	Topic Talk	听对话并梳理介绍自己喜欢的文学作品和类型的角度和语言：作品类型、原因(形容词)和作品(人物，背景，情节等)； 双人小组模仿练习，介绍各自喜欢的文学作品和类型。	写一小段文字介绍自己最喜欢的文学类型和作品，并说明原因。
2	Lesson 2 Poetry (Stopping by Woods on a Snowy Evening)	通过朗读和小组讨论，感知并分析诗歌的韵脚和押韵形式； 描述读诗的感受，赏析诗歌的语言美(修辞和象征)，并结合诗人的生活经历分析诗歌传递的人生态度。	二选一： (1)写一首短诗，描述自己喜欢的景物，抒发情感； (2)选择本课中的一首诗，将其翻译成中文。

续表

课时	语篇	各课时主要学习活动	主要作业设计
3～4	Lesson 2 Poetry (The Daffodils) & Reading Club 1 Romanticism in Poetry	完成阅读报告； 小组讨论、班级展示，从作者、诗歌韵律、修辞、象征意义等角度赏析诗歌 The Daffodils； 通过对比诗人生平和作品风格，简单分析弗罗斯特、华兹华斯和李白三位诗人的异同，并举例说明； 模仿本课诗歌，尝试创作简单的小诗，表达自己的情感。	二选一： (1)写一段文字，介绍华兹华斯和李白诗歌风格的异同； (2)写一段文字或录制 1 分钟的短视频，表达自己是否喜欢诗歌及原因。
5～6	Lesson 1 The Last Leaf	梳理并概括小说的主要信息(时间、地点、人物、故事情节)； 分析对人物的正面描写和侧面描写，总结小说主人公的性格特点； 通过辩论(老画家是否该画最后一片叶子)，探究小说体现的人物对生命意义的追求。	通过对结尾段中静物(画笔、灯笼)的想象，有逻辑地写出当时的情景。
7～8	Lesson 3 20,000 Leagues Under the Sea	以小组为单位，通过阅读圈从故事情节、人物分析、语言和联系自我四个角度梳理故事内容，联系实际探究小说的写作目的； 分析对人物的正面描写和侧面描写，总结小说中人物描写体现的语言特点。	以小组形式画一张海报，呈现故事情节和人物分析。
9～10	Writing Workshop A Continuation of a Story	阅读例文，总结小说续写的要素； 结合对 The Last Leaf 情节、人物、语言的理解续写该文。	根据同伴和老师的建议，完善续写； 写一段文字或录制 1 分钟的短视频，表达自己是否喜欢小说及原因。

续表

课时	语篇	各课时主要学习活动	主要作业设计
11	Reading Club 2 The Prince of Denmark's Death	梳理人物关系和故事情节，赏析戏剧的语言特点，体会戏剧的特征； 通过人物语言和行为，分析人物的性格； 评价人物行为的合理性，分析其行为背后的价值取向，反思戏剧传递的人性思考。	以思维导图形式呈现戏剧的情节设置、人物塑造、语言特点和社会意义。
12	Viewing Workshop Fairy Tales	总结三则童话故事的人物和情节设置、语言特点； 分析童话创作目的和传递的意义； 以小组为单位选择一则童话故事，分角色朗读。	以小组形式画一张海报，呈现本课所学的任意一则童话故事的内涵； 写一段文字或录制 1 分钟的短视频，表达自己是否喜欢读童话故事及原因。
13～14	单元 Project	制作海报推荐自己最喜欢的文学作品，包括作品类型、主题内容、语言风格、推荐原因等； 结合海报内容录制 1 分钟左右的宣传视频； 聆听他人分享，进行互评，总结本单元所学。	以思维导图形式呈现，并与他人分享本单元的学习心得。

(二)设计关联性学习活动，确保单元育人过程

教师通过设计具有关联性和连续性的学习活动确保单元育人过程，本单元主要包括围绕单元主题完成的可视化语言积累表以及“我最喜爱的文学作品”项目式主题活动等。本单元教学中，教师在注重育人方式转型的同时，重点关注学生语言基础知识的内化与积累，聚焦主题意义探究的逻辑主线，引导学生借助表格等思维可视化工具(见表 10-4)梳理文本表达主题内容的关键语言知识和文化知识，不断积累表达主题的词汇、短语等核心语言。

表 10-4　单元结构化语言知识和文化知识积累表

	Topic Talk	Lesson 2	Reading Club 1	Viewing Workshop	Reading Club 2	…
Genre						
Feature						
Content						
Reasons you like it						

学生通过自主整合、逐渐内化，既能为单元整合性输出活动的有效迁移作铺垫，又能进一步提升学习能力(见图 10-1)。

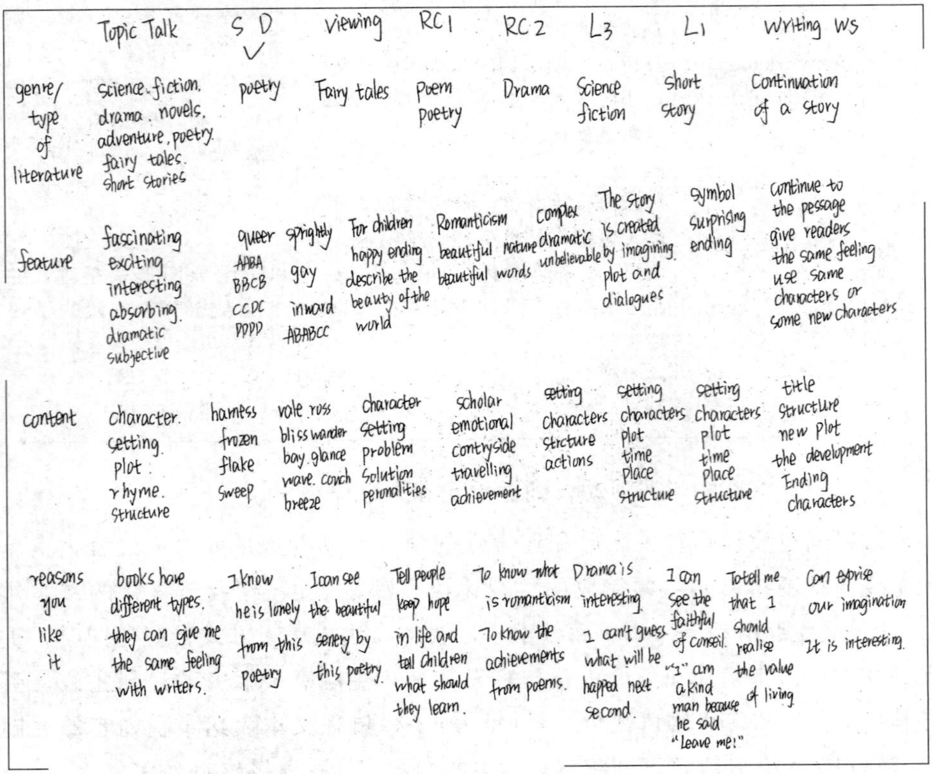

图 10-1　学生作品示例：Literature 单元可视化积累表

教师结合单元整合性输出活动"制作海报推荐自己最喜欢的文学作品以及结合海报内容录制 1 分钟左右的宣传视频"，将其分解为具有关联性、实践性和递进性的作业，引导学生从自身实际出发，在单元学习过程中持续、渐进地探究主题内容，整合所学知识、技能和策略，分析并思考文学作品对自己的启示。通过课上教学与课后作业的无缝衔接(见表 10-5)，引导学生参考课上建构的文学作品赏析逻辑结构进行自主梳理，拓展个性化观点，下一次课上通过作业点评给予评价反馈，保障单元学习的连贯发展及螺旋上升。

表 10-5　Literature 小单元学习后的主要作业设计

小单元	连续性作业设计
小单元 1	写一段文字或录制 1 分钟的短视频，表达自己是否喜欢诗歌及原因。
小单元 2	写一段文字或录制 1 分钟的短视频，表达自己是否喜欢小说及原因。
小单元 3	写一段文字或录制 1 分钟的短视频，表达自己是否喜欢戏剧、童话故事及原因。

此外，教师还充分运用问题链保证单元关联性学习。以小单元 2 小说篇为例(见表 10-6)，教师借助问题链引导学生关注小说的故事情节发展、人物关系及性格特点，分析和评价小说中反映的人性本质，预测小说的情节发展走向，从而建构结构化知识。

表 10-6　Literature 小单元 2 的问题链设计与评价要点

单元目标	单元问题链	学习活动	设计意图	效果评价
通过对小说人物和情节的梳理，阐述正面、侧面刻画人物形象的写作手法，模仿并运用所学完成小说续写。	What does the story try to express?	获取、梳理、概括 20,000 Leagues Under the Sea 节选部分的主要信息(时间、地点、人物、故事情节)； 通过阅读圈活动分析人物的语言、动作，归纳小说主人公的性格特点，分享对小说的理解。	引导学生认识和理解小说的文体特征、语言、表达的意义。 (学习理解、应用实践类活动)	利用课堂提问、小组讨论、班级分享及课后作业等评价学生梳理的故事情节和人物语言。
	What does the story try to express? Why is it called the masterpiece?	获取、梳理、概括 The Last Leaf 的主要信息(时间、地点、人物、故事情节)； 分析人物动作和语言，总结主人公的性格特点； 通过辩论活动探究小说人物对生命意义的追求。	引导学生思考、总结作者写作风格，为续写搭建支架。 (学习理解、应用实践、迁移创新类活动)	根据学生的续写判断学生是否了解了欧·亨利小说的情节和语言特点。

续表

单元目标	单元问题链	学习活动	设计意图	效果评价
	What does Sue's comment "it is Behrman's masterpiece" mean to you? What would happen next?	依据 20,000 Leagues Under the Sea 的续写语篇阅读，模仿完成短篇小说 The Last Leaf 的续写。	引导学生迁移所学，完成续写，反思对小说意义、语言特点的理解。 （迁移创新类活动）	依据量表开展学生自评、互评与教师评，评价学生是否落实所学。

四、体现教、学、评一体化的持续性评价设计

为了保障时间跨度较长的单元教学能够顺利实施，教师在单元教学过程中要根据整体教学目标，围绕核心素养综合表现进行持续性评价设计，通过评价方式多样、评价主体多元、评价形式科学的有效策略，组织实施对单元学习过程和学习结果的评价，对评价结果进行科学、深入的分析，并以此为依据进一步改进教学，提高学生学习成效，落实教、学、评一体化课程理念。基于学情诊断，教师明确了本单元持续性评价的活动设计(见表 10-7)。

表 10-7　单元持续性评价活动设计

诊断性评价	形成性评价	终结性评价
Topic Talk 是否能说出喜爱的文学作品名称及喜欢的原因	小单元 1 Lesson 2 Poetry：模仿诗歌韵律、修辞和意境，写几句小诗抒发情感； Reading Club 1 Romanticism in Poetry：小组展示，介绍两位浪漫主义诗人的成就和个人特色； 输出活动 1(分层)：选择读过的一首诗，介绍其韵律、修辞、意境等；总结诗歌的基本特点。	单元整合性输出活动： 完成“推荐自己最喜爱的文学作品”的海报，并根据所写的推荐理由录制 1 分钟左右的“共读一部文学作品”的推介视频
每个小单元学习前是否能介绍喜爱的诗歌/小说/童话/戏剧及喜欢的原因	小单元 2 Lesson 3 20,000 Leagues Under the Sea：体验阅读圈：故事情节、人物分析、语言、联系自我四个活动； Lesson 1 The Last Leaf：完成对结尾段中的静物的描写； 输出活动 2：续写 The Last Leaf。	

续表

诊断性评价	形成性评价	终结性评价
课后作业	小单元 3 Reading Club 2 The Prince of Denmark's Death：角色扮演 The Prince of Denmark's Death； Viewing Workshop Fairy Tales：小组呈现对童话故事内涵的理解； 输出活动 3(分层)：戏剧创作(教材第 42 页 Express Yourself)；从戏剧/童话的情节设置、人物塑造、教育意义等方面总结所学。	

在实施过程中，教师注意收集学生学习发展的证据。例如，在输出活动 1(见图 10-2)中，学生谈论了诗歌的"rhythm"和"emotions in the scenes"，还指出"different poems describe different mood"等。可以看出，学生不仅了解到诗歌的节奏、韵律，还认识到诗人描述的场景传递其情感和人生态度。

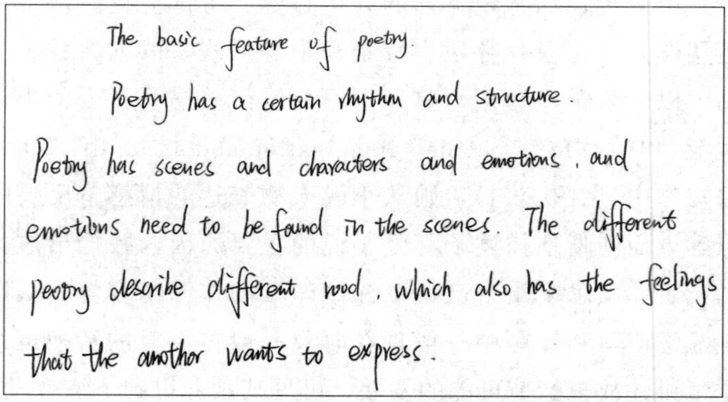

图 10-2　学生作品示例：总结诗歌的基本特点

此外，学生在学习 Lesson 1 The Last Leaf 后，完成对结尾段中的静物的描写(见图 10-3)。通过作品可以看出，学生概括了短篇小说 The Last Leaf 中的人物和故事情节等主要信息，通过对静物的想象比较有逻辑地还原了故事发生时的情景。值得一提的是，学生笔下的"Although his coat and boot were wet and icy cold, he didn't give up because he knew he saved a life"让我们看出，学生不仅深刻理解了小说原文，还能描绘出主人公坚毅、善良的高大形象。

The sky was dark and there was a heavy rain. Mr. Behrman looked out of the window, the last leaf fall down from the tree. "The girl will be dead if she saw the leaf", he thought. "I must do something to save her life and make the best painting in my life. He took some brushes, hold a lantern. Although his coat and boot were wet and icy cold, but he didn't give up because he knew he saved a life.

图 10-3　学生作品示例：The Last Leaf 结尾段的描写

在单元整合性输出活动中，学生充分调动了从单元内各文学作品中建构的结构化知识以及自身的阅读体验，发挥了想象力和创造力。在展示环节，学生呈现的海报逻辑清晰，能够选择恰当的修辞手法、语言风格进行分析；给出的推荐理由合理，如坚定自己的人生目标、考试受挫时获得激励等；视频中灵活运用图片、纪录片片段、背景音乐等形式，以创新、文艺的形式推介文学作品。以一名学生为例，单元学习前她简单描写喜爱的小说，给出的原因比较宽泛："It reflects people's imagination and social life."但是在单元学习后的项目写作中(见图 10-4)，她从小说人物表达的情感、反映的社会问题及修辞特点等方面清晰地描述了喜爱小说的主要原因，并提出这类小说适合什么类型的读者，反思了给自己留下深刻印象的作品内容等。从语言准确性来看，学生注意改写和续写中一般现在时及一般过去时的转换运用，还尝试运用虚拟语气讲述故事情节可能的发展，可见其素养得到了综合发展。

除了利用上述活动检验学生的学习效果，教师在单元学习后还结合访谈梳理出学生在本单元学习后最大的收获、印象最深刻的环节和内容以及对未来单元学习的建议。首先，学生最大的收获是："每一次反思我最喜爱的作品时，我都惊叹热爱文学的同学是那么有文采且思路敏捷清晰，这激励我也要养成阅读的好习惯，目前我已经坚持阅读了几天；同时，阅读文学作品也让我静下来开始思考我的学习，自己也不那么浮躁了。当然，非常重要的一点是我了解到不同类型的文学作品，也明白如何从不同的视角去赏析文学作品。"

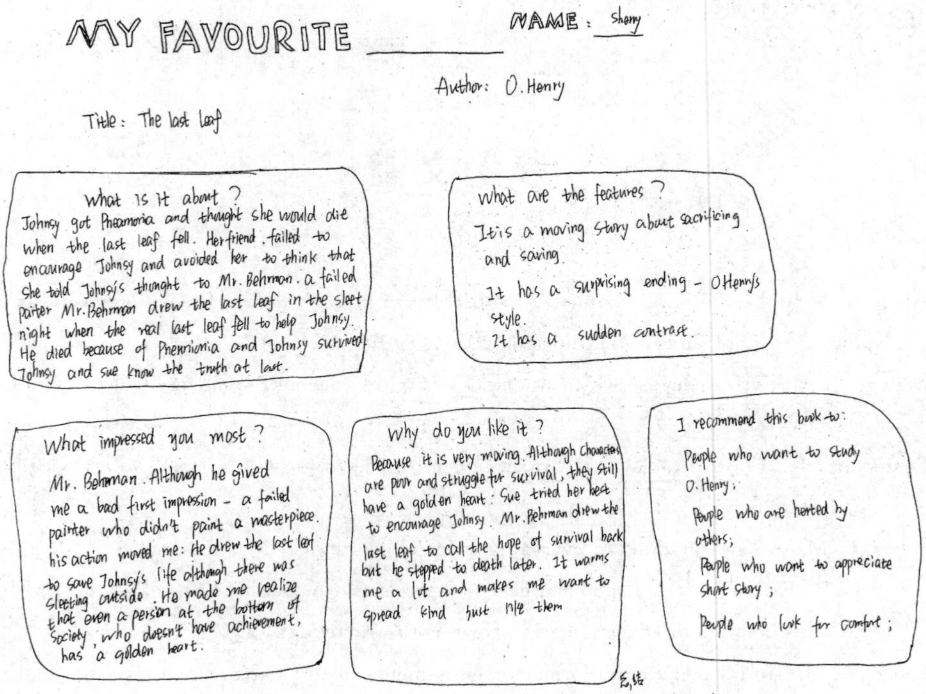

图 10-4　学生单元整合性海报作品：推荐我喜爱的文学作品

学生印象最深刻的环节和内容则是："和同学一起制作上网搜索文学作品简介、纪录片的环节，我们找到的每一帧都很美，都让我们想要深入走进作品。"对于未来单元教与学的建议，学生提到："本单元我们用到了很多在语文课学到的知识，希望未来的学习也能与在其他课程中学到的知识有所关联，激发我们用已知去探寻新问题的动力，进一步提升我们的能力。"通过学生以上的反馈可以看出，本单元的学习对学生有很深的触动，他们不仅学习了具有育人价值的知识体系，也在探寻文学作品、探寻社会发展、探寻自己内心感受的过程中逐渐实现了真正的成长与全面的发展。

参考文献

Alan，B. & Stoller，F. L. Maximizing the benefits of project work in foreign language classrooms[J]. English Teaching Forum，2005(4)：10－21.

Braden，J. P. Performance assessment and diversity[J]. School Psychology Quarterly，1999(3)：304－326.

Castellano，K. E. & Ho，A. D. A practitioner's guide to growth models[M]. Council of Chief State School Offices，2013.

Prensky，M. A new paradigm of curriculum. In Reigeluth，C. M.，Beatty，B. J. & Myers，R. D. (eds.)，Instructional-design theories and models，volume IV：the learner-centered paradigm of education[M]. New York：Routledge，2017：85－102.

Cizek，G. J. An introduction to formative assessment：history，characteristics，and challenges. In Andrade，H. L. & Cizek，G. J. (eds.)，Handbook of formative assessment [M]. 1st. New York：Routledge，2009：3－17.

Engeström，Y. Studies in expansive learning：learning what is not yet there[M]. Cambridge：Cambridge University Press，2016.

Hargreaves，A. & Fullan，M. Professional capital：transforming teaching in every school [M]. New York：Teachers College Press，2012.

Leigh Star，S. This is not a boundary object：reflections on the origin of a concept[J]. Science，Technology & Human Values，2010(5)：601－617.

McTighe，J.，Doubet，K. J. & Carbaugh，E. M. Designing authentic performance tasks and projects：tools for meaningful learning and assessment[M]. Alexandria，VA：Association for Supervision & Curriculum Development，2020.

Nummijoki，J. & Engeström，Y. Towards co-configuration in home care of the elderly：cultivating agency by designing and implementing the mobility agreement. In Daniels，H.，Edwards，A.，Engeström，Y.，Gallagher，T. & Ludvigsen，S. (eds.)，Activity theory in practice：promoting learning across boundaries and agencies[M]. London：Routledge，2009：49－71.

Stoll，L. & Louis S. K. Professional learning communities：divergence，depth and dilemmas [M]. Maidenhead：Open University Press，2007.

Thomas，G. ，Wineburg，S. & Grossman，P. et al. In the company of colleagues：an interim report of the development of a community teacher learners[J]. Teaching and Teacher Education，1998(1)：21－32.

Walker，D. & Nocon，H. Boundary-crossing competence：theoretical considerations and educational design[J]. Mind，Culture，and Activity，2007(3)：178－195.

Wong，A. & Edwards，G. Connecting communities of practice. In Tsui，A. B. M. & Lopez-Real，G. E. F. (eds.)，Learning in school-university partnership：sociocultural perspective[M]. New York：Routledge，2009：132－148.

安桂清．基于核心素养的课程整合：特征、形态与维度[J]．课程·教材·教法，2018(9)：48－54.

北京市教育科学研究院基础教育教学研究中心．中小学语言类作业指导手册[M]. 2021.

贲可敬．基于综合实践活动的单元表现性评价探索——以"比较材料的隔声性能"为例[J]．物理教师，2019(10)：43－45.

边玉芳．传统"家事"上升为新时代的重要"国事"——"双减"背景下全社会如何支持家长为促进儿童健康成长而教[J]．人民教育，2021(22)：26－30.

边玉芳、王烨晖．增值评价：学校办学质量评估的一种有效途径[J]．教育学报，2013(1)：43－48.

蔡文艺．项目化学习中表现性评价的运用研究[J]．上海教育科研，2022(12)：62－66.

陈建华．"问题解决"教学若干问题研究[J]．上海教育科研，2011(8)：67－69.

陈向明．跨界课例研究中的教师学习[J]．教育学报，2020(2)：47－58.

陈新忠．教—学—评一致性在中学英语课堂中的运用[J]．英语学习，2020(12)：24－28.

成尚荣．学科育人——教学改革的指南针和准绳[J]．课程·教材·教法，2019(10)：82－89.

程晓堂．英语学习对发展学生思维能力的作用[J]．课程·教材·教法，2015(6)：73－79，127.

程晓堂．义务教育英语课程标准关键问题解读[J]．中小学外语教学(中学篇)，2022(7)：1－8.

程晓堂、谢诗语．英语"教—学—评"一体化的理念与实践[J]．中小学外语教学(中学篇)，2023(1)：1－8.

程晓堂、赵思奇．英语学科核心素养的实质内涵[J]．课程·教材·教法，2016(5)：79－86.

程晓堂、周宇轩．主题、话题、主题意义概念辨析[J]．中小学外语教学(中学篇)，2023(6)：1－5.

褚宏启．五育如何并举[J]．中小学管理，2021(6)：60－61.

丛立新．沉默的权威——中国基础教育教研组织[M]．北京：北京师范大学出版社，2011.

崔宝玉．学科育人的内在向度研究[J]．现代教育科学，2018(9)：11－15.

崔友兴．循证教学的过程逻辑与运行机制[J]．课程·教材·教法，2021(1)：64－71.

崔允漷．如何开展指向核心素养的大单元设计[J]．北京教育(普教版)，2019(2)：11－15.

崔允漷．试论新课标对学习评价目标与路径的建构[J]．中国教育学刊，2022(7)：65－70，78.

崔允漷、夏雪梅．"教—学—评一致性"：意义与含义[J]．中小学管理，2013(1)：4－6.

丁雪莹、国红延．高中英语单元持续性评价的设计与实施[J]．中小学英语教学与研究，2023(9)：67－71.

范蔚、刘建军．学科核心素养导向的高中英语学习活动设计[J]．天津师范大学学报(基础教育版)，2022(3)：46－51.

方涵、何敏．体现核心素养培育的高中英语问题解决教学策略[J]．基础教育课程，2021(10)：42－49.

冯建军．加强学科体系、教材体系、教学体系建设——夯实学科育人的根基[J]．中国教育报，2019－05－22(第9版).

高洪德．英语学习活动观的理念与实践探讨[J]．中小学外语教学(中学篇)，2018(4)：1－6.

格兰特·威金斯、杰伊·麦克泰格．追求理解的教学设计(第二版)[M]．闫寒冰、宋雪莲、赖平(译)．上海：华东师范大学出版社，2017.

国红延、李宝荣、李慧芳．基于关键岗位胜任力模型　加强学科教研组建设[J]．北京教师培训，2021(10)：25－28.

郭华、徐广华．素养导向的"教—学—评"一体化何以实现：基于英语教学评价改革的思考[J]．英语学习，2023(12)：29－35.

郭元祥．论学科育人的逻辑起点、内在条件与实践诉求[J]．教育研究，2020(4)：4－15.

郭元祥．深度教学：促进学生素养发育的教学变革[M]．福州：福建教育出版社，2021.

郭元祥．把知识带入学生生命里[J]．北京大学教育评论，2021(4)：28－43，184－185.

国务院办公厅．国务院办公厅关于新时代推进普通高中育人方式改革的指导意见[Z]，2019－6－11，http：//www.moe.gov.cn/jyb _ xxgk/moe _ 1777/moe _ 1778/201906/t20190619 _ 386539.html? eqid＝cda23657000241850000000 4643ca5cf.

韩宝成．整体外语教学的理念[J]．外语教学与研究，2018(4)：584－595，641.

何霞．共同体视角下教师跨界学习行动——基于定性比较分析方法[J]．中国远程教育，2020(8)：69－75.

霍力岩、黄爽．表现性评价内涵及其相关概念辨析[J]．西北师大学报(社会科学版)，2015(3)：76－81．

J·莱芙，E·温格．情境学习：合法的边缘性参与[M]．王文静译．上海：华东师范大学出版社，2007．

季苹．如何落实三维目标(一)——对教学"单元"的再理解[J]．基础教育课程，2005(8)：18－22．

季苹．教什么知识——对教学的知识论基础的认识[M]．北京：教育科学出版社，2009．

季苹、顿继安．以人格为核心的能力结构：整体把握育人目标的学科教学理论探索[J]．中国教育学刊，2022(1)：28－35．

蒋福超、刘正伟．专业学习共同体视角下的教研组变革[J]．教育发展研究，2009(10)：83－87．

蒋京丽．以评促教促学，落实英语教、学、评一体化的五点实施建议[J]．英语学习(教师版)，2021(9)：4－9．

蒋京丽．抓住"双减"契机提升英语课堂质量[N]．中国教育报，2021－11－19(第2版)．

蒋京丽、郑津、张宏丽等．以基于大观念的英语教学促进学生和教师的共同成长[J]．外语教学·教学月刊(中学版)，2022(4)：24－34，39．

李宝荣．行动学习：让教研组活动更有效[J]．中小学管理，2014(1)：34－36．

李宝荣．基于中学英语教师校本研修实践研究的教师学习[J]．课程·教材·教法，2017(7)：106－111．

李宝荣．基于主题意义开展英语阅读教学的思路与策略[J]．英语学习(教师版)，2018(11)：5－7．

李宝荣．基于主题意义的英语单元整体教学设计[J]．英语学习，2020(3)：41－45．

李宝荣、国红延．中学英语单元整体教学设计与实施路径——以北师大版高中《英语》(2019年版)选择性必修一 Unit 3 Conservation 为例[J]．英语学习(教师版)，2022(5)：52－57．

李宝荣、国红延．单元整体教学中实现英语学科育人的实践探究[J]．天津师范大学学报(基础教育版)，2023(6)：23－28．

李宝荣、国红延、吴薇等．中学英语单元整体教学：设计与实施[M]．上海：华东师范大学出版社，2023．

李宝荣、闻超、庞森等．基于主题意义进行单元整体教学的实践思路和策略[J]．英语学习(教师版)，2019(2)：32－45．

李宝荣、向东方．英语学习活动观视角下以问题解决为核心的单元学习活动设计[J]．英语学习(教师版)，2023(9)：4－9．

李松林．深度教学的四个基本命题[J]．教育理论与实践，2017(20)：7—10.

李松林、贺慧．整合性：核心素养的知识特性与生成路径[J]．教育科学研究，2020(6)：13—17.

李晓琪、冀小婷．高中英语教学中“看”的技能与思维品质的培养[J]．天津师范大学学报(基础教育版)，2020(4)：44—47.

李学书、黄复生．基于课程与教学目标的作业设计研究[J]．基础教育，2014(2)：80—86.

李政涛．深度开发与转化学科教学的“育人价值”[J]．课程·教材·教法，2019(3)：55—61，101.

梁亚平、蒋京丽．基于单元整体教学的高中英语作业设计[J]．天津师范大学学报(基础教育版)，2023(2)：21—26.

刘辉．课后书面作业：来自国外研究者的解读——关于课后书面作业的研究综述[J]．中小学管理，2012(3)：4—7.

刘辉、李德显．指向学会学习素养的中小学作业如何设计[J]．天津师范大学学报(基础教育版)，2022(5)：18—23.

刘徽．大概念教学：素养导向的单元整体设计[M]．北京：教育科学出版社，2022.

刘君、郝国强．新课改背景下高中英语实践性作业设计[J]．新课程研究(下旬刊)，2015(10)：100—101.

柳夕浪．回归学科育人原点的现实追问[J]．教育科学论坛，2019(2)：3—7.

龙宝新．从“PCK”到“ECK”：教师专业知识内核的重构[J]．教学研究，2021(5)：39—46.

罗少茜、柳丽萍．促进学习的英语课堂评价[J]．英语学习(教师版)，2017(9)：33—39.

梅德明．培养具有中国情怀、国际视野和跨文化沟通能力的时代新人——《普通高中英语课程标准(2017 年版)》的学科育人观及实现路径[J]．人民教育，2018(11)：46—49.

梅德明、王蔷．普通高中英语课程标准(2017 年版)解读[M]．北京：高等教育出版社，2018.

梅德明、王蔷．义务教育英语课程标准(2022 年版)解读[M]．北京：北京师范大学出版社，2022.

孟庆涛．核心素养视域下英语教学改革的反思与推进[J]．课程·教材·教法，2019(6)：107—111，143.

孟彦、李宝荣．跨界学习共同体如何促进教师专业发展？——基于扩展性学习理论视角的案例研究[J]．教师教育研究，2023(4)：95—102.

皮连生．教育心理学(第四版)[M]．上海：上海教育出版社，2004.

钱淑渠、武慧虹、肖娟等．基于中高考成绩的高中数学增值评价实证研究[J]．安顺学院学报，2023(4)：127—131.

邵朝友、崔允漷．指向核心素养的教学方案设计：大观念的视角[J]．全球教育展望，2017(6)：11－19.

邵越洋、刘坚．增值评价：关注学校为每一位学生的成长助力——以北京市某区教育实证数据为例[J]．中国考试，2020(9)：40－45.

邵朝友、周文叶、郑东辉．在研究性学习的学生评价中应用表现性评价[J]．当代教育科学，2009(8)：15－17，64.

施嘉平．“主题式教学”的实践研究——任务型学习模式在小学英语教学中的运用[J]．课程·教材·教法，2002(2)：30－35.

孙玲、徐文彬．“问题解决导向”的小学英语单元整体教学设计[J]．课程·教材·教法，2020(2)：99－105.

唐明、李松林．聚焦意义建构的语文深度阅读教学[J]．中国教育学刊，2020(5)：60－65.

汪亮．小学生课后作业问题研究：家庭作业的设计与评价[J]．海外英语，2010(2)：181－183.

汪甜甜、朱涵、邓猛等．跨界学习如何促进特殊教育教师身份发展？——基于大学与特殊教育一线名师工作室合作项目的案例[J]．教师教育研究，2021(4)：92－99.

王春易．从学科教学走向学科教育[M]．北京：中国大百科全书出版社，2012.

王寰宇．常用学校增值评价模型比较[J]．浙江考试，2023(7)：12－16.

王磊、张景斌．学科育人的理论逻辑、价值内容与实践路径[J]．教学与管理，2019(10)：1－4.

王陆、张敏霞、冯涛．课堂提问主体转向的机理分析[J]．课程·教材·教法，2022(8)：107－114.

王蔷、葛晓培．英语课标(2022 年版)：突破有“语言”无“文化”的教学窘境[J]．中小学管理，2022(6)：24－27.

王蔷、李亮．推动核心素养背景下英语课堂教—学—评一体化：意义、理论与方法[J]．课程·教材·教法，2019(5)：114－120.

王蔷、孙万磊、赵连杰等．大观念对英语学科落实育人导向课程目标的意义与价值[J]．教学月刊·中学版(外语教学)，2022(4)：3－14.

王蔷、孙万磊、李雪如．从外语教学走向外语教育：新时代中小学英语课程体系的建构——《义务教育英语课程标准(2022 年版)》解读[J]．中小学外语教学(中学篇)，2022(10)：1－8.

王蔷、周密、蔡铭珂．基于大观念的高中英语单元整体教学设计[J]．中小学外语教学(中学篇)，2021(1)：1－7.

王蔷、周密、孙万磊．重构英语课程内容观，探析内容深层结构——《义务教育英语课程标准(2022 年版)》课程内容解读[J]．课程·教材·教法，2022(8)：39－46.

王天平、牌代琼．新时代教育增值评价改革：从数据描绘走向价值呈现[J]. 中国考试，2022(10)：31－38.

王晓芳．从共同体到伙伴关系：教师学习情境和方式的扩展与变革[J]. 华东师范大学学报(教育科学版)，2015(3)：43－52.

王晓芳．从知识迁移、转化到知识变革：院校协作中一线教师与大学专家跨界知识互动模式[J]. 当代教育与文化，2022(1)：76－86.

王月芬．单元作业设计：价值、特征与基本要求[J]. 上海教育，2019(13)：33－35.

王绪才、车彩虹．高中英语课外作业改革的策略探究[J]. 高考，2020(25)：98－100.

魏惠．核心素养下的初中英语单元教学目标设计[J]. 中小学外语教学(中学篇)，2021(6)：61－65.

魏惠、程晓堂．初中英语单元教学目标设计的理念与实践[J]. 课程·教材·教法，2022(8)：137－144.

吴刚平．素养时代课程内容的概念重建[J]. 全球教育展望，2022(4)：16－17.

吴昊、国红延、杨阳等. 促进主题意义探究的高中英语学习活动设计策略[J]. 中小学课堂教学研究，2024(7)：9－14.

吴维宁. 新课程学生学业评价的理论与实践[M]. 广州：广东教育出版社，2004：172.

吴振利、饶从满．关于教师合作问题的理性思考[J]. 课程·教材·教法，2009(11)：69－75.

夏雪梅．项目化学习设计：学习素养视角下的国际与本土实践[M]. 北京：教育科学出版社，2018.

夏雪梅等．项目化学习工具：66个工具的实践手册[M]. 北京：教育科学出版社，2022.

辛涛．"探索增值评价"的几个关键问题[J]. 中小学管理，2020(10)：1.

辛涛、张文静、李雪燕．增值性评价的回顾与前瞻[J]. 中国教育学刊，2009(4)：40－43.

许惠芳．积极心理学视角下的我国大学生立志教育研究[J]. 教书育人(高教论坛)，2020(5)：49－51.

徐国辉、杨阳、王益芹等．项目语言学习的内涵意蕴、育人价值与实施样态[J]. 中小学课堂教学研究，2023(5)：12－17.

徐玲玲、刘徽、曹琦．评价连续体：大概念教学的评价设计[J]. 上海教育科研，2022(1)：19－24.

徐路明．基于简易式百分等级成长模型的学业增值评价[J]. 中国考试，2021(3)：9－14.

杨华娟、欧冰．整体语言教学观下高中英语阅读教学的实施原则[J]. 福建教育，2021(41)：48－50.

叶澜．重建课堂教学价值观[J]. 教育研究，2002(5)：3－7.

叶立军、王思凯．学科育人指向的课堂教学特征及策略研究[J]．教学与管理，2021(33)：96－98.

于元、国红延．促进结构化知识建构的高中英语单元互文性教学实践[J]．中小学英语教学与研究，2023(3)：46－51.

余文森．论学科核心素养形成的机制[J]．课程·教材·教法，2018(1)：4－11.

余文森．育人方式变革的四个体现[J]．基础教育课程，2021(2)：18－20.

余文森、龙安邦．论义务教育新课程标准的教育学意义[J]．课程·教材·教法，2022(6)：4－13.

余文森、龙安邦．指向核心素养的课堂教学探索[M]．北京：高等教育出版社，2022.

张宏丽．构建基于研究共同体的有效学科教研模式——KWL 教学法的启示[J]．天津市教科院学报，2010(3)：76－78.

张宏祥．理解·批判·创新：高中英语思维型阅读的新审视[J]．天津师范大学学报(基础教育版)，2021(1)：48－50.

张华．让学生创造着长大——2022 年版义务教育课程方案和课程标准核心理念解析[M]．北京：教育科学出版社，2022.

张金秀．主题意义探究引领下的中学英语单元教学策略[J]．中小学外语教学(中学篇)，2019(7)：1－6.

张进宝．跨界邀请学习：一种社会性学习新方式[J]．现代远程教育研究，2022(1)：56－62，74.

张良．从学科价值走向育人价值——改革开放 40 年基础教育改革知识价值论的演进与融生[J]．课程·教材·教法，2018(12)：54－59.

张良、靳玉乐．知识运用与素养生成——探讨素养发展的知识路径[J]．教育学报，2019(5)：45－52.

张琳琳．基于主题意义探究的英语阅读教学设计[J]．中小学外语教学(中学篇)，2019(8)：37－42.

张婉莉．从教师反思透视合作学习的教师专业发展路径[J]．教育研究与实验，2015(5)：89－96.

张昕、罗增让．影响教育改革中教师情绪反应的因素分析——脆弱性承诺、自我认知和微观政治素养的作用[J]．全球教育展望，2016(6)：99－109.

张志祯、徐雪迎、李英杰等．智能时代教师学习的十大难题[J]．中国远程教育，2022(2)：1－12，76.

赵冬冬、朱益明．普通高中育人方式改革的理论要义、现实挑战与实施建议[J]．中国教育学刊，2021(9)：56－61.

赵连杰．基础英语教育的学科育人价值探究[J]. 中小学教师培训，2017(1)：52－56.
赵连杰．英语学科问题解决模型的建构及意义[J]. 课程·教材·教法，2021(7)：119－125.
赵钰莲．通过“基本问题”培养高中学生英语学科思维品质的探索[J]. 英语学习(教师版)，2019(10)：28－32.
郑鑫、张佳．中西方教师专业学习共同体的差异：跨文化比较的视角[J]. 外国教育研究，2015(8)：83－94.
中共中央、国务院．深化新时代教育评价改革总体方案[Z]，2020－10－13，https：//www.gov.cn/zhengce/2020－10/13/content _ 5551032.htm.
中共中央办公厅、国务院办公厅．关于进一步减轻义务教育阶段学生作业负担和校外培训负担的意见[M]. 北京：人民出版社，2021.
中华人民共和国教育部．普通高中课程方案(2017 年版 2020 年修订)[M]. 北京：人民教育出版社，2020.
中华人民共和国教育部．普通高中英语课程标准(2017 年版 2020 年修订)[S]. 北京：人民教育出版社，2020.
中华人民共和国教育部. 义务教育课程方案(2022 年版)[M]. 北京：北京师范大学出版社，2022.
中华人民共和国教育部．义务教育英语课程标准(2022 年版)[S]. 北京：北京师范大学出版社，2022.
钟启泉．基于核心素养的课程发展：挑战与课题[J]. 全球教育展望，2016(1)：3－25.
周光礼、袁晓萍．聚焦“四个评价”深化教育评价机制改革[J]. 中国考试，2020(8)：1－5.
周文叶．超越纸笔测试：表现性评价的应用[J]. 当代教育科学，2011(20)：12－16.
周文叶．表现性评价的理解与实施[J]. 江苏教育，2019(14)：7－11.
周文叶、陈铭洲．指向核心素养的表现性评价[J]. 课程·教材·教法，2017(9)：36－43.
周文叶、陈铭洲. 指向深度学习的表现性评价——访斯坦福大学评价、学习与公平中心主任 Ray Pecheone 教授[J]. 全球教育展望，2017(7)：3－9.
周文叶、董泽华．表现性评价质量框架的构建与应用[J]. 课程·教材·教法，2021(10)：120－127.
朱梦华．论三种学习理论视角下的教师身份建构路径[J]. 教师教育研究，2019(1)：12－17，23.
朱伟强、崔允漷．基于标准的课程设计：开发表现性评价[J]. 全球教育展望，2007(10)：43－48.